Caroline DeClair

WER BIN ICH

Abenteuer Selbsterkentnis

Caroline DeClair

Wer bin ich

Abenteuer Selbsterkenntnis

EIN PSYCHOLOGISCH-MYSTISCHER RATGEBER FÜR FRAUEN

IRIS

Bücher haben feste Preise.

2. Auflage 2012

Caroline DeClair
WER BIN ICH – Abenteuer Selbsterkenntnis

Titelseite:
Fotos: Aleisha Evans/shutterstock (Spiegel),
Adchariyaphoto/shutterstock (Sternenhimmel)
Gestaltung: Dragon Design, GB

Satz und Gestaltung:
Dragon Design, GB
Gesetzt aus der Minion

Gesamtherstellung: L.E.G.O. S.p.A. Lavis (TN)

Printed in Italy

ISBN 978-3-89060-606-4

IRIS ist ein Imprint bei Neue Erde.

Neue Erde GmbH
Cecilienstr. 29 · 66111 Saarbrücken · Deutschland · Planet Erde
www.neue-erde.de

Widmung

Diesen psychologisch-mystischen Ratgeber für Frauen möchte ich meiner unvergessenen Mutter widmen. Denn sie ist die Frau, der ich es verdanke, gerne Frau zu sein, weil sie mir gezeigt hat, wie viel Freude es macht, sich selbst kennenzulernen, sich weiterzuentwickeln und niemals aufzuhören, Fragen zu stellen. Und genau diese Freude möchte ich nun auch mit anderen teilen.

Inhalt

Teil 2: Mystik – Die geheime Charakterkunde

Vorwort

Abenteuer Selbsterkenntnis

Fragen nicht auch Sie sich von Zeit zu Zeit, warum Sie sich so oder so verhalten, in bestimmten Situationen auf bestimmte Art reagieren und manche Dinge mögen und andere nicht? Welche Stärken und Schwächen, welche Einflüsse, Wünsche, Sehnsüchte und Bedürfnisse, aber auch Abgründe machen Sie zu der Frau, die Sie sind?!

Am Anfang jeder Selbsterkenntnis steht die Frage nach dem eigenen Ich. – Machen Sie sich auf den Weg und finden Sie es heraus! Nutzen Sie die Erkenntnisse der modernen Psychologie, greifen Sie zurück auf uraltes Menschheitswissen, befragen Sie Ihr Unterbewusstsein, wandeln Sie auf spirituellen Pfaden, suchen Sie Antworten in den Sternen und scheuen Sie auch vor mystischen Methoden nicht zurück! Uns allen gemeinsam ist eins: die Suche nach Erkenntnis über das eigene Selbst, das eigene Sein. Und freuen Sie sich auf dieses Abenteuer, denn nichts ist spannender, als die Entdeckungsreise ins eigene Ich.

»Durch die unaufhörliche innere Nachforschung, die fragt ›Wer bin ich‹, wirst du dich selbst erkennen und dadurch Befreiung erlangen.«

RAMANA MAHARSHI, *GROSSE MEISTER INDIENS*

»Im Spiegel des Wassers erkennt man sein Gesicht, und im Spiegel seiner Gedanken erkennt der Mensch sich selbst.«

ALTES TESTAMENT: *SPRÜCHE 27:19*

Ohne Selbsterkenntnis ist jede Beobachtung und jede Vernunftanwendung unmöglich.

LEO N. TOLSTOI, *KRIEG UND FRIEDEN*

Selbsterkenntnis ist der Anfang von Weisheit, die das Ende der Angst bedeutet.

KRISHNAMURTI, *ÜBER DIE LIEBE*

Teil 1

Psychologie – Der Schlüssel zur Persönlichkeit

Als anerkannte Wissenschaft gibt es die Psychologie erst seit dem 19. Jahrhundert. Doch ihre Wurzeln und viele ihrer Erkenntnisse reichen bis in die graue Vorzeit zurück und speisen sich aus so verschiedenen Quellen wie der Philosophie, der Theologie, der Astrologie, den esoterischen Geheimwissenschaften und der Medizin.

Zum Glück müssen Sie, um die Psychologie als Instrument zum besseren Verständnis Ihrer eigenen Persönlichkeit nutzen zu können, weder zahlreiche dicke Bücher der oben aufgeführten Disziplinen wälzen noch einen Therapeuten aufsuchen oder gar selbst zur Psychologin werden. Was Ihnen schnell und effizient weiterhilft, ist ein grundsätzliches Verständnis der Begriffe Persönlichkeit, Psyche und Seele.

Als *Persönlichkeit* wird die Summe der Eigenschaften, die dem einzelnen Menschen seine charakteristische, unverwechselbare Individualität verleihen, bezeichnet. Sie setzt sich aus verschiedenen Anteilen zusammen; und zwar zum einen aus den Anlagen, die jeder Mensch von Anfang an mitbringt. Schließlich zeigen schon neugeborene Babys unterschiedliche Temperamente, Vorlieben und Abneigungen, die sie noch gar nicht erworben haben können. Und zum anderen aus dem Einfluss der Umwelt, der Erziehung und den kindlichen Prägungen sowie aus den persönlichen Erfahrungen und Lebensumständen.

Das Wort *Psyche* stammt ursprünglich aus dem Altgriechischen und bedeutet wörtlich übersetzt *Atem* oder *Hauch* und im übertragenen Sinn *Seele*. Im Altertum waren also Psyche und Seele identisch, und man verstand darunter das gesamte nichtkörperliche, geistige Sein des Menschen. Im Laufe der Zeit aber änderte sich dieses Verständnis. Und so wird der Begriff Psyche heute eher sachlich gesehen und als die Gesamtheit aller geistigen und emotionalen inneren Vorgänge des bewussten und unbewussten Denkens und Fühlens, der instinktiven Verhaltensmuster sowie der eigenen Wahrnehmung all dessen interpretiert. Die spirituellen Aspekte, in denen es um nicht-materielle Prinzipien oder auch um die Existenz einer unsterblichen Identität geht, finden sich nun weitgehend nur noch im Begriff Seele.

Doch unabhängig aller Begriffsvielfalt: Wer sich selbst verstehen will, ist gut beraten, alle Facetten des menschlichen Seins, also Körper, Geist und Seele sowie die Erkenntnisse der modernen Psychologie mit einzubeziehen. Und genau das werden wir nun gemeinsam tun.

Die archetypische Göttin in Ihnen

Der erste Schritt auf unserer Reise ins eigene Innere beginnt im Unterbewusstsein. Und zwar nicht im individuellen, sondern im kollektiven. Dazu stützen wir uns auf eine in den USA in den neunziger Jahren des 20. Jahrhunderts von Psychologinnen und Analytikerinnen entwickelte, sehr interessante Weiterführung der Archetypenlehre des berühmten Schweizer Psychiaters und Philosophen C. G. Jung. Diese sogenannte »Psychologie einer neuen Weiblichkeit« benützt die Symbolkraft von sieben Göttinnen der griechischen Mythologie und deren Anteile in der weiblichen Psyche.

Archetypen

Um diese inneren Bilder und Rollenmodelle besser zu verstehen, sollten wir uns zunächst kurz den Begriff des Archetypus, der aus der Tiefenpsychologie stammt, genauer anschauen. Archetypen sind urtümliche, seit alters her vorhandene allgemeine Bilder und Symbole aus Mythos, Märchen und gelebten Erfahrungen, die im kollektiven Unterbewusstsein existieren. Im Gegensatz zur persönlichen Psyche sind dessen Inhalte und Verhaltensweisen überpersönlicher Natur und somit als seelische Grundlage in jedem Menschen verankert.

Die Göttinnen

Schon vor weit mehr als 5000 Jahren verehrten unsere überwiegend sesshaften Vorfahren die sogenannte Große Göttin. Es erschien ihnen aufgrund ihrer Beobachtungen in der Natur als selbstverständlich, dass eine lebensspendende Gottheit weiblich sein müsse. Doch ab etwa 3000 vor Christus begannen die bis dahin gültigen Werte sich zu verändern. Männlicher Eroberungsdrang dominierte nun die Gesellschaft, und entsprechend patriarchalisch gefärbt waren auch die Mythen, die in jener Zeit entstanden. Die Eigenschaften, die einst der Großen Göttin alleine zustanden, wurden nun hauptsächlich auf männliche Götter übertragen. Bestimmte Charakteristika der weiblichen Urgöttin fanden sich allerdings, wenn auch in aufgesplitterter Form, in der Gestalt von sieben griechischen Göttinnen wieder. Diese weiblichen Gottheiten sind Aphrodite, Artemis, Athene, Demeter, Hera, Hestia und Persephone, und sie besitzen sowohl positive als auch negative Charakterzüge. Außerdem verkörpern sie die verschiedenen Entwicklungsstufen im Leben einer Frau. Im kollektiven Unterbewusstsein der weiblichen Psyche sind sie als archetypische Frauengestalten gespeichert. In unserer Umwelt stoßen wir mit diesen weiblichen Archetypen jedoch häufig auf Grenzen, die uns durch gesellschaftlich auferlegte Rollenbilder gesetzt werden. Daher leben wir manche Göttinnen sehr viel stärker aus, als andere. In jedem Fall ist es wichtig, dass wir alle unsere archetypischen Göttinnen und ihre Vielfältigkeit kennen. So können wir lernen, uns selbst einzuschätzen, und daraus resultierend die Fähigkeit entwickeln, unsere Bedürfnisse zu erkennen und selbstbewusst zu formulieren.

DER TEST

Dieser Test beruht auf den weiblichen Archetypen und beleuchtet die verschieden stark ausgeprägten Aspekte der Göttinnen in Ihnen. Finden Sie heraus, welche Göttinnen in Ihrem Innenleben wichtige Rollen spielen und welche Sie möglicherweise zu stark verdrängen! Wählen Sie bei jeder der zwölf Fragen nur eine, und zwar die Ihnen am zutreffendsten erscheinende Antwort aus! Notieren Sie sich danach jeweils den Großbuchstaben, der hinter Ihrer Antwort steht und tragen Sie in die Tabelle die Anzahl Ihrer Antworten pro Buchstaben ein. Die entsprechenden Deutungstexte finden Sie unter dem jeweiligen Buchstaben.

	T	U	V	W	X	Y	Z
Summe							

Frage 1: Was machen Sie üblicherweise an einem ganz normalen Samstagnachmittag?

- Ich kümmere mich um die Familie, mache den Hausputz oder arbeite im Garten. **U**
- Ich gehe einkaufen oder unternehme etwas mit Freunden. **Z**
- Ich verbringe den Nachmittag mit einem guten Buch, schaue Fernsehen oder sitze vor dem PC. **W**
- Ich treibe Sport. **X**
- Ich befasse mich mit meinen esoterischen Hobbys, z. B. Kartenlegen. **V**
- Ich treffe Vorbereitungen für die Dinner-Party am Abend. **T**
- Ich arbeite ehrenamtlich in einer kirchlichen Gruppe oder einem gemeinnützigen Verein. **Y**

Frage 2: Wen laden Sie am ehesten zu einem Abendessen zu sich nach hause ein?

- Überwiegend männliche Freunde oder Bekannte. **Z**
- Eine Gruppe Gleichgesinnter, die meine spirituellen Interessen teilen. **V**
- Meine Familie oder andere Familien mit Kindern, die im gleichen Alter wie die meinen sind. **U**
- Die Bekannten und Geschäftspartner meines Mannes mit deren Frauen. **T**
- Liebe Menschen, die ich durch meine ehrenamtlichen Tätigkeiten kennen gelernt habe. **Y**
- Nur die engsten Freunde und Freundinnen. **W**
- Die Freundinnen, mit denen ich am meisten Spaß habe. **X**

Frage 3: Beschreiben Sie Ihren idealen Lebenspartner!

- Hilfsbereit, mitfühlend und immer für die anderen da. **Y**
- Leidenschaftlich, liebevoll und sexuell genauso aufgeschlossen wie ich es bin. **Z**
- Intelligent und vielseitig interessiert, so dass wir immer Gesprächsstoff haben. **W**
- Unabhängig, eigenständig, und er muss davon überzeugt sein, dass jeder der Partner auch in einer Beziehung weiterhin sein eigenes Leben führen kann. **X**
- Reif, erfolgreich, beeindruckend und einflussreich. **V**
- Gefestigt, beständig, beschützend und in der Lage, mich und die Familie zu versorgen. **U**
- Selbstbewusst und mir ebenbürtig. **T**

Frage 4: Welche Aussage charakterisiert Ihr Liebesleben am besten?

- Ich bin schnell erregbar und genieße die körperliche Liebe mit dem richtigen Partner sehr. **Z**
- Oft ist es schwer für mich meinen Kopf auszuschalten. Dadurch fällt es mir nicht immer leicht, Sex zu genießen. **W**
- Anfangs finde ich es manchmal schwierig, mich fallen zu lassen, aber sobald ich entspannt bin, ist es sehr schön. **X**
- Sex ist für mich eine machtvolle, ja beinahe übersinnliche Erfahrung. **V**
- Ich liebe es, meinen Partner zu verwöhnen, aber oft vergesse ich dabei meine eigenen Bedürfnisse. **Y**
- Ich genieße das Geben und Nehmen, das zu gemeinsamer Erfüllung führt. **T**
- Ich kann in einer Beziehung mit oder ohne Sex leben, aber nicht ohne Liebe. **U**

Frage 5: Was ist Ihrer Meinung nach das wichtigste in einer Ehe?

- Freundschaft, weil sie der Schlüssel für eine dauerhafte Beziehung ist. **W**
- Ich bin eigentlich überhaupt kein Typ für die Ehe. **X**
- Die spirituelle Verbindung mit meinem Partner. **V**
- Die Kinder. **U**
- Eine gleichberechtigte Partnerschaft. **T**
- Die Nestwärme und die Möglichkeit, für mich und die Meinen ein gemütliches Zuhause zu schaffen. **Y**
- Leidenschaft, denn was hat man schon ohne sie?! **Z**

Frage 6: Wie reagieren Sie auf die Einladung von Freunden zu einer Party am kommenden Freitagabend?

- Ich freue mich darauf, viele neue Leute kennen zu lernen. **X**
- Ich hoffe, dass ich dort wenigstens einen Menschen finde, mit dem ich ein tiefgreifendes Gespräch führen kann. **U**
- Ich beschließe, an diesem Abend die Gastgeber in der Küche zu unterstützen und ihnen bei der Bewirtung ihrer Gäste zu helfen. **Y**
- Ich male mir aus, wie toll es sein wird, Arm in Arm mit meinem Partner dort zu erscheinen. **T**
- Ich erfinde eine Ausrede, da ich den Abend lieber zu hause verbringen möchte. **V**
- Ich plane sorgfältig, was ich anziehen werde. **Z**
- Ich überlege mir schon mal ein paar aktuelle und interessante Themen, über die ich mich mit anderen Partygästen unterhalten kann. **W**

Frage 7: Welche dieser Tätigkeiten würden Ihrer inneren Berufung am meisten entsprechen?

- Anwältin, Managerin oder selbstständige Geschäftsfrau. **W**
- Sportlehrerein, Reiseleiterin oder Animateurin in einem Ferienclub. **X**
- Psychologin oder Heilpraktikerin. **V**
- Modedesignerin, Schauspielerin, Musikerin oder PR- Beraterin. **Z**
- Gastronomin oder Hotelfachfrau. **T**
- Eine verantwortliche Aufgabe bei einer Nonprofit-Organisation oder eine Tätigkeit als Chefsekretärin oder als Assistentin. **Y**
- Kinderärztin, Krankenschwester oder Sozialarbeiterin. **U**

Frage 8: Wenn Sie die Möglichkeit hätten, Ihren Wohntraum zu verwirklichen, wo und wie würde er sein?

- In einem Penthaus mit spektakulärer Aussicht in einer beliebigen Stadt. **Z**
- In einer Wohnung in einer Großstadt mit Weltflair wie Paris, London oder New York City. **W**
- Wo ist mir egal. Hauptsache ist doch, dass die Atmosphäre Ruhe und Frieden ausstrahlt. **Y**
- In einem netten Haus in einem kleinen Ort, wo jeder jeden kennt. **X**
- Unbedingt auf dem Land in einem total gemütlichen Bauernhaus. **U**
- In einer Villa in einem noblen und eleganten Vorort. **T**
- Sicherheit ist mir das Allerwichtigste, also in einer gut bewachten Nachbarschaft, in einem Haus mit Alarmanlage und hohem Zaun. **V**

Frage 9: Wie verbringen Sie Ihre Freizeit am liebsten?

- Indem ich mich ehrenamtlich engagiere. **Y**
- Beim Shopping. **Z**
- Beim Stöbern in einem Buchladen oder beim Lesen. **W**
- Ich mache lange Spaziergänge. **U**
- Ich nehme mir Zeit für mich selbst, denke nach, meditiere oder entspanne mich bei einem schönen Schaumbad. **V**
- Zusammen mit meiner Familie und meinen Freunden. **T**
- Ich gehe mit meinen Freundinnen aus. **X**

Frage 10: Wovon findet man in Ihrem Kleiderschrank am meisten?

- Business Outfits, also Kostüme und Hosenanzüge. **W**
- Geschmackvolle Freizeitkleidung. **Y**
- Künstlerische, exzentrische und ausgefallene Sachen. **V**
- Alles, was bequem ist. **U**
- Klassische und elegante Kombinationen. **T**
- Ein wildes Sammelsurium von Klamotten aller Art. **X**
- Figurbetonte, sexy Outfits und jede Menge Dessous. **Z**

Frage 11: Welche der folgenden Aussagen könnte von Ihnen stammen?

- Mein Körper ist attraktiv. **Z**
- Ich kümmere mich um meinen Körper, damit ich möglichst lange aktiv und fit bleiben kann. **X**
- Ich denke nicht oft über meinen Körper nach. **W**
- Ich bemühe mich, mit meinem Körper endlich Frieden zu schließen. **V**
- Die Tatsache, dass ich mit meinem Körper Kinder gebären kann, macht mich stolz und glücklich. **U**
- Am liebsten mag ich meinen Körper, wenn ich merke, wie attraktiv mein Partner ihn findet. **T**
- Mein Aussehen bedeutet mir wesentlich weniger als mein innerer Seelenfrieden. **Y**

Frage 12: Hand aufs Herz, was hat in Ihrem Leben wirklich die größte Priorität?

- Karriere. **W**
- Unabhängigkeit. **X**
- Selbstfindung. **V**
- Kinder und Familie. **U**
- Partnerschaft und Ehe. **T**
- Hilfe und Unterstützung sowie der Dienst an meinen Mitmenschen. **Y**
- Romantik und Leidenschaft. **Z**

DEUTUNG

T = Hera

Der Mythos: Die Schutzgöttin der Ehe und der Frauen, Schwester und Gemahlin des obersten, olympischen Gott Zeus, gilt als die Königin des Götterhimmels. Sie soll ihre Nebenbuhlerinnen, also die zahlreichen Geliebten ihres Gatten Zeus, mit Eifer- und Rachsucht verfolgt haben.

Der Archetyp: Hera, bei den Römern als Juno bekannt, symbolisiert den Typ der klassischen Ehefrau, die sich hauptsächlich durch die Beziehung zu ihrem Partner definiert. Gleichzeitig ist sie aber auch die sprichwörtlich starke Frau, die hinter ihrem Mann steht.

Persönlichkeit: Eine hohe Punktzahl bei Hera weist darauf hin, dass die Partnerschaft, ja mehr noch die Ehe, für Sie absolute Priorität hat. Sie sind eine starke, absolut loyale Gefährtin und erwarten auch von Ihrem Partner, dass er treu und zuverlässig ist und dass Sie auf ihn stolz sein können. Sie wollen gleichberechtigt zum Erfolg der Beziehung beitragen, wobei das sehr wohl auch heißen kann, dass Sie in Ihrer Ehe eine strikte, oft auch traditionelle Aufgabenteilung vorziehen. Ihren Zuständigkeitsbereich managen Sie sehr erfolgreich und mit viel Geschick, wünschen sich dafür aber auch die entsprechende Anerkennung. Für Ihre persönliche Entwicklung ist – vor allem in Krisenzeiten – das Annehmen einiger der Eigenschaften des sehr eigenständigen Archetyps Hestia bestimmt sehr sinnvoll.

U = Demeter

Der Mythos: Die Göttin der Fruchtbarkeit der Erde, der Kornfelder und der Jahreszeiten tritt in verschiedenen Manifestationen auf. Besonders bedeutsam ist ihre Mutterrolle, vor allem auch im Zusammenhang mit ihrer Tochter Persephone, der Königin der Unterwelt. Demeter galt als die Beschützerin von Geburten und von kleinen Kindern.

Der Archetyp: Demeter, bei den Römern Ceres, ist die Verkörperung der Erdmutter, die Ernährerin und die Frau, die in ihrer Rolle als Mutter die größte Erfüllung findet.

Persönlichkeit: Wenn Sie bei Demeter hoch abgeschnitten haben, dann entsprechen Sie in vielem dem klassischen Mutterbild – fürsorglich, nährend und selbstlos. Wahrscheinlich ist bzw. war die biologische Mutterschaft für Sie auch tatsächlich etwas absolut Erstrebenswertes. Kinder zu haben ist für Sie eben von essentieller Lebensbedeutung. Außerdem neigen Sie generell dazu, sich um andere zu kümmern, zu sorgen und sie zu bemuttern. Es kann allerdings sein, dass Sie so sehr in Ihrer Mutterrolle aufgehen, dass Sie sich nicht genügend um Ihre anderen Bedürfnisse als Frau und Mensch kümmern. Sollte dies der Fall sein, dann dürfte es Ihnen helfen, einige der archetypischen Eigenschaften der eher selbstbezogenen Aphrodite und der individualistisch veranlagten Artemis zu erlernen.

V = Persephone

Der Mythos: Persephone, Tochter der Demeter und zunächst eine der zahlreichen Fruchtbarkeitsgöttinnen, wird beim Blumenpflücken von Hades, dem Gott der Unterwelt geraubt und in sein Schattenreich entführt. Als seine Gemahlin wird sie zur Königin der Unterwelt. Doch weil der Schmerz Demeters ob des Verlustes ihrer Tochter so groß ist, entscheidet Zeus unter dem Druck der erzürnten Mutter, dass Persephone stets einen Teil des Jahres bei Demeter auf der Erde verbringen darf. Dieser Vorgang gilt als Symbol für die jährlich wiederkehrenden Stirb- und Werdeprozesse in der Natur.

Der Archetyp: Persephone, bei den Römern Prosperina, steht sowohl für das passive, ewig junge Mädchen und die behütete Tochter, als auch für die Frau, die mit zunehmender Reife zur Führerin durch die Schattenwelt der Seele und zur Erforscherin des Unterbewusstseins sowie des Geheimnisvollen wird.

Persönlichkeit: Wenn Sie hier hoch gepunktet haben, dann sind Ihnen schmerzliche Erfahrungen bestimmt nicht unbekannt. Vielleicht haben Sie ja zunächst stets versucht, sich den Anforderungen, den Wünschen und den Bedürfnissen anderer auf mädchenhafte Weise anzupassen. Und wahrscheinlich sind Sie auch etwas verträumt, und die Konfrontation mit der harten Realität führte bzw. führt noch zu dem einen oder anderen seelischen blauen Fleck. Doch all das macht Sie auch sehr einfühlsam, sensibel und mitfühlend. Gut möglich, dass Sie sich besonders für spirituelle, esoterische und psychologische Wahrheiten interessieren. Gerade in diesen Bereichen können Sie nicht nur für sich selbst, sondern auch für andere Wertvolles leisten. Und dadurch sind Sie auch in der Lage, wenn nötig, die Eigenschaften anderer weiblicher Archetypen in Ihre Persönlichkeit zu integrieren.

W = Athene

Der Mythos: Die jungfräuliche, kämpferische Göttin der Weisheit, der Künste und der Wissenschaften, der besonnenen Tat, des Handwerks und der strategischen Kriegskunst soll in voller Rüstung dem Haupt ihres Vaters Zeus entsprungen sein. Sie trägt die Beinamen Pallas (Mädchen) oder Parthenos (Jungfrau). Ursprünglich nur die Schutzgöttin von Athen, wurde sie später in der Antike als Patronin aller Städte und als weise Ratgeberin verehrt.

Der Archetyp: Athene, von den Römern Minerva genannt, gilt als klug, mutig und selbstbestimmt. Sie vereint sowohl weibliche als auch männliche Eigenschaften und symbolisiert daher gewissermaßen die geistige Androgynität.

Persönlichkeit: Wenn Sie bei Athena viele Punkte haben, dann sind Sie intelligent, zuverlässig, ausdrucksstark und extravertiert. Sie denken logisch, sind praktisch und rational veranlagt und legen großen Wert auf eine gewisse Eigenständigkeit. Ihr Beruf und Ihre Karriere sind Ihnen wichtig. Sie haben eine natürliche Begabung für Wirtschaft, Politik, Justiz und/oder Wissenschaft. Freundschaften pflegen Sie eher mit Männern als mit Frauen. Sie planen klug und vorausschauend und können mit etwas diplomatischem Geschick Ihre oftmals ehrgeizigen Ziele durchaus erreichen. Im Interesse Ihrer seelischen Ausgeglichenheit ist es für Sie aber auch sehr wichtig, den Kontakt zu Ihrer Weiblichkeit, den Bedürfnissen Ihres Körpers und zu Ihren Emotionen zuzulassen. Sollten Sie damit Schwierigkeiten haben, dann helfen Ihnen einige der Eigenschaften von Hestia und Aphrodite bestimmt weiter.

X = Artemis

Der Mythos: Die jungfräuliche Zwillingsschwester von Apollo galt als die Göttin der Jagd, der Tiere, der freien Natur und des Wachstums. Zusammen mit den ebenfalls jungfräulichen Nymphen durchstreifte sie mit Pfeil und Bogen die Wälder. Oft wurde sie auch als die Göttin, die Leben gibt und nimmt, mit dem Mond in Verbindung gebracht.

Der Archetyp: Artemis, von den Römern als Diana verehrt, verkörpert die unbeherrschbare, wilde und ungezähmte Kraft der Natur, welche auch ohne männliche Unterstützung ihre Ziele verfolgt und erreicht.

Persönlichkeit: Wenn Sie bei dem Artemis Archetyp eine hohe Punktzahl erreicht haben, dann verfügen Sie über die geballte, weibliche Natur- und Urkraft sowie über jede Menge Energie. Sie sind ein sportlicher Typ, natur- und tierlieb und halten sich bestimmt sehr gerne im Freien auf. Wenn Sie von einem Anliegen oder einer Sache überzeugt sind, dann setzen Sie sich voll und ganz dafür ein. Sie sind gerne mit anderen Frauen zusammen und glauben mehr oder weniger unbewusst an den Gedanken, dass alle Frauen irgendwie eine große Schwesternschaft bilden. Auf Ihre Freiheit und Ihre Unabhängigkeit legen Sie allergrößten Wert. Nur wenn ein Mann in der Lage ist, das zu akzeptieren, kommt eine dauerhafte Bindung für Sie in Frage. Wenn Sie in einer festen Beziehung leben, könnten Ihnen einige der Hera zugeschriebenen Eigenschaften bestimmt wertvolle Dienste leisten.

Y = Hestia

Der Mythos: Die jungfräuliche Göttin des Herdfeuers wurde als Hüterin von Haus, Heim und Tempel verehrt. Obwohl sowohl Poseidon, der Gott des Meeres, als auch Apollo, der Gott des Lichts, ihr die Ehe anboten, lehnte die Tante von Göttervater Zeus beide Anträge ab. Ihr war es wichtiger, sich voll und ganz auf ihre Aufgaben zu konzentrieren.

Der Archetyp: Hestia, bei den Römern Vestia, symbolisiert das gezähmte Feuer im Herd, das stellvertretend für das innere Feuer steht. Sie ist weise, selbstgenügsam und erleuchtet.

Persönlichkeit: Wenn Sie viele der Hestia Qualitäten haben, dann ruhen Sie in sich selbst. Sie sind eine weise, reife und sehr spirituell veranlagte Frau. Man merkt Ihnen an, dass die innere Mitte für Sie weit mehr als nur ein Begriff aus einem der zahlreichen esoterischen Ratgeber ist. Gut möglich, dass Sie sich ehrenamtlich für verschiedene soziale Projekte engagieren. Materielle Güter und weltlicher Ruhm bedeuten Ihnen nicht viel. Sie konzentrieren Ihre Aufmerksamkeit bei sich und anderen auf die inneren Werte, und das kommt auch in Ihren Aktivitäten zum Tragen. Fast alles, was Sie tun, führen Sie mit einer ruhigen Achtsamkeit aus. Ihr Wesen und die innere Sicherheit, die Sie ausstrahlen, werden von vielen Menschen in einer zunehmend hektischen Welt als sehr angenehm empfunden.

Z = Aphrodite

Der Mythos: Die Göttin der sinnlichen Liebe und der Schönheit, die aus dem Schaum des Meeres geboren sein soll, galt als Beschützerin aller Liebespaare. Sie war die Ehefrau des hinkenden Feuergottes Hephaistos, aber auch die Geliebte des Kriegsgottes Ares. Außerdem soll sie noch zahlreiche weitere Liebschaften mit Göttern und Menschen gehabt haben und die Mutter von vielen Kindern, darunter dem Liebesgott Eros und dem trojanischen Helden Äneas sein.

Der Archetyp: Aphrodite, von den Römern Venus genannt, wird aufgrund ihrer enormen Anziehungskraft von anderen Frauen oft gefürchtet, aber von den Männern begehrt und geliebt.

Persönlichkeit: Eine hohe Punktzahl bei Aphrodite lässt darauf schließen, dass Sie eine sehr feminine, erotische, leidenschaftliche und verführerische Frau sind. Nur wenige Männer können sich Ihrer geballten Sinnlichkeit entziehen. Sie mögen Ihren Körper, stehen zu Ihrer Weiblichkeit und genießen all die Hochgefühle, die mit der Liebe verbunden sind – und das physisch wie psychisch. Sie verlieben sich schnell und heftig, wechseln aber möglicherweise das Objekt

Ihrer Begierde genauso rasch und heftig. Wirklich verpflichtet fühlen Sie sich nämlich eigentlich nur sich selbst. Doch wenn Sie den »richtigen« Liebespartner gefunden haben, kann sich das ändern. Dann wandeln Sie sich, mit Hilfe einiger Hera-Qualitäten, von der zauberhaften, aber flüchtigen Geliebten, zu einer innig und dauerhaft liebenden Frau.

Träume – Nächtliches Kino im Kopf

Auch der nächste Schritt auf unserer Entdeckungsreise führt uns wieder in das Unterbewusstsein. Aber diesmal in unser ganz persönliches – und zwar in die enorm spannende Welt unserer nächtlichen Träume.

Wissenswertes rund ums Träumen

Jeder Mensch träumt. Auch wenn sich am nächsten Morgen nicht jeder daran erinnern kann. In etwa drei bis sieben Episoden und so ungefähr zwei Stunden pro Nacht bietet uns das nächtliche Traumgeschehen ein buntes Unterhaltungsprogramm. Das Spektrum unserer internen Filmproduktion ist breit gefächert. Von der Liebesschnulze bis zum Horrorstreifen ist da alles drin. Nur – bewusst bestimmen können wir dieses Programm nicht. Im Traum übernimmt nämlich der unterbewusste Teil unserer Psyche die Kontrolle. Sämtliche Beschränkungen, Hemmschwellen und Grenzen, die uns bei Tag kontrollieren, werden dadurch außer Kraft gesetzt. Deswegen ist im Traum alles möglich: Man ist ein gefeierter Superstar, wird von bösartigen Monstern verfolgt, kann fliegen, auf Zeitreisen gehen, mit Tieren sprechen oder bärenstarke Kräfte entwickeln.

Aber warum träumen wir überhaupt? So ganz genau kann das auch die Wissenschaft noch nicht erklären. Jedoch geht man, seit der Begründer der Tiefenpsychologie, Sigmund Freud (1856 - 1939), im Jahr 1900 sein Buch »Traumdeutung« veröffentlichte, davon aus, dass Träume wichtig für die Gesundheit von Körper, Geist und Seele sind. Fakt ist, Menschen, denen aufgrund von Schlafentzug die Möglichkeit zum Träumen über einen längeren Zeitraum genommen wird, werden psychisch und körperlich krank.

Der Stoff, aus dem die Träume sind, entsteht aus verschiedenen Quellen. Dazu gehören Kindheitserfahrungen, Wunschdenken, Instinkte, Triebe und das von dem Psychologen und Philosophen C. G. Jung (1875 - 1961) definierte sogenannte kollektive Unterbewusstsein, in dem sich die Gestalten aus Legenden und Mythen unserer Vorfahren tummeln, von denen Sie einige bereits im vorherigen Abschnitt kennengelernt haben. Und dann beeinflussen natürlich unsere Alltagserlebnisse ganz maßgeblich das nächtliche Kopfkino. Man muss wissen, nicht alles was um uns herum vorgeht, nehmen wir im wachen Zustand bewusst auf. Im Traum aber verarbeiten wir alle Eindrücke, bewusste wie unbewusste. Dieser Vorgang erfolgt allerdings oft in einer verschlüsselten Symbolsprache.

TRAUMPERSÖNLICHKEITS-TEST

Träume sind wichtige Botschaften des Unterbewusstseins. Sie helfen Ihnen, mehr über sich selbst zu erfahren, und Sie können sie auch nutzen, um Ihr Leben im Wachzustand schöner und besser zu gestalten. Doch bevor Sie sich in die vielschichtige und faszinierende Welt Ihrer Träume begeben, sollten Sie zuerst in Erfahrung bringen, was für eine Art von nächtlicher Träumerin Sie eigentlich sind. Dieser Test ermöglicht Ihnen genau das, nämlich Ihre individuelle Traumpersönlichkeit zu bestimmen.

Frage 1: Welche Lichtverhältnisse bevorzugen Sie beim Schlafen?

- Je dunkler, desto besser. ☼
- Etwas Licht brauche ich, entweder im Zimmer oder von draußen. ☾
- Das ist mir eigentlich egal. ☆

Frage 2: Und wie würden Sie Ihren Schlaf beschreiben?

- Ich habe einen ziemlich leichten Schlaf. ☾
- Das ist ganz verschieden. Mal so mal so. ☆
- Ich schlafe praktisch immer wie ein Stein. ☼

Frage 3: Wie oft können Sie sich an Ihre Träume erinnern?

- Beinahe täglich. ☾
- Nur ganz selten. ☼
- Hin und wieder. ☆

Frage 4: Und wann können Sie sich am besten an Ihre Träume erinnern?

- Direkt nach dem Aufwachen. ☾
- Immer, wenn ich etwas sehe, dass mich daran erinnert. ☆
- Wenn überhaupt, dann erinnere ich mich nur daran, dass ich einen Traum hatte, aber eigentlich nicht an den Inhalt. ☼

Frage 5: Wie wachen Sie meistens auf?

- Durch den Wecker. ☆
- Ich entscheide vor dem Einschlafen, wann ich aufwachen möchte, und das klappt dann meist auch. ☾
- Normalerweise von ganz alleine und fast immer zur gleichen Zeit. ☼

Frage 6: Welchen dieser Begriffe bringen Sie ganz spontan mit dem Wort Treppe in Verbindung?

- Leiter. ☾
- Stufen. ☆
- Klettern. ☼

Frage 7: Welches dieser Zitate über Träume gefällt Ihnen am besten?

- »Willst du deinen Traum verwirklichen, dann erwache.« (Rudyard Kipling) ☼
- »Denken ist die Arbeit des Intellekts, Träumen sein Vergnügen.« (Victor Hugo) ☆
- »Nichts geschieht, ohne dass ein Traum vorausgeht.« (Carl August Sandburg) ☾

Frage 8: Welches dieser auch in Träumen häufig vorkommenden Tiere mögen Sie am liebsten?

- Schildkröte. ☾
- Eichhörnchen. ☼
- Schmetterling. ☆

Frage 9: Welchen dieser Albträume finden Sie am furchtbarsten?

- Ich segle auf einer Yacht übers Meer. Ohne Vorwarnung kommt ein heftiger Sturm auf. Das Boot läuft voll und fängt an zu sinken und ich werde zusammen mit der Yacht ins Wasser gezogen. Hilfe, ich ertrinke! ☾
- Ich bin alleine in einem dunklen Verließ eingesperrt und weiß nicht, warum. Obwohl ich schreie und gegen die Wände trommle, kommt niemand. ☼
- Ich stöbere auf einem riesigen Dachboden neugierig in alten Kisten herum. Plötzlich wird die Tür von jemand, den ich nicht sehen kann, von außen abgeschlossen, und ich sitze in der Falle. ☆

Frage 10: Welche Farbkombination gefällt Ihnen am besten?

- Rosa-Lila. ☾
- Blau-Grün. ☆
- Gelb-Braun. ☼

Frage 11: Wie fühlen Sie sich, wenn Sie mehrere Tage hintereinander nicht genügend Schlaf bekommen haben?

- Krank. ☾
- Vollkommen überdreht. ☆
- Total gereizt. ☼

Frage 12: Versuchen Sie Ihre Träume zu deuten?

- Ja, ich mache das regelmäßig. ☾
- Nur, wenn mich ein Traum sehr beschäftigt. ☆
- Nein, eigentlich nicht. ☼

Frage 13: Von welchem dieser Fabelwesen würden Sie im Traum am liebsten besucht werden?

- Von einem Einhorn. ☾
- Von einer Fee. ☆
- Von einem Drachen. ☼

Frage 14: Schauen Sie sich die Skizze dieses Hauses an! Welche Etage würden Sie gerne näher erforschen?

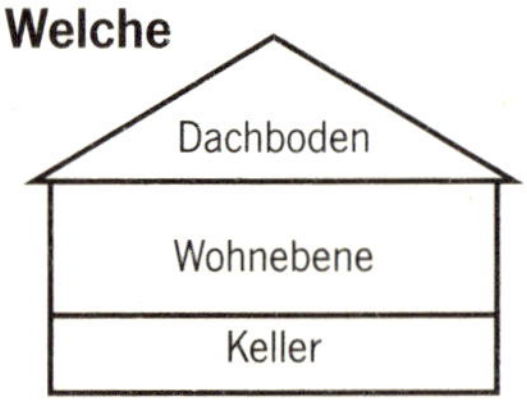

- Den Dachboden. ☆
- Die Wohnebene. ☼
- Den Keller. ☾

Frage 15: Haben Sie schon einmal davon geträumt aus eigener Kraft frei wie ein Vogel durch die Luft zu fliegen?

- Ja, das habe ich – ein sehr schöner Traum. ☾
- Bestimmt, auch wenn ich mich nicht mehr so recht daran erinnern kann. ☆
- Soweit ich weiß, nein. ☼

Frage 16: Sind Ihre Träume farbig?

- Ja, sie sind so gut wie immer bunt und schillernd. ☾
- Manchmal ja, aber manchmal sind sie auch schwarzweiß. ☆
- Keine Ahnung. ☼

Frage 17: Glauben Sie, dass man in Träumen manchmal die Zukunft voraussehen kann?

- Die Vorstellung finde ich unheimlich, aber ich denke schon, dass es so etwas geben könnte. ☆
- Ja, denn ich habe selbst schon solche Träume gehabt. ☾
- Nein. ☼

Zählen Sie nun Ihre Antworten getrennt nach Sonne, Mond und Stern zusammen und lesen Sie dann bei dem Symbol, bei dem Sie am höchsten abgeschnitten haben nach, was für eine Traumpersönlichkeit Sie besitzen:

☼ = ☾ = ☆ =

DEUTUNG

☼ = Die passive Träumerin

Wenn Sie die meisten Punkte bei dem Symbol Sonne bekommen haben, dann sind Sie sehr selbstbeherrscht, strebsam und oftmals auch durchaus ehrgeizig. Sie übernehmen gerne die Führungsrolle und sind stolz darauf, mit beiden Beinen fest auf dem Boden der Tatsachen zu stehen. Sie empfinden sich selbst als vernünftige Frau, deren Denken von Realismus und Logik bestimmt wird und für die das Hier und Jetzt die Hauptrolle im Leben spielt. Aber in Bezug auf Ihre Traumpersönlichkeit bedeutet dies, dass Sie eine passive Träumerin sind. Mit anderen Worten, Sie sind sich Ihrer Träume, wenn überhaupt, nur wenig bewusst. Schade, denn Sie könnten durchaus auch im Alltag davon profitieren, wenn Sie sich nicht nur an Ihre Träume erinnern, sondern sich auch entschließen könnten, sie zu schätzen und zu verstehen. Beschäftigen Sie sich also ruhig etwas mehr mit Ihren Träumen und fangen Sie am besten gleich heute damit an. Beim Weiterlesen werden Sie vieles finden, das Ihnen dabei helfen kann.

= Die aktive Träumerin

Sie sind eine sehr sensible, sinnliche, romantische, gefühl- und fantasievolle Frau mit ausgeprägter Intuition. Sie handeln meist spontan und sind ausgesprochen anpassungsfähig, legen aber möglicherweise manchmal etwas zuviel Wert auf die Meinung anderer. Dabei sind Sie, zumindest in punkto Träumen, vielen Ihrer Mitmenschen bereits einige Schritte voraus, weil Sie eine so genannte aktive Träumerin sind. Das heißt, dass Sie sich Ihrer Träume absolut bewusst sind und davon profitieren, indem Sie Ihr nächtliches Kopfkino als Inspiration für Ihr Leben im Wachzustand nutzen. Und das tun Sie, indem Sie mehr oder minder bewusst sowohl das freie Assoziieren, als auch bewährte Methoden der Deutung wie das Interpretieren von Traumsymbolen anwenden. Bestimmt befindet sich schon ein gutes Traumlexikon in Ihrem Besitz. Doch sicherlich werden Sie auf den nachfolgenden Seiten über die Welt der Träume auch noch manch guten Tipp, wie z. B. das Führen eines Traumtagebuchs, für sich entdecken können.

= Die unbeteiligte Träumerin

Sie sind eine ausgeprägte Individualistin, die ihren eigenen Weg gehen will und sich nicht gerne festlegt. Mal zeigen Sie sich sehr flexibel und pragmatisch, dann wieder regelrecht unbeugsam. Veränderungen führen Sie jedenfalls am liebsten selbst herbei, denn wenn sie Ihnen von außen aufdiktiert werden, rebellieren Sie häufig. Sie sind kreativ, erfinderisch und einfallsreich und verfügen auch über viele praktische Fähigkeiten. Und Ihre Traumpersönlichkeit bezeichnet man als die der unbeteiligten Träumerin. Das bedeutet, dass Sie sich Ihrer Träume meistens durchaus bewusst sind und sich auch recht gut an sie erinnern, sie aber oftmals dennoch ignorieren. Dabei könnten Sie jede Menge Einsichten gewinnen, wenn Sie sich Ihre Träume wenigsten hin und wieder etwas genauer anschauen würden. Versuchen Sie die darin vorkommenden Bilder und Symbole zu entschlüsseln! Das wird für Sie bestimmt sehr interessant und aufschlussreich sein.

Die verschiedenen Traumarten

Die Traumforschung teilt bestimmte Arten von Träumen, die bei sehr vielen Menschen auftauchen, in verschiedene Kategorien ein:

Körperbezogene Träume können durch äußere Reize ausgelöst werden. Wenn es uns beispielsweise zu kalt oder zu warm ist oder wir uns körperlich nicht wohlfühlen, bauen wir dies entweder in irgendeiner Form in unsere Träume ein oder wir wachen davon auf (typisch im Fall des nächtlichen Gangs zur Toilette). Eine tiefere Bedeutung haben diese Träume meist nicht.

Hellseherische Träume werden seit Menschengedenken beobachtet und beschrieben. Unsere Ahnen interpretierten diese Vorahnungen im Traum als Botschaft Gottes oder als eine Form von übersinnlicher Wahrnehmung. Heute befasst sich die Parapsychologie mit diesem eher seltenen Phänomen.

Wiederholungs- und Fortsetzungsträume tauchen in bestimmter Regelmäßigkeit oftmals über Wochen, Monate und Jahre hinweg auf. Diese Träume sollte man unbedingt genauer analysieren, da sie meist auf ein persönliches, uns belastendes Fehlverhalten hinweisen.

Alpträume dienen als Ventil für unsere tiefsten Ängste und inneren Konflikte. Diese intensivste aller Traumformen ist von einem massiven Gefühl der Bedrohung und der Panik geprägt. Daher kann man sich an sie meist auch später noch recht gut und im Detail erinnern.

Klassische Träume nennt man die Traummotive, die nahezu alle Menschen in irgendeiner persönlichen Version schon einmal gehabt haben:

- *Verfolgung und Flucht:* Wer im Traum vor einem unheimlichen Verfolger wegrennt, möchte dies vor bestimmten Situationen oder Personen auch im Leben am liebsten tun. Da hilft nur eins, im Traum wie im Wachzustand, sich der Situation stellen und herausfinden, wer oder was einen ängstigt. (Sollten Sie sich allerdings kurz vor diesem Traum einen entsprechenden Krimi oder Thriller angeschaut haben, dann müssen Sie sich darüber keine weiteren Gedanken machen.)
- *Nacktheit:* Wer träumt, dass er vor einer Gruppe von Personen eine Rede halten soll und plötzlich entsetzt feststellt, dass alle ihn auslachen, weil er vollkommen nackt vor ihnen steht, hat Angst davor, sich eine Blöße zu geben, sich lächerlich zu machen oder seine Verletzlichkeit zu zeigen. So ein Nackttraum, z. B. auch wenn man sich mitten in einer belebten Einkaufsstraße

befindet und zwar nur in Unterwäsche, kann aber auch bedeuten, dass man etwas verbergen will und Furcht vor Entdeckung hat.

- *Fliegen:* Wird von den meisten Menschen als sehr angenehmer Traum erfahren. Man fühlt sich frei, mächtig, unbeschwert und schwebt sozusagen über den Dingen. Muss man aber vielen Hindernissen ausweichen, dann hat man das Gefühl, dass einem etwas bei der Selbstentfaltung im Weg steht. Fürchtet man gar, abzustürzen, dann ist dies oft ein Zeichen dafür, dass man Angst vor einer Veränderung hat.
- *Fallen:* Taucht meist bereits kurz nach dem Einschlafen auf und weist meist auf eine Situation hin, in der wir uns unsicher fühlen oder Angst haben zu versagen.
- *Verliebt in den Falschen:* Im Traum ist man total verliebt in jemanden – und vielleicht sogar mit ihm zusammen –, den man eigentlich überhaupt nicht leiden kann oder der einem zumindest total egal ist. Nur keine Panik, dieser Traum bedeutet nicht, dass man tatsächlich heimlich in die einem unsympathische Person verliebt ist. Vielmehr kommen hier zwei Dinge zusammen. Einerseits sehnt man sich tatsächlich nach Liebe und einer Beziehung oder hat vielleicht sogar eine solche und ist auch vollkommen zufrieden damit. Diese Gefühle beschäftigen einen eben dann auch noch im Traum. Nur, irgendwo hat das recht chaotische Unterbewusstsein da etwas durcheinander gebracht. Der Typ, in den man im Traum verliebt ist, mag einem am Tag über den Weg gelaufen sein. Und jetzt taucht er eben im unpassenden Moment und im falschen Zusammenhang wieder auf. Das ist auch schon alles.
- *Prüfung:* Man bringt kein Wort heraus, stammelt nur unverständlich vor sich hin, weiß nichts. Das versammelte Kollegium schüttelt entsetzt den Kopf, der leere Prüfungsbogen scheint einen hohnlächelnd anzugrinsen, alle Fragen stehen plötzlich in einer unbekannten Sprache da, Stifte schreiben nicht usw. Das sind alles Beispiele für die berüchtigten Träume vom Prüfungsversagen. Hier können zwei verschiedene Ursachen zugrunde liegen. Entweder man hat wirklich Angst, bei einer Prüfung durchzufallen oder bei einer bestimmten Herausforderung zu versagen. Dagegen hilft nur, sich optimal vorzubereiten. Oder man empfindet sich einfach gerade als irgendwie unfähig oder nicht perfekt. Dann muss man zu der sicherlich recht bitteren Einsicht gelangen, dass man nicht immer auf der Gewinnerseite stehen kann. Das Leben besteht nun mal aus Höhen und Tiefen.
- *Zähne:* Gehören zu den häufigsten Traumsymbolen. Wer träumt, dass seine Zähne ausfallen, hat häufig Angst davor, von anderen nicht als attraktiv empfunden zu werden. Es kann auch darauf hinweisen, dass man das Gefühl hat, nicht genügend Biss, also Selbstvertrauen oder Mumm zu haben. Wer sich hingegen im Traum an seinem strahlenden Gebiss erfreut, ist selbstbewusst und fühlt sich gut. Hin und wieder können Träume von

Zähnen aber auch ein Hinweis sein, mal wieder beim Zahnarzt vorbeizuschauen.

Erotische Träume sind Träume, in denen ganz klar erkennbare sexuelle Handlungen im Vordergrund stehen. Allerdings haben diese Träume nur manchmal wirklich etwas mit den erotischen Bedürfnissen und der eigenen Sexualität zu tun.

- *Sex mit dem Partner:* Wenn Sie davon träumen, mit Ihrem Partner zu schlafen, dann kann man Ihnen zu Ihrer bestimmt auch im Wachzustand glücklichen Beziehung nur gratulieren.
- *Sex mit einem Fremden:* Der Fremde bringt Sie in Kontakt mit den Seiten Ihrer Persönlichkeit, die Sie noch nicht kennen oder bisher nicht bereit waren anzunehmen. Der Traum vom Sex mit einem Unbekannten zeigt, dass Sie kreativ und fantasievoll sind, sich aber momentan erotisch (noch) nicht so ausleben können, wie Sie es gerne täten.
- *Der Seitensprung:* Wenn Sie davon träumen, Ihren Partner zu betrügen, möchten Sie vermutlich gerne irgend etwas in der Beziehung verändern. Überlegen Sie, was das sein könnte! Mit Sex hat es aber wahrscheinlich eher nichts zu tun. Träumen Sie jedoch davon, dass Ihr Partner fremdgeht, dann könnte das schon eine Aufforderung Ihres Unterbewusstseins sein, in erotischer Hinsicht mehr aus sich herauszugehen.
- *Sex mit einer Frau:* Bei einigen Frauen kann dies ein Hinweis sein, dass Sie diesbezüglich eine gewisse Neugierde empfinden. Aber meist bedeutet dieser Traum eigentlich nur, dass Sie sich nach mehr Zärtlichkeit sehnen.
- *Bisexualität:* In jedem Menschen befinden sich sowohl weibliche als auch männliche Persönlichkeitsanteile. Da im Wachzustand jedoch meistens die dem eigenen Geschlecht entsprechende Seite sehr viel stärker ausgelebt wird, versucht Ihr Unterbewusstsein diese Unausgewogenheit im Traum auszugleichen.
- *Gruppensex:* Sie träumen, dass Sie Sex mit zwei und mehr Männern haben oder mit verschiedenen Paaren? Dann könnte es sein, dass Sie sich sexuell nicht ausgelastet fühlen und Lust darauf haben, im Bett zu experimentieren.
- *Exhibitionismus:* Wenn Sie unbekleidet in der Öffentlichkeit auftreten und dieses Gefühl mit Genuss oder Erregung einhergeht, steckt nur in Ausnahmefällen ein echtes exhibitionistisches, erotisches Bedürfnis dahinter. Meist bedeutet dieser Traum, dass Sie sich nach Anerkennung und mehr Beachtung sehnen – und das keinesfalls nur in sexueller Hinsicht.
- *Voyeurismus:* Wenn es Ihnen im Traum Spaß macht, anderen oder sich selbst (z. B. in einem Spiegel) beim Sex oder beim Ausziehen zuzuschauen, dann könnte das ein Hinweis darauf sein, dass Sie es im Wachzustand sehr schwer finden, sich einem Partner voll und ganz zu öffnen und hinzugeben.

- *S/M-Praktiken:* Falls Sie in Ihren Träumen eine peitschenschwingende Domina sind, so etwas Ihnen aber im Wachzustand gar nichts geben würde, haben Sie ein starkes Kontrollbedürfnis, das Sie vermutlich in Ihrem Umfeld überhaupt nicht ausleben können. Wenn Sie aber träumen, das Opfer zu sein und an den Fesselspielen und/oder an dem erzwungenen Sex Gefallen finden, dann könnte es sehr wohl sein, dass Ihr Unterbewusstsein Ihnen rät, erotisch aktiver zu werden, um Ihre heimlichen Schuldgefühle in Bezug auf Sex zu überwinden.
- *Prostitution:* Ein Traum, in dem Sie z. B. in einem Bordell als Prostituierte arbeiten, kann ein Hinweis darauf sein, dass Sie sich nach mehr sexueller Freiheit sehnen.
- *Vergewaltigung:* Irgend jemand verletzt Ihren persönlichen Raum eklatant. Denken Sie nach, wer das sein könnte! Vielleicht eine super aufdringliche Kollegin im Büro oder ein allzu dominanter Partner? Es ist aber auch möglich, dass Sie selbst irgendeinen wichtigen Teil Ihrer Persönlichkeit oder Ihrer Bedürfnisse im Alltag so stark unterdrücken, dass Ihr Unterbewusstsein Ihnen durch diesen Traum eine Warnung schicken will.
- *Inzest:* Keine Panik! Wenn Sie von Sex mit einem Familienmitglied träumen, bedeutet das nicht, dass Sie das wirklich wollen. Es zeigt normalerweise nur, wie nahe Sie sich dieser Person fühlen und wie vertraut Sie mit ihr sind.

Archetypische Träume werden auch als die großen Träume bezeichnet. Sie kommen nicht aus dem persönlichen Erleben oder eigenen Erfahrungen. Ihre Wurzeln führt man auf das kollektive Unterbewusstsein zurück. Einen solchen Traum hat man meist in Zeiten wichtiger Veränderungen oder in Krisen. Erkennen kann man ihn an den mystischen Bildern. Man träumt von Legenden und Sagen, Fabelwesen, Riesen, Helden, Feen und Hexen. Deuten muss man diese Träume nicht. Sie senden ihre speziellen Botschaften direkt in die Tiefen der Seele und werden dort zu unseren Gunsten aktiv.

Luzide Träume ist der Fachausdruck für Klarträume. In ihnen erkennt man bereits während des Traums, dass man träumt. Dadurch kann man bewusst in das Traumgeschehen eingreifen. Wer sich also in einem Alptraum befindet, kann z. B. mit einem Zauberspruch das Geschehen verändern. Durch die Macht der Gedanken wird so aus einer furchterregenden Schlange ein harmloser Regenwurm. Die Technik des Klarträumens ist nicht ganz einfach zu erlernen. Aber wer gerade eine Phase hat, in der er von Angstträumen geplagt wird, dem hilft es oft schon, wenn er sich vor dem Einschlafen vorstellt, gegen alles Üble beispielsweise durch eine magische Rüstung gefeit zu sein.

Traumdeutung

Nun gibt es natürlich noch eine schier unendliche Anzahl von Träumen, die in keine dieser Kategorien passen. Und natürlich möchte man gerade diese ganz persönlichen Botschaften des Unterbewusstseins für sich deuten können. Dazu muss man sich zunächst einmal an seine Träume erinnern. Das ist aber gar nicht immer so einfach. Bereits etwa fünf Minuten nach dem Aufwachen weiß man nämlich meist nur noch etwa 50% des Trauminhalts. Nach zehn Minuten sind oft schon um die 90% ganz verschwunden. Doch dem Gedächtnis kann auf die Sprünge geholfen werden.

Die folgenden Tipps können Sie auf der spannenden Entdeckungsreise in Ihre eigene Traumwelt unterstützen:

1. Nehmen Sie sich kurz vor dem Einschlafen fest vor, sich am nächsten Morgen an Ihre Träume erinnern zu können.
2. Legen Sie einen Stift und ein Blatt Papier neben Ihr Bett. Sollten Sie mitten in der Nacht aus einem Traum aufwachen, können Sie ihn so sofort aufschreiben. Oft reichen schon ein paar Stichworte oder eine kleine Zeichnung, um Sie am nächsten Morgen wieder an den Traum zu erinnern.
3. Legen Sie sich ein Traumtagebuch an, in das Sie Ihre Notizen übertragen. Beschreiben Sie so gut wie möglich alle Einzelheiten und auch die Gefühle, die Sie während Ihres Traums empfunden haben.
4. Geben Sie jedem Traum in Ihrem Buch einen Titel.
5. Schneiden Sie auch mal passende Bilder aus Magazinen und Illustrierten aus, suchen Sie sich ein entsprechendes Bild aus dem Internet oder machen Sie selber eine Skizze! Das regt die Fantasie an.
6. Besorgen Sie sich ein umfassendes Lexikon der Traumsymbole, konsultieren Sie Online-Traumlexika oder probieren Sie – für den Anfang – Ihre ersten Traumdeutungen mit Hilfe des nachfolgendem kleinen »ABC der Traumsymbole«.
7. Achten Sie bei der Deutung der Symbole besonders darauf, dass diese meist mehr als eine Bedeutung haben. Über die genauen Umstände Ihres Traums können Sie meist die für Sie Richtige finden.
8. Versuchen Sie auch einmal, diese Symbole gänzlich frei mit Ihren persönlichen Gefühlen, Assoziationen und Empfindungen zu verbinden.

Traumsymbole von A - Z

Abgrund – Zeigt, dass man Angst hat, sich fallen zu lassen, und seinen eigenen Gefühlen nicht traut.

Angst – Wenn Sie im Traum Angst empfinden, müssen Sie sich fragen, was Sie im wirklichen Leben ängstigt. Mit Angst sollte man sich auseinandersetzen, denn nur so kann man sie besiegen.

Anker – Steht für Selbstvertrauen und Sicherheit. Kann aber auch auf Stillstand hinweisen.

Baby – Je nach den Umständen im Traum ein Symbol von Abhängigkeit, Hilflosigkeit, Angst vor Schwangerschaft oder Hinweis auf verborgenen Kinderwunsch.

Baum – Steht für Ihre momentane Lebenssituation. Junge Blätter und Triebe weisen auf einen Neubeginn hin. Voll erblüht und dicht belaubt steht er für Ausgeglichenheit und Zufriedenheit. Herbstlich verfärbt kann er eine zu Ende gehende Phase anzeigen. Ein kahler Baum zeigt, dass Sie das Gefühl haben, zur Zeit nicht weiterzukommen und auf der Stelle zu treten.

Bett – Wenn es einladend und gemütlich aussieht, symbolisiert es den Wunsch nach Zärtlichkeit und körperlicher Befriedigung. Ein zerwühltes Bett steht für Stress mit der Familie und generelle Unruhe. Ein schmutziges Bett steht für Unzufriedenheit.

Blume/n – Symbolisieren Liebe, Erotik und Schönheit. Die Farbe (siehe unten) spielt bei der Deutung eine wichtige Rolle. Sollten sie allerdings verwelkt sein, kann dies darauf hindeuten, dass eine Beziehung zu Ende geht.

Buch – Symbolisiert Erinnerungen, Klugheit und Bildung. Der Titel kann Ihnen oft Näheres verraten.

Chaos – Zeigt, dass Sie Ihre Gefühle und Gedanken ordnen sollten.

Disco – Steht für Lebensenergie und den Wunsch, sich körperlich auszudrücken; aber auch für Oberflächlichkeit und Eitelkeit.

Dunkelheit (Finsternis) – Das Unheimliche, das Unbekannte; birgt Furcht aber manchmal auch neue Möglichkeiten. Steht oft auch für Unklarheit in einer bestimmten Situation.

Einbrecher – Sie und andere finstere *Eindringlinge* stehen oft für unbewusste, unterdrückte Emotionen.

Engel –Vertrauen Sie Ihrer inneren Stimme!

Erde – Symbolisiert oft den Körper, aber auch, wie man den Alltag meistert.

Explosion – Innere Spannung und Reizbarkeit.

Farben – Stehen für die Gefühlslagen. Je nach Schattierung kann die Grundbedeutung verstärkt oder abgeschwächt, positiv oder negativ gesehen werden. *Blau* = Frieden, Ruhe; *Lila* = Spiritualität, Streben nach Harmonie und Selbsterkenntnis; *Gelb* = Lebenskraft, aber auch Missgunst; *Orange* = Begeisterungsfähigkeit, Idealismus; *Rot* = Leidenschaft, Zorn, Aktivität; *Rosa* = Sehnsucht nach Liebe und Zärtlichkeit; *Grün* = Hoffnung, Neubeginn; *Schwarz* = Angst, Geheimnisvolles, aber auch Kreativität; *Weiß* = Unschuld, Unnahbarkeit.

Fenster – Ihre momentane Sicht der Dinge, aber auch, wie Sie glauben, dass andere Sie sehen. Wenn es offen ist, sind Sie bereit, Neues zu lernen und zu erfahren. Verschmutzte Fensterscheiben lassen auf Unklarheit und Verwirrung schließen, zerbrochenes Fensterglas auf Angst vor Verleumdungen.

Feuer – Steht für Leidenschaft und Begehren, aber auch für Reinigung, Gefahr, Zorn und Zerstörung. Wer im Traum ein Feuer löscht, wird seine Ziele durch Einsatz erreichen. Ein brennendes Haus zeigt, dass man leidenschaftlich für jemanden entflammt ist. Ein Kaminfeuer steht für den Wunsch nach Familienglück und Harmonie.

Gefängnis (Käfig, Kerker, Verließ) – Häufig ein Zeichen dafür, dass man sich enorm eingeschränkt fühlt. Seltener auch ein Symbol für eine allzu enge Bindung an die Eltern.

Geld – Hat immer mit dem Selbstwertgefühl zu tun.

Haus (Gebäude, Wohnung) – Das Haus steht für Sie und Ihre Persönlichkeit. Wenn es z. B. leer ist, sind Sie wahrscheinlich noch auf der Suche nach sich selbst. *Fundament* = Erwartungen; *Keller* = Instinkte, Unterbewusstsein; *Dach* = Verstand; *Dachboden* = Erinnerungen; *Küche* = Veränderungen und materielle Bedürfnisse; *Wohnzimmer* = Geselligkeit, Entspannung; *Schlafzimmer* = Erotik, Sexualität; *Badezimmer* = seelische Reinigungsprozesse.

Insel – Kann entweder bedeuten, dass man sich einsam fühlt oder dass man mehr Zeit für sich alleine braucht.

Jahreszeiten – Symbolisieren Lebensphasen: *Frühling* = Jung sein, Aufbruchsstimmung, Neubeginn; *Sommer* = Energie, Tatkraft, Freude; *Herbst* = Reife, Wunsch nach Ruhe; *Winter* = Einsamkeit, Warten auf bessere Tage.

Katastrophen – Können auf notwendige Veränderungen hinweisen, die unser Unterbewusstsein anstrebt, obwohl wir uns noch unsicher fühlen.

Klettern – Der Wunsch nach Erfolg.

Konflikte – Wer davon träumt, steht oft unter Stress oder Entscheidungsdruck.

Krankheit – Meist der Wunsch nach Ruhe und/oder Fürsorge.

Lähmung – Unbewältigte Konfliktsituationen, meist sexueller Natur.

Luft – Symbolisiert Ihr Denken und Ihre Ansichten. Neblige oder stickige Luft kann auf Schwierigkeiten hindeuten, mit denen Sie sich auseinandersetzen sollten. Klare, frische Luft kündigt Erfolge an.

Menschen – Können auch im Traum die tatsächlichen Personen sein (Partner, Kinder, Kollegen, Vorgesetzte, Eltern, Geschwister, Freunde, Prominente usw.) oder einen bestimmten Teil Ihrer Persönlichkeit symbolisieren.

Musik – Steht für die Gefühlswelt. Musik, die als angenehm empfunden wird, versinnbildlicht Harmonie. Sie kann auch auf Trost in schwierigen Situationen hinweisen. Disharmonische, schrille Klänge im Traum zeigen, dass man möglicherweise mit einer Beziehung oder einer Situation unzufrieden ist.

Nacht – Das Unbekannte, Unbewusste, Andere, Fremde. Manchmal auch ein Hinweis auf fehlenden Durchblick.

Orte – Können Teil Ihrer Erinnerung sein, eine Botschaft enthalten oder auf eine bestimmte Stimmungslage hinweisen.

Quadrat – Ein Zeichen, dass Sie bei Ihrer persönlichen Entwicklung Fortschritte machen.

Reisen – Verweisen auf eine positive Wandlung, selbst wenn die Reise gefährlich ist.

Schatten – Die dunkle, verborgene Seite Ihrer Persönlichkeit.

Schmutz (Dreck) – Steht oft für ein schlechtes Gewissen.

Schokolade – Steht für gute Gesundheit oder echten Heißhunger auf Süßes. Kann auch auf eine Versuchung hinweisen. Wer im Traum Schokolade verschenkt, versucht vielleicht, den Betreffenden zu erobern.

Sex – Kann für sexuelle Wünsche oder Ängste stehen, aber auch für Hunger und Durst.

Stern (Sternenhimmel) – Zeigt Ihre inneren Sehnsüchte und ist eine Aufforderung, etwas zu tun, um Ihre Träume wirklich werden zu lassen.

Tiere – Stehen generell für die Instinkte und das Triebhafte in uns. Meist symbolisieren sie Ihre Eigenschaften oder Ihre Ängste. Achten Sie darauf, um was für eine Art von Tier es sich handelt und was für Charakteristika es verkörpert.

Der *Hund* verweist fast immer auf Instinkte, Gefühle oder die männlichen, sexuellen Triebe. Ist er freundlich, repräsentiert er Loyalität und bedingungslose Liebe. Handelt es sich bei dem Hund um Ihr Haustier, dann geht es um glückliche Momente und schöne Erinnerungen. Bellt er, kann er für die Angst vor übler Nachrede und Verleumdung stehen, heult oder beißt er gar, will Ihr Unterbewusstsein Sie vor einer möglichen Gefahr warnen. Die *Katze* wiederum steht häufig für die weibliche Individualität, Wildheit und Triebhaftigkeit. Je nach den Traumumständen kann sie aber auch auf Falschheit oder Hinterlist in Ihrem Umfeld hinweisen und als Aufforderung verstanden werden, stärker der eigenen Intuition zu vertrauen. Das *Pferd* steht für Lebenskraft, Energie sowie sexuelle Fähigkeiten und Wünsche, aber auch für die Sehnsucht nach einer intimen Beziehung zu einem Mann. Ist das Tier alt und krank, kann es für eine Enttäuschung stehen. Ein häufiges tierisches Traumsymbol ist die *Schlange*. Fast jedes Mädchen und jede Frau träumen manchmal von Schlangen. Sie symbolisieren meist entweder Angst vor Rivalinnen oder vor der männlichen Sexualität. Die *Spinne* signalisiert oft Ängste, manchmal aber auch künstlerische Begabungen oder die Beziehung zur Mutter. Und *Raubtiere* in Frauenträumen repräsentieren sehr häufig die männlich-aggressive Sexualität. *Vögel* gelten als Freiheitssymbol und Zeichen für Fantasie, deuten aber manchmal auch auf den Wunsch hin, vor einer Situation zu flüchten. Der *Wolf* verweist auf Begierden und Gefahren.

Tod – Im Traum ist er einfach nur ein Symbol dafür, dass sich etwas verändert oder dass ein Kapitel zu Ende geht und ein neuer Anfang bevorsteht.

Transportmittel – Hier findet man erstaunlich oft einen erotischen Bezug. Ein *Auto* zu lenken, kann den Wunsch nach einer aktiveren sexuellen Rolle aufzeigen, *Flugzeuge* und *Raketen* gelten als Phallussymbole, die *Lokomotive* als sexueller Impulsgeber und der *Zug*, der durch Tunnel fährt, verkörpert fast immer ganz allgemein den sexuellen Akt an sich.

Tür – Zeigt, dass man vor einer neuen Situation steht. Symbolisiert häufig auch den Übergang von einer Lebensphase in eine andere. Und verschlossene Türen stellen manchmal eine Warnung vor zuviel Neugierde dar.

Uhr – Steht als Symbol immer für das Vergehen der Zeit.

Unfälle – Unerwartete Veränderungen, vor denen man möglicherweise Angst hat.

Verbrechen – Wer sich als Opfer erlebt, hat oft mehr oder weniger verdrängte Scham- und Schuldgefühle, häufig auch ein Gefühl der Machtlosigkeit. Wer hingegen selbst zum Verbrecher wird, möchte die Klärung einer unbefriedigenden Situation am liebsten mit Gewalt erzwingen.

Vampir – Ein Symbol, das für eine Mischung aus Angst und Faszination steht und fast immer eine sexuelle Komponente beinhaltet.

Wasser – Sagt je nach Beschaffenheit etwas über Ihre Gefühle aus. Eine *klare Quelle* lässt auf innere Zufriedenheit und Klarheit schließen. Ein *reißender Strom* spiegelt eine aufgewühlte Gemütsverfassung wieder. Und wer im *Meer* schwimmt, schwelgt in Gefühlen.

Waffen – Gelten seit dem Bekanntwerden der Erkenntnisse des großen Psychiaters Freud, der sich intensiv mit der Bedeutung von Träumen beschäftigte, als eindeutige Symbole männlicher Sexualität. Träumt eine Frau, dass sie *Schuss- oder Stichwaffen* benutzt oder durch sie bedroht, verletzt oder gar getötet wird, dann wird dies entweder als Wunsch auf oder als Angst vor Sex gedeutet.

Wetter - Die verschiedenen Wetterkonditionen haben, wenn sie in Träumen vorkommen, ebenfalls viel mit Erotik zu tun. *Eis* steht häufig für die Angst, erotisch nicht attraktiv zu sein, *Hitze* für Leidenschaft, Eifersucht und schwer kontrollierbare Begierden, *Regen* für ein erfülltes Sexleben und *Wärme* für Liebe, Wohlbefinden und eine glückliche Beziehung.

X – Wer im Traum ein X sieht, befindet sich möglicherweise in einer Sackgasse und muss nach neuen Lösungswegen suchen.

Yacht – Wunsch nach Luxus und Attraktivität.

Zahlen – Haben im Traum oft eine persönliche Bedeutung (Geburtstage, Telefonnummern usw.) In so einem Fall bedarf es keiner weitergehenden Deutung. Wer eine Reihe von Zahlen träumt, kann sein Glück auch mal beim Lotto probieren, aber Gewinngarantien gibt es natürlich nicht. Manchmal verkörpern Zahlen allerdings auch eine bestimmte Botschaft des Unterbewusstseins. Dann legt man bei der Deutung ihre Symbolik zugrunde: *Null* =

Leere, Suche nach Erkenntnissen; *Eins* = Individualität, Neubeginn; *Zwei* = Weist auf Widersprüche in unserem Verhalten hin; *Drei* = Kreativität, seelisches Empfinden; *Vier* = Innere Ausgeglichenheit, Sinnlichkeit; *Fünf* = Verlangt mehr Körperbewusstsein von uns; *Sechs* = Harmonie, Sexualität; *Sieben* = Veränderung, Entwicklung; *Acht* = Warnung vor Leichtsinn, kann aber auch ganzheitliche Problemlösungen zeigen; *Neun* = Guter Abschluss einer Phase, Vollendung; *Zehn* = Aus gemachten Erfahrungen lernen; *Elf* = Aufforderung zur Weiterentwicklung; *Zwölf* = Mythologisch wichtige Zahl (z. B. die zwölf Apostel oder die zwölf Tierkreiszeichen), die auf Weisheit, Hoffnung und Liebe schließen lässt.

Zaun – Weist je nach den Umständen im Traum entweder auf ein Hindernis oder auf die Sehnsucht nach Schutz und Geborgenheit hin.

Kritzeleien – Bilder aus dem Unterbewusstsein

Blätter, Blöcke und Notizzettel bekritzeln – fast jeder macht es in gewissen Situationen, ohne sich etwas dabei zu denken. Dabei ermöglichen die mehr oder weniger kunstvollen Zeichnungen durchaus tiefe Einblicke in die Gemütslage, die Gedanken und den Charakter ihrer Verfasser.

Glaubt man den Statistiken, so greifen allein beim Telefonieren mindestens 65% aller Menschen weitgehend unbewusst regelmäßig zum Stift, um sich als Kritzel-Künstler zu betätigen. Später landen diese Machwerke, die neudeutsch auch als »Doodles« oder »Telefon-Graffiti« bezeichnet werden, dann meist unbeachtet im Papierkorb. Aber halt! Wenn Sie das nächste Mal während einer Besprechung, beim Telefonieren oder wenn Sie vielleicht einfach nur eine Einkaufsliste machen wollten absichtslos vor sich hin kritzeln, dann schauen Sie sich das einmal genauer an! Es handelt sich dabei nämlich um durchaus wichtige Botschaften des Unterbewusstseins, die Ihnen – ähnlich wie Träume und freie Assoziationen – eine ganze Menge über Ihre Persönlichkeit sowie über Ihre momentane Gefühlslage verraten können.

Deutungen

- Wenn Sie **Häuser** und andere **Gebäude** malen, haben Sie alles im Griff, sind zuverlässig und in punkto Beziehungen eine treue Seele, lassen sich allerdings nicht gerne etwas sagen oder gar vorschreiben.

- Sie malen **Blumen**? Dann sind Sie harmoniebedürftig, sanft und romantisch. Freundschaften werden von Ihnen als sehr wichtig empfunden, und Sie leben entweder bereits in einer glücklichen Partnerschaft oder wünschen sich eine solche sehr.

- Als **Sternchenmalerin** sind Sie ehrgeizig und fantasievoll. Sie streben nach Erfolg und Ruhm, setzen dadurch aber sowohl sich als auch andere hin und wieder ganz schön unter Druck.

- Falls Sie **Strichmännchen** kritzeln, so sind Sie intelligent und voller Sehnsucht in Bezug auf die Liebe. Sie wünschen sich eine starke Schulter zum Anlehnen und einen Beschützer, der immer an Ihrer Seite ist.

- **Sonnen** wiederum weisen darauf hin, dass Sie ein fröhlicher, unbeschwerter Mensch sind, gerne im Mittelpunkt stehen und die Dinge voll guter Laune und mit viel Energie in Angriff nehmen.

- Große und kleine **Herzen** in allen denkbaren Variationen lassen nur einen Rückschluss zu – Sie sind verliebt.

- Wenn Sie Ihre Zettel mit **Smileys** und/oder **Gesichtern** verzieren, sind Sie humorvoll, fair, zufrieden und gut aufgelegt, lassen sich aber auch leicht ablenken und neigen dazu, sich Ihren Tagträumen hinzugeben und die Welt durch eine rosarote Brille zu betrachten. Zeichnen Sie Ihre Gesichter allerdings immer nur im **Profil**, dann könnte es sein, dass Sie eher übervorsichtig und ausweichend sind.

- **Augen** werden häufig von Menschen gekritzelt, die unter Stress stehen, sich unter Beobachtung fühlen oder Angst vor Kritik haben. Wundern Sie sich nicht darüber, dass Sie Augen zeichnen, wenn Sie unter beruflicher Anspannung stehen oder gar darunter leiden.

- Wenn Sie Ihre Notizblöcke mit **Wolken** vollkritzeln, haben Sie – zumindest zu diesem Zeitpunkt – ziemlich schlechte Laune. Es kann aber auch sein, dass Sie allzu hartnäckig auf Ihrem Standpunkt verharren. In so einem Fall gilt die Devise: Lockerer werden!

- Sollten Sie **Tiere** zu Papier bringen, egal ob Vogel, Hund, Katze, Käfer oder sonstiges, sind Sie eine freundliche, gesellige, kontaktfreudige, faire und aufgeschlossene sowie oft auch verspielte Frau – und meistens auch tatsächlich tierlieb.

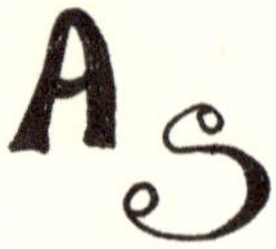

❖ Liebevoll ausgemalte **Buchstaben** lassen vermuten, dass Sie gefühlvoll und kreativ sind, aber gleichzeitig auch mit viel Sorgfalt und Genauigkeit an die Dinge herangehen.

❖ **Spinnennetze** und andere netzartige Gebilde sind ein Hinweis Ihres Unterbewusstseins, dass Sie großes Verlangen nach mehr Einfluss und Macht, einem höheren Einkommen, einer besseren Position sowie einem größeren Freundeskreis haben.

❖ Ineinander verschachtelte **Kästchenmuster** verweisen auf einen logisch denkenden, bodenständigen Menschen, der viel Zuneigung braucht und sich diese auch von Herzen wünscht. Manchmal sind die Kästchen aber auch einfach nur ein Zeichen für Langeweile.

❖ **Schachteln und Boxen** bedeuten übereinander gestapelt methodisches Denken. Geschlossen symbolisieren sie Ichbezogenheit und den Wunsch nach Privatsphäre. Sind die Kisten offen, wünschen Sie sich mehr gesellschaftliche und zwischenmenschliche Kontakte; sie können aber auch dafür stehen, dass Sie das Bedürfnis haben, beengenden oder einschränkenden Umständen zu entfliehen.

❖ **Sie kritzeln meistens Vierecke, Rechtecke** und **Quadrate**? Dann sind Sie klug, praktisch, sachlich, rational, nüchtern, kühl und vernünftig. In Herzensdingen allerdings könnten weniger Reserviertheit und mehr Aufgeschlossenheit oft sehr hilfreich sein.

❖ Wenn Sie ein **X** nach dem anderen setzen oder **Kreuzchen** malen, wünschen Sie sich Anerkennung, sind gutmütig und ziemlich leicht zu beeinflussen.

❖ Immer wiederkehrende **Gittermuster** deuten darauf hin, dass Sie sich in irgendeiner Form eingesperrt, gefangen, hilflos oder fremdbestimmt fühlen und sich nach mehr Freiheit und Unabhängigkeit sehnen.

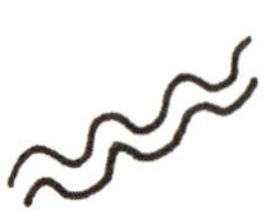

❖ Bringen Sie **Wellenlinien** zu Papier, so sind Sie kreativ, selbstbewusst, schlagfertig und verfügen über einen raschen und scharfen Verstand. Manchmal allerdings auch über eine ziemlich spitze Zunge.

❖ **Zacken und Spitzen,** zum Beispiel in Form eines Sägeblatts oder als Bergspitzen, sind oft ein Hinweis auf Zorn, Ärger, mögliche Minderwertigkeitskomplexe und unterdrückte Aggressionen, die sich häufig in Angriffslust ausdrücken.

- Bei **Dreiecken** kommt es auf die Spitze an. Zeigt sie nach oben, dann stecken Sie voll positiver Energie und gehen mit viel Elan zielstrebig an die Verwirklichung Ihrer Pläne. Weist die Spitze hingegen nach unten, dann haben Sie zwar jede Menge Potential, sollten aber aktiver werden, um es sinnvoll einzusetzen.

- **Kreise** deuten darauf hin, dass Sie eine gefühlvolle und empfindsame, aber wahrscheinlich auch schüchterne und manchmal sogar etwas ängstliche Frau sind, die sich nach Glück sehnt, dieses aber allzu oft vom Verhalten anderer abhängig macht.

- Wenn Sie **Spiralen** kritzeln, dann sehnen Sie sich nach Harmonie, haben aber vermutlich im Moment eher das Gefühl sich im Kreis zu drehen. Statt Ihre Bedürfnisse zu unterdrükken, sollten Sie Ihre Wünsche klar formulieren und Pläne machen, um die momentane Situation zu verändern!

- Und falls Sie **abstrakte Gebilde** zeichnen, soll dies – falls diese überwiegend aus Geraden und Winkeln bestehen – auf einen kritischen Geist und die Fähigkeit zum kausalen Denken verweisen. Sind Ihre abstrakten Machwerke aber eher kurvig und abgerundet, so bedeutet dies, dass Sie ein warmherziger, offener, toleranter und flexibler Mensch sind.

Das innere Ich

Um sich selbst wirklich zu kennen und zu verstehen, führt also ganz offensichtlich kein Weg am Unterbewusstsein vorbei. Denn das, was Sie von und über sich selbst glauben und sagen, ist nicht immer das, was Sie in Ihrem Unterbewusstsein wirklich fühlen und denken. In den vorangegangenen Abschnitten haben Sie sich mit den Archetypen, der Traumdeutung und der unbewussten Bildsprache befasst und somit bereits einige der Möglichkeiten, in das unbekannte und nur wenig erforschte Reich im eigenen Innern vorzudringen, genutzt. Doch es gibt auch noch andere Techniken. Dazu gehört das Assoziieren. Damit werden Sie Ihr inneres Ich noch besser kennenlernen, Ihr unbewusstes Selbstbild finden, auf Ihre Stärken und Schwächen und Ihre größte Furcht treffen. Und Sie werden verstehen, was Erfolg, Liebe, Sex und andere wichtige Themen Ihnen wirklich bedeuten. Machen Sie sich auf den Weg!

DER TEST

Frage 1: Stellen Sie sich vor, Sie gehen einen Weg entlang. In welcher Landschaft liegt dieser Weg?

- In einem großen, dunklen Wald, dessen Bäume so dicht stehen und so hoch gewachsen sind, dass der Himmel fast nicht mehr zu sehen ist.
- Am Rande wogender Weizenfelder, über denen sich ein strahlend blauer Himmel wölbt.
- Inmitten einer sanften, grünen Hügellandschaft. In der Ferne kann man eine majestätische Bergkette erkennen.

Frage 2: Aus den Augenwinkeln sehen Sie ein Tier. Es handelt sich dabei um ...

- ... einen bunten Papagei mit klugen Augen.
- ... ein putziges Eichhörnchen mit buschigem Schwanz.
- ... eine riesige, wahrscheinlich ziemlich alte Schildkröte.
- ... ein großes Pferd mit beeindruckender Mähne.

Frage 3: Sie gehen weiter und sehen am Boden direkt vor Ihren Füßen etwas liegen und zwar ...

- ... einen Spiegel.
- ... einen Ring.
- ... eine Flasche.

Frage 4: Werden Sie diesen Gegenstand aufheben?

- Na klar.
- Nein, tue ich nicht.

Frage 5: Sie gehen den Weg weiter entlang. Plötzlich stehen Sie vor ...

- ... einem See.
- ... einem Wasserfall.
- ... einem Fluss.

Frage 6: Wie wirkt das Wasser auf Sie?

- Erfrischend und belebend.
- Dunkel und geheimnisvoll.
- Klar und ruhig.
- Wie es auf mich wirkt? Ich weiß nicht, wie Wasser halt.

Frage 7: Im Wasser treibt ein Schlüssel. Wie sieht er aus?

- Wie ein ganz normaler Hausschlüssel.
- Wie eine antike Rarität, sehr alt, groß und schön verziert.
- Klein und aus Stahl, wie der Schlüssel für ein Bankschließfach.

Frage 8: Sie gehen auf dem Weg weiter und kommen dabei an einer Höhle vorbei. Direkt hinter dem felsigen Eingang können Sie eine hölzerne Truhe erkennen. Was machen Sie?

- Ich kümmere mich nicht darum. In der alten Kiste ist bestimmt sowieso nur Schrott.
- Oh je! Wer weiß was für Gefahren in der Höhle lauern – wilde Tiere, Einsturzgefahr. Ich gehe so schnell wie möglich weiter, nur weg von hier.
- Ich versuche mit unterschiedlichsten Methoden die Kiste zu öffnen, immer und immer wieder. Doch selbst durch einen kräftigen Tritt bekomme ich sie einfach nicht auf. Ich bin enttäuscht und stocksauer.

Frage 9: Nach einer Weile führt Sie der Weg direkt auf ein Haus zu. Was für ein Haus ist es?

- Eine tolle Villa, regelrecht filmreif.
- Eigentlich ist das kein richtiges Haus, mehr eine Hütte. Aber die liegt in einem wunderschönen Garten mit ganz vielen Blumen.
- Kein Haus, sondern ein malerisches, altes Schloss aus massiven, hellgrauen Steinquadern.

Frage 10: Was machen Sie als nächstes?

- Ich schaue durch die Fenster.
- Ist die Eingangstüre offen? Au ja! Super, dann schaue ich mich hier drin mal in aller Ruhe um.
- Ich gehe weiter. Das Gebäude interessiert mich nicht.

Frage 11: Plötzlich sehen Sie einen Schatten, der direkt auf Sie zukommt! Was ist das?

- Ein großer Bär!
- Ein unheimlicher Hexenmeister!
- Eine eklige Spinne!

Frage 12: Sie sind sehr erschrocken und suchen so schnell wie möglich das Weite. Sie laufen und laufen, aber plötzlich blockiert eine hohe Mauer den Weg. Doch in der Mauer befindet sich eine Tür. Natürlich schauen Sie durch das Schlüsselloch. Was sehen Sie?

- Ein schönes Haus inmitten eines großen Gartens.
- Einen kleinen See, umgeben von einer Wüste.
- Einen Strand, am dem sich schäumende Wellen brechen.

Nun sind Sie am Ziel Ihres Weges angekommen und müssen nur noch die Türe öffnen. Den Schlüssel zur Pforte Ihres Unterbewusstseins finden Sie in Ihren Antworten:

Frage 1: Ihr unbewusstes Selbstbild:

- Wald: Sie sind nachdenklich und tiefsinnig, legen aber großen Wert darauf, dies nicht zu offenbaren. Versuchen Sie, sich etwas mehr zu öffnen! Die Menschen, die Ihnen wohlgesonnen sind und Sie wirklich lieben und mögen, werden Sie auch so, wie Sie wirklich sind, akzeptieren.
- Kornfeld: Sie sehen sich selbst als fröhliche und freundliche Frau, die sich Harmonie wünscht und Konflikte weitgehend vermeidet. Dennoch stehen Sie zu Ihrer Meinung! Solange Sie mit sich selbst im reinen sind, werden andere Sie ebenfalls zu schätzen wissen.
- Hügellandschaft: Sie können gut Probleme lösen und sehen sich als jemanden, der fest auf dem Boden der Realität steht. Nur Gefühle zu zeigen, fällt Ihnen nicht leicht. Trauen Sie sich öfter, Ihre Emotionen auszuleben! Das wird Ihnen und anderen Freude machen.

Frage 2: Ihre inneren Stärken:

- Papagei: Sie sind intelligent, wissbegierig, kontaktfreudig und können sich gut ausdrücken.
- Eichhörnchen: Sie sind zielstrebig, fleißig, diszipliniert und vorausschauend.
- Schildkröte: Sie sind geduldig, gelassen, widerstandsfähig und weise.
- Pferd: Sie sind charmant, kreativ, unabhängig und haben außerdem jede Menge Energie.

Frage 3: Ihr unbewusstes Partner-Suchbild:

Egal ob Sie Single sind oder bereits seit Jahren in festen Händen, im Innern hat jeder Mensch ein tief verankertes Traumbild des perfekten Partners. Wer es kennt, kann manches besser an sich und seinem Beziehungsverhalten verstehen:

- **Spiegel**: Ihr Traummann ist gutaussehend und beliebt.
- **Ring**: Ihr Traummann ist liebevoll, treu und sehr romantisch.
- **Flasche**: Ihr Traummann ist intelligent und lebenstüchtig.

Frage 4: Ihre Bindungsbereitschaft:

- **Sie heben den Gegenstand auf**: Wenn Sie den »Richtigen« gefunden haben, sind Sie für eine feste Bindung absolut bereit.
- **Sie heben den Gegenstand nicht auf**: Ihr Motto: »Drum prüfe wer sich bindet, ob ›frau‹ nicht noch was Besseres findet.«

Frage 5: Ihre Ernsthaftigkeit in Bezug auf die Liebe:

- **See**: Sie nehmen die Liebe sehr ernst und wollen Ihre Zeit nur dann mit einem Mann verbringen, wenn er Ihnen wirklich etwas bedeutet. Schön, wenn Sie ihn schon gefunden haben. Und wenn nicht, dann viel Spaß bei der Suche!
- **Wasserfall**: Sie sehen die Liebe, zumindest zur Zeit, als ein Spiel und genießen unverbindliche Flirts, prickelnde Romanzen und das Spiel mit dem Feuer.
- **Fluss**: Sie gehen mit Gefühlen verantwortlich um und sind, wenn Sie verliebt sind, durchaus für eine ernsthafte Beziehung bereit. Doch das heißt nicht, dass Sie nicht auch an harmlosen Flirts Ihren Spaß haben, wobei es Sie auszeichnet, dass Sie Männern nichts vormachen.

Frage 6: Ihre Einstellung zu Sex:

- **Erfrischend und belebend**: Ihre unverkrampfte Einstellung zu Sex sorgt dafür, dass Sie Sexualität und Intimität in den verschiedensten Facetten genießen können.
- **Dunkel und geheimnisvoll**: Sex ist Ihnen irgendwie unheimlich, was höchstwahrscheinlich an Ihren bisherigen sexuellen Erfahrungen liegt. Tun Sie diesbezüglich nur das, was Sie wirklich wollen, und entscheiden Sie sich nur dann für Sex, wenn Sie selbst dafür bereit sind.
- **Klar und ruhig**: Mit dem richtigen Partner und wenn die Gefühle stimmen ist Sex für Sie eine angenehme, schöne Nebensache. Nicht mehr, aber auch nicht weniger.
- **Einfach nur Wasser**: Irgendwie haben Sie zu Sex keinen wirklichen Bezug. Und da Erotik und Sexualität immer im Kopf anfangen, haben Sie offensichtlich – zumindest im Moment – ganz andere Dinge im Kopf.

Frage 7: Ihre Einstellung zu Arbeit und Bildung:

- **Hausschlüssel**: Sie empfinden die Arbeit als eher lästige Notwendigkeit, um Geld zu verdienen. Sich darüber hinaus noch mit Fort- und Weiterbildung »herumzuplagen«, verlockt Sie – zumindest zur Zeit – absolut nicht.
- **Antiker Schlüssel**: Da Ihre Arbeit und Bildung Ihnen sehr wichtig sind, gehen Sie diese Bereiche entsprechend motiviert an. Außerdem schätzen Sie es über alle Maßen, wenn Sie Ihren Horizont dadurch erweitern können.
- **Bankfach-Schlüssel**: Sie sind eine Praktikerin und keine Theoretikerin. Daher ist es für Sie wichtig, Ihre praktischen Talente bei Ihrer Arbeit nutzen zu können bzw. diese noch weiter auszubauen.

Frage 8: Ihre verborgene Schwäche:

- **Sie gehen weiter**: Ihre verborgene Schwäche ist der Pessimismus. Denn im tiefsten Innern sind Sie davon überzeugt, dass, was schiefgehen kann, auch schiefgehen wird. Arbeiten Sie daran, sich davon freizumachen! Denn letztlich kriegt man meistens auch das, was man glaubt zu bekommen.
- **Sie wollen so schnell wie möglich an der Höhle vorbei**: Ihre verborgene Schwäche ist die Ängstlichkeit. Vorsichtig zu sein, ist in Ordnung, aber zuviel Angst zu haben, kann dazu führen, dass gute Chancen verpasst werden. Wägen Sie also ruhig Risiken sorgfältig ab, aber trauen Sie sich hin und wieder auch einfach mal etwas!
- **Sie versuchen, die Kiste zu öffnen**: Ihre verborgene Schwäche ist die Aggressivität. Überlegen Sie sich, woran das liegen könnte! Aber bedenken Sie, was immer der Grund dafür auch sein mag, Zorn ist kein guter Ratgeber.

Frage 9: Welche Art von Job für Sie richtig wäre:

Unabhängig davon, ob Sie noch in der Ausbildung sind, Ihren Traumjob bereits gefunden haben, einem ungeliebtem Broterwerb nachgehen oder arbeitssuchend sind, zu wissen, was Ihr Inneres sich zutraut, hilft in jedem Fall weiter.

- **Villa**: Sie sollten einen Job haben, bei dem Sie Ihr großes Energiepotential nutzen und Ihren Ehrgeiz befriedigen können. Als Reiseleiterin, Sportlerin, Hotelkauffrau, Managerin, Politikerin oder Journalistin dürften Sie auf Ihre Kosten kommen.
- **Hütte**: Sie sind praktisch veranlagt und wollen ein sicheres Einkommen haben. Als Floristin, Raumausstatterin, Europa-Sekretärin, Bankkauffrau, Informationselektronikerin oder Tischlerin dürften Sie zufrieden sein.
- **Schloss**: Sie sind kreativ und künstlerisch begabt. Nutzen Sie Ihr Talent und verfolgen Sie dann konsequent Ihr Ziel, also z. B. als Grafikerin, Musikerin, Schauspielerin, Tänzerin, Modedesignerin, Werbefachfrau oder als Autorin!

Frage 10: Wie wichtig Erfolg Ihnen ist:

- **Sie schauen durch die Fenster**: Sie träumen vom Erfolg, haben aber Angst, zu versagen. Strengen Sie sich an und versuchen Sie es einfach! Jeder kann Fehler machen und Misserfolge haben. Wichtig ist nur, dass Sie am Ball bleiben und nicht aufgeben.
- **Sie spazieren einfach hinein**: Erfolg zu haben, ist Ihnen sehr wichtig. Und weil Sie auch fest an sich und Ihren Erfolg glauben, werden Sie Rückschläge verkraften und sich von Ihren Zielen nicht abbringen lassen.
- **Sie gehen am Haus vorbei**: Für Sie gibt es im Leben Wichtigeres als Erfolg, z. B. die Liebe oder die Familie. Deswegen können Sie natürlich trotzdem erfolgreich sein, aber Ihre Prioritäten liegen anderswo. Und das ist auch vollkommen in Ordnung.

Frage 11: Ihre größte Furcht:

- **Bär**: Weil Ihnen Ihre Unabhängigkeit so wichtig ist, fürchten Sie sich davor irgendwann einmal Hilfe zu brauchen und dann niemanden zu haben, auf den Sie sich verlassen können. Finden Sie einen Mittelweg zwischen Ihrer Freiheitsliebe und der Nähe zu anderen, dann werden Sie sich sicherer fühlen!
- **Hexenmeister**: Sie fürchten sich vor Kontrollverlusten, und um diese Furcht zu verbergen reagieren Sie in Situationen, in denen Sie das Gefühl haben, keine Kontrolle zu haben, oft aggressiv. Aber denken Sie daran, dass Sie gerade dann einen kühlen Kopf brauchen, damit Sie wenigstens die Kontrolle über sich selbst nicht verlieren!
- **Spinne**: Ihre größte Furcht ist, bei anderen nicht gut anzukommen. Es ist Ihnen wichtig, »das richtige Image« zu haben, beliebt zu sein und von anderen gemocht und akzeptiert zu werden. Das ist zwar verständlich, aber niemand kann es allen immer recht machen. Seien Sie einfach Sie selbst!

Frage 12: Ihr wahres Ich:

- **Haus mit Garten**: Sie sind ein reifer Mensch, vernünftig und ehrlich. Nur manchmal fällt es Ihnen schwer, Ihr Herz und nicht nur Ihren Kopf sprechen zu lassen. Wenn es Ihnen gelingt, diesbezüglich eine gute Balance zu finden, dann können Sie wirklich sehr zufrieden mit Ihrem wahren, inneren Ich sein.
- **See, mitten in einer Wüste**: Ihre Privatsphäre ist Ihnen sehr wichtig. Und oftmals sind Sie daher mit sich und Ihren Gedanken am liebsten allein. Doch das führt auch dazu, dass Sie sich, wenn Sie sich nach etwas sehnen oder durch etwas belastet fühlen, nur ungern anderen anvertrauen. Versuchen Sie, mit Ihren Wünschen und Sorgen auch einmal auf andere zuzugehen! Sie werden sich dadurch letztlich mit sich selbst noch wohler fühlen.
- **Strand mit Meereswellen**: Sie haben ein gesundes Selbstvertrauen und viel Energie. Doch Ihre Stimmungen sind so wechselhaft wie das Meer. Wenn Sie sich bemühen, diese Launenhaftigkeit besser in den Griff zu bekommen, wird sich Ihre ansprechende Persönlichkeit voll und ganz entfalten können.

Die Prägung durch die Mutter-Tochter-Beziehung

Der nächste Schritt auf unserem Weg zum besseren Verständnis der eigenen Persönlichkeit führt uns nun in den Bereich der frühkindlichen Prägungen. Als Babys sind wir in gewisser Weise noch wie ein unbeschriebenes, leeres, weißes Blatt Papier. Zwar bringen wir unsere ganz eigenen Charakteristika schon mit, aber erst durch unsere Erfahrungen beginnt sich dieses Blatt zu füllen. Es sind diese frühen Erfahrungen, durch deren »Brille« wir später auch alle anderen Erfahrungen betrachten. Und natürlich ist eine der wichtigsten Beziehungen im Leben eines jeden Menschen die zu den Eltern. Die Beziehung zu Ihrem Vater prägt Ihr frühestes Bild von der männlichen Liebe. Daher spielt dieses Verhältnis besonders beim Thema Partnerschaft eine wesentliche Rolle. Den Test dazu finden Sie in »WAS WILL ICH«, im zweiten Band dieser Ratgeberreihe, da es darin u. a. auch ganz speziell um das Thema Liebe geht.

Aber an dieser Stelle unserer Entdeckungsreise befassen wir uns zunächst einmal mit der Beziehung zu Ihrer Mutter. Gerade bei uns Frauen ist deren Einfluss auf unsere Persönlichkeit nämlich enorm. Er prägt uns ein Leben lang und das sogar dann, wenn die Mutter gar nicht anwesend war. Viele Entscheidungen sowie Abneigungen und Vorlieben und Verhaltensweisen werden nämlich mehr oder weniger unbewusst davon beeinflusst.

Natürlich wissen Sie, ob Sie Ihrer Mutter sehr nahestehen bzw. -standen oder ob Sie ein eher distanziertes Verhältnis zu ihr haben bzw. hatten. Doch dieser Test kann Ihnen darüber hinaus auch verraten, was das über Sie und Ihre Persönlichkeit aussagt. Alle Fragen in Bezug auf Ihre Mutter sind so verfasst, dass sie davon ausgehen, dass Ihre Mutter noch lebt. Sollte dies nicht der Fall sein, so stellen Sie sich die entsprechenden Situationen bitte so vor, als ob sie noch lebte.

DER TEST

Frage 1: In der Gesellschaft von anderen Frauen fühlen Sie sich...

a) ... meist sehr wohl.

b) ... nur wohl, wenn ich mit ihnen gut befreundet bin.

c) ... eher unwohl. Ich ziehe den Umgang mit Männern vor.

Frage 2: Was unternehmen Sie zusammen mit Ihrer Mutter am liebsten?

a) Ich gehe oder ging gerne mit ihr gemeinsam ins Kino oder zu einer Veranstaltung.

b) Wir gehen oder gingen schön essen oder treffen bzw. trafen uns zu einem richtig gemütlichen Kaffeeplausch.

c) Ich verbringe bzw. verbrachte meine Freizeit nicht mit meiner Mutter.

Frage 3: Welches dieser Sprichwörter über die Mutterliebe finden Sie am zutreffendsten?

a) Wo keine Mutter ist, da ist kein Heim.

b) Kleine Kinder treten der Mutter auf die Schürze, große aufs Herz.

c) Der täuscht sich, welcher sagt, dass er dich mehr liebt als deine Mutter.

Frage 4: Wie würden Sie Ihre generelle Einstellung zum Leben beschreiben?

a) Das Leben ist schwer.

b) Das Leben ist ein auf und ab.

c) Das Leben ist schön.

Frage 5: Auch in der Natur gibt es Mutterliebe. Welche Form davon finden Sie am sympathischsten?

a) Die der Kängurus, weil die ihr Baby im Beutel mit sich herumtragen.

b) Ich finde die Art, wie eine Pferdestute mit ihren Fohlen umgeht, nett.

c) Ich denke, der Spruch »wie eine Löwenmutter« wird schon seine Berechtigung haben. Daher entscheide ich mich für die Löwen.

Frage 6: Was empfinden Sie, wenn Ihre Mutter etwas Besonderes für Sie tut?

a) Ich fühle mich umsorgt und geliebt.

b) Wahrscheinlich nehme ich es gar nicht an, und wenn doch, dann ärgere ich mich innerlich darüber, da ich mich ihr dadurch verpflichtet fühle.

c) Ich empfinde eine Mischung aus Dankbarkeit und Unbehagen.

Frage 7: Welches Geschenk hat Ihre Mutter Ihnen für Ihren Lebensweg mitgegeben?

a) Sie hat mich zu einem anständigen Menschen erzogen.

b) Selbstbewusstsein. Denn sie hat mir immer das Gefühl gegeben, dass ich, auch wenn ich nicht alles richtig mache, geliebt werde.

c) Sie hat dafür gesorgt, dass ich auf eigenen Füßen stehen kann.

Frage 8: Für welchen Stil würden Sie sich entscheiden, wenn Sie ein Portrait von sich und Ihrer Mutter anfertigen lassen würden?

a) Für eine Schwarzweiß-Fotografie.

b) Für eine farbige Aufnahme.

c) Für ein Gemälde.

Frage 9: Können Sie aus dem Stegreif das Lieblingsgericht, den Lieblingsduft und die liebste Fernsehsendung Ihrer Mutter nennen?

a) Hm, also eines oder zwei davon glaube ich zu kennen, aber sicher bin ich mir nicht.

b) Definitiv nicht.

c) Ich denke schon.

Frage 10: Wenn Ihre Mutter Sie um etwas bitten würde, dann...

a) ... kümmere ich mich darum, auch wenn es mir vielleicht lästig ist.

b) ... freue ich mich, das ich auch mal was für sie tun kann.

c) ... lasse ich mir eine Ausrede einfallen.

Frage 11: Wie sehen Sie Ihre Mutter?

a) Sie ist ein wunderbarer Mensch und eine tolle Frau.

b) Ich blicke zu ihr auf.

c) Sie ist eine Frau mit vielen Problemen.

Frage 12: Welche dieser Gedanken über die Kindheit können Sie persönlich am besten nachvollziehen?

a) »Der erste Seufzer der Kindheit gilt der Freiheit.« *(Luc Marquis de Vauvenargues)*

b) »Mit einer Kindheit voll Liebe aber kann man ein halbes Leben hindurch für die kalte Welt haushalten.« *(Jean Paul)*

c) »Du hast deine Kindheit vergessen, aus den Tiefen deiner Seele wirbt sie um dich. Sie wird dich so lange leiden machen, bis du sie erhörst!« *(Hermann Hesse)*

Frage 13: Können Sie mit Ihrer Mutter über Ihre Probleme reden?

a) Das kommt auf das Problem an.

b) Das will ich gar nicht.

c) Sicher kann ich das.

Frage 14: Welche Eigenschaft ist bei Ihnen am meisten ausgeprägt?

a) Die Fürsorglichkeit.

b) Die Distanziertheit.

c) Die Unabhängigkeit.

Frage 15: Auch die beste Mutter ist nur ein Mensch und hat ein paar nicht so angenehme Wesenszüge. Welche dieser Aussagen würde unter diesem Gesichtspunkt am ehesten auf Ihre Mutter zutreffen?

a) Manchmal kann sie schon sehr dominant sein.

b) Hin und wieder habe ich das Gefühl, mit ihr konkurrieren zu müssen.

c) Ihre Unnahbarkeit macht mich oft wütend.

Frage 16: Sprechen Sie mit Ihrer Mutter über die wichtigen Dinge, die in Ihrem Leben passieren, also z. B. Liebe, Job usw.?

a) Ja, natürlich. Die Meinung und die Lebenserfahrung meiner Mutter sind mir wichtig.

b) Kommt darauf an, was es ist.

c) Nein.

Frage 17: Sind Sie gerne mit Ihrer Mutter zusammen?

a) Ja, meistens schon.

b) Nein, überhaupt nicht.

c) Manchmal nicht so gerne, wie ich es wahrscheinlich sollte.

Frage 18: Was schenken Sie Ihrer Mutter zum Geburtstag?

a) Blumen, Parfum oder Pralinen.

b) Entweder gar nichts oder irgendeine Kleinigkeit.

c) Ich lasse bzw. ließ mir meist etwas Besonderes einfallen, z. B. Karten für einen gemeinsamen Konzertbesuch oder etwas Selbstgemachtes.

Frage 19: Wie sehen Sie Ihre persönliche Beziehung zu Ihrer Mutter im Vergleich zu anderen Mutter-Tochter-Beziehungen?

a) So in etwa wie die meisten anderen auch.

b) Wesentlich schlechter.

c) Unsere Beziehung ist bzw. war etwas ganz Besonderes und sehr kostbar.

Frage 20: Vervollständigen Sie diesen Satz: Meine Mutter ist ...?

a) ... meine beste Freundin.

b) ... die Frau, die mich zur Welt gebracht hat.

c) ... eben einfach meine Mutter.

AUSWERTUNG

Berechnen Sie Ihre Punkte und lesen Sie dann bei Ihrer Gesamtpunktzahl nach, was dieses Ergebnis bedeutet.

Frage	**a**	**b**	**c**
1	5	3	1
2	3	5	1
3	3	1	5
4	1	3	5
5	5	1	3
6	5	1	3
7	2	5	1
8	1	5	3
9	2	1	5
10	3	5	1
11	5	2	1
12	3	5	1
13	3	1	5
14	5	1	3
15	5	2	1
16	5	3	1
17	5	1	2
18	3	1	5
19	3	1	5
20	5	1	2
Gesamtpunktzahl:	____	____	____

74 – 100 Punkte:
Ihre Punktzahl zeigt, dass Sie zu Ihrer Mutter eine sehr enge und herzliche Beziehung haben bzw. hatten. Dadurch sind Sie zu einer gefühlvollen, selbstbewussten Frau geworden, die nun ebenfalls in der Lage ist, anderen Menschen – vor allem Partner, Familie und Freunden – Liebe und Fürsorge entgegenzubringen. Im Gegenzug erwarten Sie aber auch, dass sich Ihre Lieben gleichermaßen um Ihre Bedürfnisse kümmern.

Von Ihrer Mutter lassen Sie sich, sofern möglich, auch heute noch gerne umsorgen und verwöhnen. Aber Sie sehen in ihr auch die Frau mit eigener Geschichte, eigenen Träumen und eigenen Wünschen. Und gerade deswegen haben oder hatten Sie so ein freundschaftliches, herzliches und inniges Verhältnis zu einander. Allerdings fällt es Ihnen aber auch gerade aufgrund der großen emotionalen Nähe zu Ihrer Mutter möglicherweise manchmal schwer, Entscheidungen zu treffen, die nicht ihrem Rat oder ihren Vorstellungen entsprechen. Bedenken Sie dann, dass Sie ein eigenständiger Mensch sind und daher nicht nur das Recht, sondern auch die Pflicht haben, Ihr Leben selbst zu gestalten und zu bestimmen.

45 – 74 Punkte
Ihre Antworten im Test lassen darauf schließen, dass Ihre Mutter einen großen und auch recht positiven Einfluss auf die Formung Ihrer weiblichen Persönlichkeitsanteile ausgeübt hat. Es ist ihr nämlich gelungen, Sie zu einer verantwortungsbewussten und tüchtigen Frau zu erziehen. Aber dennoch stehen Sie ihr mit etwas gemischten Gefühlen gegenüber. Einerseits bringen Sie ihr durchaus Respekt und Dankbarkeit entgegen, andererseits legen Sie aber auch großen Wert auf Eigenständigkeit. Dennoch, falls Ihre Mutter noch lebt, so pflegen Sie regelmäßigen Kontakt zu ihr und würden niemals etwas Wichtiges wie beispielsweise einen Geburtstag vergessen. Achten Sie aber auch darauf, dass die Beziehung zu Ihrer Mutter nicht nur von Pflichtbewusstsein geprägt ist! Zeigen Sie ihr, dass Sie sie, auch wenn Sie jetzt nicht mehr ein täglicher Bestandteil Ihres Lebens ist, immer noch lieben und schätzen. Interessieren Sie sich für Ihre Gedanken und Gefühle! Je besser Sie Ihre Mutter verstehen, desto mehr werden Sie auch über sich selbst in Erfahrung bringen.

20 – 44 Punkte
Ihr Resultat lässt darauf schließen, dass Sie die Beziehung zu Ihrer Mutter als eher schwierig und problematisch sehen. Vermutlich hatten Sie in Ihrer Kindheit das Gefühl, von Ihrer Mutter nicht gerade ein Übermaß an Nestwärme zu bekommen. Eine prägende Erfahrung, die dazu geführt hat, dass Sie heute eine sehr unabhängige Frau sind, die sich am liebsten nur auf sich selbst verlässt.

Doch auch wenn Ihre Mutter Ihnen nicht die Art von Liebe und Zuwendung geben konnte, die Sie sich wünschten, sollten Sie darüber nicht verbittert sein. Bestimmt sind Sie nämlich nicht zuletzt auch dadurch zu einer starken Frau geworden. Wichtig ist nur, dass es Ihnen dennoch gelingt, sich in engen zwischenmenschlichen Beziehungen auch mal von Ihrer sanften, zärtlichen und anlehnungsbedürftigen Seite zu zeigen. Und ob Sie nun heute regelmäßigen Kontakt zu Ihrer Mutter haben oder nicht, wenn Sie sich ein anderes und besseres Verhältnis zu ihr wünschen, dann versuchen Sie mehr über sie in Erfahrung zu bringen. Und wenn Sie noch lebt, dann reden Sie mit ihr! Vielleicht können Sie dadurch rückblickend einige nicht so schöne Erinnerungen aus Ihrer Kindheit besser verstehen und verarbeiten.

Die Geschwisterkonstellation

Auch die Geburtenfolge, also ob jemand als Einzelkind, Älteste, in der Mitte oder als Jüngste in eine Familie hineingeboren wird, spielt eine bedeutende Rolle bei der Entwicklung der Persönlichkeit, beim Verhalten in Bezug auf Partner- und Freundschaften sowie bei der Berufswahl.

Die Theorie zu dieser sogenannten Geschwisterkonstellation wurde erstmals von Alfred Adler (1870 - 1937), dem österreichischen Psychiater und Begründer der Individualpsychologie, aufgestellt. Seine diesbezüglichen Thesen wurden, vor allem in den letzten Jahrzehnten, von amerikanischen Psychologen weiterentwickelt und erfreuen sich mittlerweile in den USA, aber auch zunehmend in Europa, einer ständig wachsenden Beliebtheit. Also, finden Sie heraus, was Ihre Geburtsposition für Rückschlüsse auf die Frage, wer Sie selbst sind, ermöglicht!

Sie sind ein Einzelkind

Da Einzelkinder meist im Zentrum des Interesses ihrer Eltern stehen, wurden Ihnen in der Kindheit wahrscheinlich viele Lern- und Entfaltungsmöglichkeiten geboten. Gleichzeitig haben Sie bestimmt aber auch schon früh gelernt, sich mit sich selbst zu beschäftigen. Diese Kombination fördert Kreativität und Fantasie und führt überdurchschnittlich oft zu einem deutlichen Wissensvorsprung sowie beruflichem Erfolg. Und da Sie als Einzelkind normalerweise die elterliche Nähe ungeteilt genießen konnten, entwickelten Sie auch – im Gegensatz zu dem landläufigen Vorurteil selbstverliebt und schwierig zu sein – eine ausgeprägte Sensibilität für andere. In Gruppen sind Sie sogar oft besonders beliebt, weil Sie Freundschaften stärker zu schätzen wissen. Allerdings sind Sie auch daran gewohnt, im Mittelpunkt des Interesses zu stehen, so dass Sie diesbezüglich immer eine gewisse Erwartungshaltung haben.

Typische Eigenschaften: Loyal, fantasievoll, besorgt, gewissenhaft, ehrgeizig, leistungsorientiert, perfektionistisch, manchmal ichbezogen, emotional, organisiert, demonstrativ, aufbrausend, leicht frustriert.

Was Ihnen wichtig ist: Zuwendung, Aufmerksamkeit, Freiheit, Gerechtigkeit, Selbstachtung.

Was Sie ärgert: Aufdringlichkeit.

Welche Berufe Ihnen liegen: Moderatorin, Journalistin, Managerin, Theologin, Lehrerin, Finanzexpertin, Architektin, Chefsekretärin, Rechtsanwältin.

Wer wie zu Ihnen passt:

- *Einzelkind + Einzelkind:* Eine gelungene Kombination, solange jeder dem anderen genügend Freiräume lässt.
- *Einzelkind + Ältester:* Klappt meist nur dann ohne größere Probleme, wenn Sie bereit sind zu akzeptieren, dass der Älteste gerne bestimmt, wo's langgeht.
- *Einzelkind + Mittlerer:* Obwohl Sie in einer Beziehung recht fordernd sein können, funktioniert so eine Partnerschaft durch die Kompromissbereitschaft der in der Mitte geborenen Person meist außerordentlich gut.
- *Einzelkind + Jüngster:* Hängt stark vom Grundcharakter des als Jüngsten Geborenen ab. Neigt er zu Gutmütigkeit, verstehen Sie beide sich wunderbar. Tendiert der Jüngste aber zu einer gewissen Streitlust, sind Probleme unvermeidlich.

Berühmte Einzelkinder: Nina Eichinger, Natalie Portman, Barbara Schöneberger, Charlize Theron.

Sie sind die Älteste

Als Erstgeborene waren Sie zunächst für Ihre Eltern etwas ganz Besonderes. Und solange Sie alleine im Rampenlicht standen, erfuhren Sie meist auch viel Förderung. Doch bei der Ankunft eines weiteren Kindes hatten Sie dann mit Sicherheit plötzlich das Gefühl, die Liebe der Eltern teilen zu müssen. Je nachdem, wie alt Sie zu diesem Zeitpunkt waren, mögen Sie das als große Ungerechtigkeit empfunden haben, auf die Sie mit Rebellion reagierten. Daher bleiben Selbstbehauptung, Durchsetzung und Konkurrenz lebenslang wichtige Themen für Sie. Doch gleichzeitig ermöglichte Ihnen die Position der Ältesten auch, Pioniergeist, Führungsqualitäten und Verantwortungsbewusstsein zu entwickeln. Denn schließlich wurde Ihnen vermutlich häufig aufgetragen, auf die »Kleine/n« aufzupassen und mit gutem Beispiel voranzugehen, während Sie natürlich auch bemerkten, dass Sie bei den jüngeren Geschwistern, aufgrund Ihrer Größe und Ihres Alters, den Ton angeben konnten.

Typische Eigenschaften: Dominant, ernst, sorgfältig, bestimmt, perfektionistisch, verantwortungsvoll, beschwichtigend, statusbewusst, prahlerisch, stichelnd, selbstkritisch, zielorientiert.

Was Ihnen wichtig ist: Liebe, Ansehen, Bewunderung, Träume, Führerschaft.

Was Sie ärgert: Respektlosigkeit.

Welche Berufe Ihnen liegen: Ärztin, Anwaltsgehilfin, Buchhalterin, Büroleiterin, Ingenieurin, Politikerin, Programmiererin, Richterin, Verkauf.

Wer wie zu ihnen passt:

- *Älteste + Einzelkind:* Durchaus vielversprechend, da es Ihnen durch Ihr Verhandlungsgeschick meist gelingt, Kompromisse zu erzielen.
- *Älteste + Ältester:* Zusammen können Sie viele Erfolge haben, aber oft treten Sie auch bewusst oder unbewusst in Wettbewerb zueinander.
- *Älteste + Mittlerer:* Sie beide passen sehr gut zusammen. Vor allem Ihre Angewohnheit, sich um alles zu kümmern, wird von Mittleren hoch geschätzt.
- *Älteste + Jüngster:* Der als Jüngster geborene Partner wird Ihren Führungsanspruch meist respektieren, so dass Sie beide üblicherweise gut miteinander auskommen.

Berühmte Erstgeborene: Hillary Clinton, Angela Merkel, Joanne K. Rowling, Oprah Winfrey.

Sie sind eine Mittlere

Als Frau, die sowohl ältere, als auch jüngere Geschwister hat, betrachten Sie das Leben meist als einen permanenten Balanceakt. Denn während die Positionen der »Großen« und der »Kleinen« innerhalb des Familiengefüges fest umrissen scheinen, suchten Sie als »Sandwich-Geborene« häufig – auch noch als Erwachsene – Ihren Platz. Vermutlich hatten bzw. haben Sie einfach das Gefühl, sich mehr um die Aufmerksamkeit Ihrer Eltern bemühen zu müssen, als das »niedlichere« Jüngste oder das »tüchtigere« Älteste. Und tatsächlich haben Sie wahrscheinlich oft die Erfahrung gemacht, dass Sie nicht so leicht mit etwas davonkamen wie die Kleinen, und bei Differenzen mit den Älteren den Kürzeren zogen. Aber dadurch haben sie nicht nur gelernt, sich anzupassen, sondern Sie beherrschen höchstwahrscheinlich auch die Kunst, zwischen den Fronten zu vermitteln. Freundschaften sind Ihnen besonders wichtig, da Sie darin eher die Bestätigung finden, die Sie zuhause vermiss(t)en.

Typische Eigenschaften: Kontaktfreudig, flexibel, diplomatisch, konkurrenzfähig, großzügig, abenteuerlustig, täuschend, kontrolliert, intensiv, unentschlossen, widersprüchlich, geheimnisvoll.

Was Ihnen wichtig ist: Eigenständigkeit, Selbstdisziplin, Nächstenliebe, Regeln, Freundschaften.

Was Sie ärgert: Kritik.

Welche Berufe Ihnen liegen: Sozialarbeiterin, Diplomatin, Erzieherin, Sekretärin, Künstlerin, Immobilienmaklerin, kaufmännische Angestellte, Unternehmerin.

Wer wie zu Ihnen passt:

- *Mittlere + Einzelkind:* Eine gute Verbindung, aber je nach Veranlagung des Einzelkinds kann Ihr Gemeinschaftssinn angenehm sein oder stören.
- *Mittlere + Ältester:* Exzellente Perspektiven, denn Sie schätzen die Geborgenheit und die Stabilität, die das Zusammensein mit einem Ältesten Ihnen vermittelt.
- *Mittlere + Mittlerer:* Eine harmonische Beziehung mit wenig Hochs und Tiefs. Das kann bestens funktionieren, aber es besteht auch eine gewisse Gefahr, sich irgendwann miteinander zu langweilen.
- *Mittlere + Jüngster:* Bei dieser Kombination ist von der absoluten Seligkeit bis zum großen Frust alles möglich.

Berühmte Mittlere: Prinzessin Diana, Madonna, Julia Roberts, Britney Spears.

Sie sind die Jüngste

Als Nesthäkchen der Familie sind Sie es gewohnt, sowohl von den Eltern als auch von den älteren Geschwistern viel Aufmerksamkeit entgegengebracht zu bekommen. Und so sehnen Sie sich aller Wahrscheinlichkeit nach auch heute noch nach Beachtung. Und bestimmt haben Sie auch schon in frühester Jugend gelernt, durch welches Verhalten Sie diese am ehesten bekommen. Daraus resultierend sind Sie fast immer ausgesprochen charmant und lebenslustig, können zugleich aber auch ein wenig manipulativ und recht eigensinnig sein. Als Letztgeborene bleiben Sie nämlich oft ein Leben lang das verwöhnte und zu beschützende »Baby« der Familie, das immer Welpenschutz genießt, dessen eigene Meinung und Ansichten allerdings oft nicht besonders ernst genommen werden. Gerade deswegen ist es Ihnen meist sehr wichtig zu beweisen, dass Sie aus dem Schatten der älteren Geschwister heraustreten und aus eigener Kraft etwas ganz Besonders erreichen können.

Typische Eigenschaften: Impulsiv, humorvoll, charmant, verwöhnt, sorglos, beharrlich, manchmal berechnend, zärtlich, ungeduldig, unterhaltsam, frech, anlehnungsbedürftig, fröhlich, etwas angeberisch, gewinnend.

Was Ihnen wichtig ist: Beachtung, Erfolg, Anerkennung, Zuneigung, Geborgenheit.

Was Sie ärgert: Unterdrückung und herablassendes Verhalten.

Welche Berufe Ihnen liegen: Schauspielerin, Reporterin, Werbefachkraft, Pressesprecherin, Vertriebsmitarbeiterin, Verkäuferin, Therapeutin.

Wer wie zu Ihnen passt:

- *Jüngste + Einzelkind:* Gegensätze ziehen sich bekanntlich an. Wenn es gemeinsame Interessen gibt, kann dies die optimale Beziehung sein.
- *Jüngste + Ältester:* Wenn Sie sich gerne verhätscheln, beschützen und verzärteln lassen, dann ist ein Ältester genau der Richtige für Sie.
- *Jüngste + Mittlerer:* Da Sie beide von Natur aus umgänglich sind, werden Sie sich wahrscheinlich gut verstehen. Nur wenn Sie nicht die gewünschte Aufmerksamkeit bekommen, kann es zum Krach kommen.
- *Jüngste + Jüngster:* Diese Beziehung birgt viel Leidenschaft, im Guten wie im Schlechten.

Berühmte Jüngste: Whoopie Goldberg, Janet Jackson, Evita Peron, Anne Will.

Die neun Seelentypen

Das Enneagramm (griechisch für neun Punkte) ist ein psychologisch-spirituelles System, das auf einer sehr alten Weisheitslehre beruht und neun verschiedene Seelentypen beschreibt. Machen Sie diese Kurz-Version eines Enneagramm-Tests! Sie können dadurch einen weiteren tiefen Blick in Ihr Innenleben werfen und so ganz viel Wissenswertes über sich selbst erfahren. Allerdings, den eigenen Seelentyp zweifelsfrei zu finden, ist oft gar nicht so leicht und immer auch ein Prozess der Selbsterkenntnis. Falls Sie sich intensiver mit dem Enneagramm befassen wollen, finden Sie dazu im Buchhandel die entsprechende weiterführende Lektüre und im Anhang einige Buchempfehlungen.

DER ENNEAGRAMM-TEST

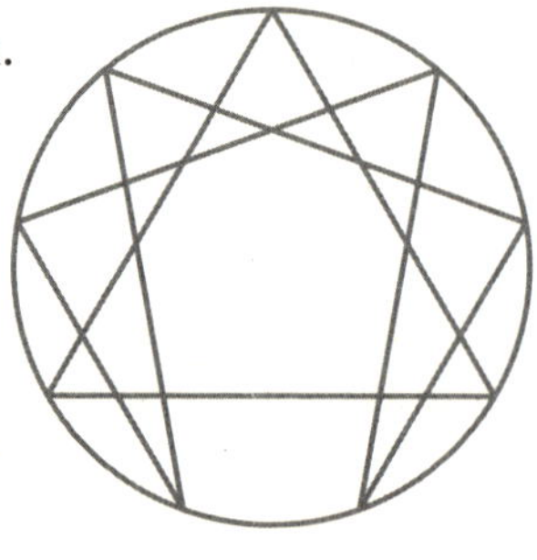

Der Test besteht aus neun Blöcken à fünf Aussagen. Zu jeder Aussage gibt es drei Antwortmöglichkeiten:

stimmt = 5 Punkte stimmt teilweise = 2 Punkte
stimmt nicht = 0 Punkte

Kreuzen Sie jeweils die Einschätzung an, die Ihnen am zutreffendsten erscheint und addieren Sie dann am Ende jedes Testblocks Ihre Punkte!

Teil A

	stimmt	stimmt teilweise	stimmt nicht
Ich lerne sehr gerne neue Menschen kennen.	☐	☐	☐
Im Zirkus mag ich die Clowns am liebsten.	☐	☐	☐
Ich glaube an die Liebe auf den ersten Blick.	☐	☐	☐
Ich schmiede große Pläne für die Zukunft.	☐	☐	☐
Ich glaube fest daran, dass letztlich immer alles gut wird.	☐	☐	☐
Summe der Punkte Teil A: _______	____	____	____

Teil B

	stimmt	stimmt teilweise	stimmt nicht
Ich mag ausgefallene, ungewöhnliche Menschen.	☐	☐	☐
Die Errungenschaften in Musik, Literatur, Kunst und Architektur sind das Beste, was die Menschheit zu bieten hat.	☐	☐	☐
Ich bin sehr romantisch.	☐	☐	☐
Ich habe sehr oft melancholische Momente.	☐	☐	☐
Ich richte mich nicht nach der Mode, sondern pflege meinen eigenen eher unkonventionellen Stil.	☐	☐	☐
Summe der Punkte Teil B: _______	____	____	____

Teil C

	stimmt	stimmt teilweise	stimmt nicht
Ich stelle lieber Regeln auf, als ihnen zu folgen.	☐	☐	☐
Man kann schon sagen, dass ich in meinem Bekanntenkreis tonangebend bin.	☐	☐	☐
Ich langweile mich schnell.	☐	☐	☐
Ich versuche, stets Stärke zu demonstrieren, denn wenn man in dieser Welt etwas erreichen will, ist das unerlässlich.	☐	☐	☐
Eine Frau, die versucht mit meinem Partner zu flirten, wird von mir in ihre Schranken gewiesen.	☐	☐	☐
Summe der Punkte Teil C: _______	____	____	____

Teil D

	stimmt	stimmt teilweise	stimmt nicht
Immer mal wieder Zeit für mich alleine verbringen zu können, ist mir sehr wichtig.	☐	☐	☐
Oberflächliche, untalentierte Dummerchen finde ich schrecklich.	☐	☐	☐
Ich lese gerne und viel.	☐	☐	☐
Oft ist es interessanter, bei etwas zuzuschauen als selbst daran teilzunehmen.	☐	☐	☐
Ein verantwortungsbewusster Umgang mit Geld fällt mir relativ leicht.	☐	☐	☐
Summe der Punkte Teil D: ______	____	____	____

Teil E

	stimmt	stimmt teilweise	stimmt nicht
Nein zu sagen, fällt mir schwer.	☐	☐	☐
Wenn es in meiner Familie oder mit meinem Partner Krach gibt, fühle ich mich oft regelrecht krank.	☐	☐	☐
Auf andere wirke ich wohl reichlich verträumt.	☐	☐	☐
Pünktlichkeit gehört nicht gerade zu meinen größten Tugenden.	☐	☐	☐
Mein allergrößter, persönlicher Wunsch ist der Weltfrieden.	☐	☐	☐
Summe der Punkte Teil E: ______	____	____	____

Teil F

	stimmt	stimmt teilweise	stimmt nicht
Alle möglichen Leute schütten ihr Herz bei mir aus.	☐	☐	☐
Ich bin meist viel hilfsbereiter als andere.	☐	☐	☐
Anerkennung und Lob bedeuten mir sehr viel.	☐	☐	☐
Ich mache oft Komplimente.	☐	☐	☐
Ich weiß aus eigener Erfahrung, dass an dem Sprichwort »Undank ist der Welt Lohn« leider viel Wahres dran ist.	☐	☐	☐
Summe der Punkte Teil F: ______	____	____	____

Teil G

	stimmt	stimmt teilweise	stimmt nicht
Ich mag Feste und Partys nicht, auf denen ich fast keinen kenne.	☐	☐	☐
Die meisten Aufgaben erledige ich lieber im Team als ganz alleine.	☐	☐	☐
Von (m)einem Partner erwarte ich, dass er mir ebenso treu ist wie ich ihm.	☐	☐	☐
Der Klimawandel auf unserer Erde macht mir große Angst.	☐	☐	☐
Ob Zuhause oder im Büro, ich nehme alle meine Pflichten ernst.	☐	☐	☐
Summe der Punkte Teil G: ________	____	____	____

Teil H

	stimmt	stimmt teilweise	stimmt nicht
Ich denke, für das Leben und die Liebe gilt: »Wer A sagt, muss auch B sagen.«	☐	☐	☐
Ich gebe zu, dass ich manchmal ganz schön spitze Bemerkungen mache.	☐	☐	☐
Das meiste auf dieser Welt lässt sich ganz klar in »richtig oder falsch« und in »gut oder böse« einteilen.	☐	☐	☐
Ich lege großen Wert auf ein ordentliches, sauberes und stets aufgeräumtes Zuhause.	☐	☐	☐
Mir fällt oft auf, was wie verbessert werden kann.	☐	☐	☐
Summe der Punkte Teil H: ________	____	____	____

Teil I

	stimmt	stimmt teilweise	stimmt nicht
Ich kann mehrere Dinge gleichzeitig machen, also z. B. telefonieren und das Mittagessen kochen.	☐	☐	☐
Ich setze mir Ziele.	☐	☐	☐
Es ist mir schon wichtig, wie ich auf andere wirke.	☐	☐	☐

Ich zeige es oft nicht, wenn ich mich mal nicht so gut fühle.	☐	☐	☐
Ich bewundere erfolgreiche Menschen.	☐	☐	☐
Summe der Punkte Teil I: _______	____	____	____

DEUTUNG

Jeder der Buchstaben A bis I entspricht einem bestimmten Persönlichkeitstyp. Der Buchstabe mit der höchsten Punktzahl verrät Ihnen Ihren Typ im Enneagramm. Haben Sie bei mehreren Buchstaben etwa gleich hoch abgeschnitten, dann sollten Sie sich diese Typenbeschreibungen durchlesen und entscheiden, welche Ihnen mehr entspricht.

Am meisten A =

Typ 7: Die Unternehmungslustige

Ihre Persönlichkeit: Sie sind eine Genießerin, die das Leben schön findet und es als spannendes Abenteuer voller Möglichkeiten sieht. Sie haben viel Energie, schmieden ständig aufregende Zukunftspläne und schauen fast immer voll Zuversicht nach vorne. Unangenehmes versuchen Sie von sich fernzuhalten oder zu verdrängen.

Ihre Stärken: Sie verstehen es, sich und andere durch Ihr heiteres Wesen froh zu machen. Sie sind liebenswürdig, unternehmungslustig, vielseitig, begeisterungsfähig, optimistisch, humor- und fantasievoll, sehr genussfreudig und oft auch idealistisch.

Ihre Schwächen: Sie legen sich nicht gerne fest und haben Schwierigkeiten, Maß zu halten. Leichtfertigkeit, Sprunghaftigkeit, Schwatzhaftigkeit und Oberflächlichkeit können ebenso mögliche Schwächen sein, wie eine gewisse Unzuverlässigkeit und ein mangelndes Verantwortungsbewusstsein.

Ihre Ängste: Ob körperlich oder seelisch, Schmerz und Leid – die Schattenseiten des Lebens – machen Ihnen große Angst.

Ihre Wünsche: Sie wollen einfach nur glücklich sein und alles Schöne, was das Leben zu bieten hat, in vollen Zügen genießen.

Ihre Entwicklungsziele: Suchen Sie ruhig auch weiterhin nach dem Glück, aber bedenken Sie dabei, dass echte Zufriedenheit und wahres Glück letztlich immer nur in Ihnen selbst und nicht durch Vergnügungen, Äußerlichkeiten oder gar Geld zu finden sind! Mit anderen Worten, achten Sie weniger auf das Haben und mehr auf das Sein!

Am meisten B =
Typ 4: Die Künstlerische

Ihre Persönlichkeit: Sie sind eine Individualistin, künstlerisch veranlagt, ästhetisch und originell, eine sehr leidenschaftliche, romantische und oft extravagante Frau, die voller Sehnsüchte steckt und sich schnell einsam fühlt. Alles Schöne zieht Sie an, doch vermutlich haben Sie auch einen gewissen Hang zu Schwermut und Melancholie.

Ihre Stärken: Aufgrund Ihres Charismas strahlen Sie eine Aura des Besonderen aus. Außerdem sind Sie feinsinnig, sensibel, kultiviert, aufmerksam, begabt und ausgesprochen kreativ.

Ihre Schwächen: Sie können sehr empfindlich und ausgesprochen melodramatisch sowie theatralisch sein. Außerdem, wenn Sie sich benachteiligt oder gar als Außenseiterin fühlen, plagen Sie sich möglicherweise mit Eifersucht und Neidgefühlen herum.

Ihre Ängste: Sie fürchten sich vor Ablehnung und haben Angst, nicht »dazu zu gehören«, wollen aber gleichzeitig auf keinen Fall durchschnittlich sein.

Ihre Wünsche: Sie möchten, dass andere Ihre Außergewöhnlichkeit erkennen. Außerdem sehnen Sie sich oft nach dem, was Ihnen gerade unerreichbar scheint.

Ihre Entwicklungsziele: Leben Sie im Hier und Jetzt und machen Sie sich nicht zu viele Gedanken über die Vergangenheit und über die Zukunft! Interessieren Sie sich für andere Menschen und bemühen Sie sich um Ausgeglichenheit! Das wird Ihnen helfen, Ihre Gefühle mit mehr Abstand betrachten zu können. Und nutzen Sie unbedingt Ihr großes, kreatives Potential!

Am meisten C =
Typ 8: Die Anführerin

Ihre Persönlichkeit: Sie sind eine ausgesprochene Führungspersönlichkeit und treten fast immer selbstsicher, stark, entschlossen und mutig auf. Daher können Sie auf andere manchmal recht einschüchternd wirken. Doch hinter Ihrer harten Schale steckt ein butterweicher Kern, den Sie allerdings meist recht geschickt verbergen.

Ihre Stärken: Sie sind eine starke Persönlichkeit, die Ungerechtigkeiten nicht ausstehen kann, weswegen Sie sich oft für Schwächere einsetzen. Außerdem zeichnen Sie sich durch Selbständigkeit, Tapferkeit, Mut, Großzügigkeit, Verlässlichkeit und Wahrheitsliebe aus.

Ihre Schwächen: Auf andere wirken Sie häufig dominant und herausfordernd, ja manchmal sogar aggressiv. Hinzu kommt, dass Sie hin und wieder auch rücksichtslos, ichbezogen und nicht besonders taktvoll sein können.

Ihre Ängste: Sie erlauben sich kaum einmal, Schwächen zu zeigen, denn die Vorstellung, von anderen abhängig oder gar vollkommen hilf- und machtlos zu sein, ängstigt Sie sehr.

Ihre Wünsche: Sie möchten immer alles unter Kontrolle haben, andere führen und Ihre Überlegenheit demonstrieren können.

Ihre Entwicklungsziele: Sie haben klare Vorstellungen und wissen meist genau, was Sie wollen und wie Sie es erreichen können. Aber trotzdem sollten Sie von anderen auch mal einen Rat annehmen und vor allem dazu bereit sein, auch deren Meinungen gelten zu lassen. Bedenken und respektieren Sie, dass nicht nur Sie frei entscheiden wollen, sondern dass dies auch für andere gilt.

Am meisten D =

Typ 5: Die Denkerin

Ihre Persönlichkeit: Als verstandesorientierte, intelligente Frau brauchen Sie oft Zeit für sich alleine, um sich in aller Ruhe Ihren Gedanken widmen zu können. Sie lieben es, Ihr Wissen zu erweitern und zu vertiefen. Menschen stehen Sie allerdings manchmal eher vorsichtig gegenüber, so dass Sie innerlich oft eine gewisse emotionale Distanz wahren.

Ihre Stärken: Sie sind klug, wissbegierig, logisch, analytisch und theoretisch begabt, sachlich und meist objektiv. Außerdem verfügen Sie über eine ausgezeichnete Beobachtungsgabe.

Ihre Schwächen: Sie dürften manchmal recht eigensinnig und übermäßig kritisch sein. Außerdem neigen Sie in Herzensangelegenheiten zu einer gewissen Schüchternheit und bei Meinungsverschiedenheiten zu intellektueller Arroganz. Und es ist möglich, dass Sie vor allzu intensiven Gefühlen insgesamt zurückscheuen und dadurch in bestimmten Situationen auf andere eher distanziert wirken.

Ihre Ängste: Sie haben Angst, Fehler zu machen und dadurch unzulänglich zu wirken. Und vermutlich bereitet Ihnen auch alles, was Sie nicht mit dem Verstand erfassen können, Unbehagen.

Ihre Wünsche: Sie wünschen sich Wissen und Weisheit, möchten den Dingen auf den Grund gehen und die größeren Zusammenhänge verstehen.

Ihre Entwicklungsziele: Akzeptieren Sie, dass es Dinge auf der Welt gibt, die man mit dem Verstand alleine nicht begreifen kann! Schließen und pflegen Sie Freundschaften und benutzen Sie Ihre Klugheit auch, um andere zu beraten und zu unterstützen! Und falls Sie sehr kopflastig sind, sollten Sie auf körperlichen Ausgleich und ausreichende Bewegung achten.

Am meisten E =
Typ 9: Die Vermittlerin

Ihre Persönlichkeit: Konflikten gehen Sie soweit wie möglich aus dem Weg, denn Harmonie geht Ihnen über alles. Und da Sie sehr viel Wert auf Ruhe und Frieden legen, sind Sie im Umgang mit anderen stets um Kompromisslösungen und Ausgleich bemüht. Viele schätzen Sie als gute Ratgeberin und liebenswerte Freundin.

Ihre Stärken: Der Umgang mit Ihnen ist für andere meist ausgesprochen angenehm, denn Sie sind aufrichtig an Menschen interessiert, außerdem friedliebend, gelassen, freundlich, verständnisvoll, ausgeglichen, fair und sehr mitfühlend.

Ihre Schwächen: Eine gewisse Bequemlichkeit und Trägheit könnte Sie öfters mal daran hindern, aktiv zu werden oder etwas zu unternehmen. Außerdem können Sie übertrieben konfliktscheu und manchmal auch recht unflexibel oder sogar stur sein.

Ihre Ängste: Krieg, Gewalt und Streit machen Ihnen ebenso Angst wie die Vorstellung, sich von Ihren Lieben oder etwas Liebgewonnenem trennen zu müssen.

Ihre Wünsche: Sie wünschen sich Liebe, Harmonie und Frieden. Und das sowohl für Sie persönlich als auch für die ganze Menschheit.

Ihre Entwicklungsziele: Lassen Sie sich von Ihrem Hang zur Passivität nicht ausbremsen. Bemühen Sie sich, Ihre Ziele zu erreichen, und versuchen Sie, Ihre Pläne in die Tat umzusetzen! Gerade weil Sie auch über Geduld verfügen, können Sie mit dem richtigen Maß an Engagement und Ausdauer viel bewegen.

Am meisten F =
Typ 2: Die Helferin

Ihre Persönlichkeit: Sie investieren viel Zeit, Energie und Mühe in all Ihre Beziehungen und sind eine sehr engagierte, warmherzige und gefühlvolle Frau, die anderen stets mit Rat und Tat zur Seite steht, gerne und viel gibt und sich dadurch oft unentbehrlich macht. Doch auf diese Hilfsbereitschaft sind Sie innerlich sehr stolz. Und daher erwarten Sie für Ihre Bemühungen und Ihre Großzügigkeit auch immer uneingeschränkte Anerkennung.

Ihre Stärken: Sie sind liebevoll und eine großzügige, einfühlsame und hilfsbereite Frau, die gut zuhören kann, sich ernsthaft um die Probleme anderer kümmert und oftmals wirklich selbstlos handelt.

Ihre Schwächen: Sie haben eine gewisse Neigung zum Klammern, schmeicheln anderen oftmals zu sehr und können auch ziemlich gefallsüchtig sein. Außerdem haben Sie die Tendenz, Ihre eigenen Bedürfnisse zu unterdrücken oder zu verdrängen und dann anderen deswegen ein schlechtes Gewissen zu machen.

Ihre Ängste: Sie fürchten, nicht genügend Anerkennung und Respekt entgegengebracht zu bekommen, von anderen abhängig zu sein oder von ihnen verurteilt zu werden.

Ihre Wünsche: Sie möchten beliebt sein und von möglichst vielen Leuten geschätzt, gebraucht und respektiert werden.

Ihre Entwicklungsziele: Es ist sehr wichtig für Sie, Ihre eigenen Bedürfnisse zu kennen, zu ihnen zu stehen und diese dann auch entsprechend auszuleben. Denn nur dann werden Sie mit sich selbst zufrieden sein. Und je mehr Sie sich selbst mögen, desto leichter wird es auch für andere, Sie gern zu haben oder Sie sogar zu lieben.

Am meisten G =

Typ 6: Die Fragende

Ihre Persönlichkeit: Sie sind das, was man eine treue Seele nennt, ausgesprochen loyal und sehr zuverlässig. Doch zugleich hinterfragen Sie aufgrund einer inneren Unsicherheit auch immer alles und jeden. Deswegen schwanken Sie oft zwischen Vertrauen und Misstrauen, zwischen großem persönlichen Einsatz und kompletter Untätigkeit hin und her. Sie machen sich oft Sorgen und befürchten häufig, dass etwas schiefgehen könnte. Doch wenn Sie zusammen mit Ihren Lieben oder anderen vertrauten Personen etwas Gemeinsames machen können, fühlen Sie sich wohl.

Ihre Stärken: Sie sind eine loyale Freundin, absolut zuverlässig, treu, pflichtbewusst, engagiert, ausgesprochen beziehungs- und teamfähig sowie sehr kooperativ.

Ihre Schwächen: Sie werden häufig von Zweifeln, Selbstzweifeln und Ängsten geplagt und haben oft Probleme, Ihr Misstrauen und Ihre Skepsis anderen gegenüber zu überwinden.

Ihre Ängste: Auch wenn das jetzt eigenartig klingt, aber weil Sie grundsätzlich zum Ängstlichsein neigen, ist es die Angst selbst, die Ihnen Angst macht. Darüber hinaus fürchten Sie sich auch davor, dass Menschen, denen Sie vertrauen, dieses Vertrauen missbrauchen könnten.

Ihre Wünsche: Sie sehnen sich nach Geborgenheit und wünschen sich nichts mehr als das, weil Sie sich nur davon echte innere und äußere Sicherheit versprechen.

Ihre Entwicklungsziele: Lassen Sie sich von niemandem vorschreiben, wie Sie zu sein haben! Nur Sie sind für Ihre Gedanken, Gefühle und Handlungen verantwortlich. Stehen Sie dazu! Bemühen Sie sich, Ihre Ängste und Ihr Misstrauen zu überwinden und treten Sie entschlossen für Ihre Werte und Ziele ein! Denn genau das wird Ihnen zu mehr Selbstvertrauen und Selbstsicherheit verhelfen.

Am meisten H =

Typ 1: Die Perfektionistin

Ihre Persönlichkeit: Sie geben sich bei allem, was Sie tun, stets viel Mühe, denn Sie wollen immer alles richtig machen. Und genau dasselbe erwarten Sie auch von anderen. Daher sind Sie einerseits ausgesprochen selbstkritisch, nörgeln aber auch oft an anderen herum. Doch das eigentlich nur, weil Sie eine Idealistin sind, die sich nach einer gerechten Welt sehnt, in der alle ihr Bestes geben und bekommen.

Ihre Stärken: Sie haben einen Blick für das Wesentliche und sind außerdem korrekt, verantwortungsbewusst, wahrheitsliebend, fleißig, gründlich, ordentlich und genau. Darüber hinaus sind Sie stets bemüht, sich selbst und Ihr Umfeld sowie die Umstände zu verbessern.

Ihre Schwächen: Sie sind ziemlich empfindlich, schnell enttäuscht, verärgert oder frustriert und nörglerisch. Und manchmal können Sie vielleicht sogar regelrecht pedantisch, rechthaberisch und selbstgerecht sein.

Ihre Ängste: Alle Formen von Trennungen sowie Kontrollverluste jeglicher Art machen Ihnen große Angst. Dahinter steckt die Befürchtung, in irgendeiner Form unzulänglich zu erscheinen oder – noch schlimmer – es tatsächlich auch zu sein.

Ihre Wünsche: Sie streben für sich und andere nach Vollkommenheit und wünschen sich, dass Ihre Ideale von einer gerechten Weltordnung sich erfüllen.

Ihre Entwicklungsziele: Versuchen Sie, sich und anderen gegenüber tolerant zu sein! Dadurch werden Sie gelassener und fröhlicher. Und das macht in Verbindung mit Ihren angeborenen Stärken Ihren Traum von einer besseren Welt – nicht zuletzt dank Ihres Beitrags – tatsächlich auch ein bisschen wahrscheinlicher.

Am meisten I =

Typ 3: Die Macherin

Ihre Persönlichkeit: Sie sind sehr leistungsorientiert und brauchen die Bestätigung und die Anerkennung Ihrer Mitmenschen. Sie legen großen Wert auf das »richtige« Image, sind sehr ehrgeizig, wollen immer gewinnen und möglichst überall die Beste sein. Um das zu erreichen, strengen Sie sich gewaltig an. Doch weil Sie dazu neigen zu glauben, dass der Zweck alle Mittel rechtfertigt, nehmen Sie es dabei möglicherweise mit der Wahrheit nicht immer so genau.

Ihre Stärken: Sie haben eine tolle Ausstrahlung und wirken auf andere begeisternd und überzeugend. Außerdem sind Sie optimistisch, dynamisch, aktiv, kompetent, tüchtig, außerordentlich fokussiert und zielorientiert und dadurch oft ziemlich erfolgreich.

Ihre Schwächen: Hand aufs Herz, manches ist bei Ihnen mehr Schein als Sein. Sie neigen zu Eitelkeit und auch ein bisschen zum Prahlen und können vielleicht auch nicht immer ganz aufrichtig sein; aber all das vermutlich nur, weil Sie oft das Gefühl haben, mit anderen konkurrieren zu müssen.

Ihre Ängste: Sie fürchten sich davor, in irgendeiner Hinsicht zu versagen, denn Sie glauben fälschlicherweise, dass nur »Gewinner« geliebt werden.

Ihre Wünsche: Sie wollen attraktiv, begehrenswert und erfolgreich sein und wünschen sich, von anderen bewundert und geliebt zu werden.

Ihre Entwicklungsziele: Seien Sie aufrichtig und ehrlich zu sich selbst und orientieren Sie sich nicht so stark an anderen! Dadurch entwickeln Sie echtes Selbstvertrauen. Und wenn Sie dann noch dazu bereit sind, Ihre bemerkenswerten Talente auch im Team einzusetzen und mit anderen zusammenzuarbeiten, statt sie immer nur als Gegner zu sehen, werden Sie ganz bestimmt sehr erfolgreich sein

Die Ausgewogenheit Ihrer Persönlichkeit

Wer sich mit sich selbst auseinandersetzt, wünscht sich immer auch eine Form von innerer Harmonie und Ausgewogenheit. Und genau darüber haben sich die Menschen schon immer Gedanken gemacht und folglich auch über den Sinn des Lebens. Die Chinesen kamen diesbezüglich bereits vor weit über 3000 Jahren zu dem Schluss, dass alles auf der Erde und im gesamten Universum zwei gegensätzlichen, sich aber dennoch ergänzenden Prinzipien zugeschrieben werden kann – dem Yin und dem Yang.

Das Yin ist passiv, empfangend, hingebend, dunkel und weiblich. Es repräsentiert die Erde. Das Yang ist aktiv, zeugend, schöpferisch, hell und männlich. Es symbolisiert den Himmel. Die Übergänge sind dabei fließend und die Ausgewogenheit zwischen beiden am erstrebenswertesten. Yin und Yang stellt man sich also am besten wie die zwei Seiten derselben Münze vor oder wie Tag und Nacht. Keines könnte ohne das andere existieren.

Und wie ist das bei Ihnen? Besitzen Sie eine ausgewogene Persönlichkeit? Besteht zwischen Ihrer linken und Ihrer rechten Gehirnhälfte eine harmonische

Verbindung oder dominiert da doch eher eine Seite? Mit anderen Worten, sind Sie mehr Yin, mehr Yang oder die ideale Mischung? Machen Sie den Test und finden Sie heraus, wie diese uralte chinesische Philosophie Ihnen helfen kann, sich selbst besser zu verstehen und dadurch mit sich selbst und Ihrer ganzen Umwelt in größerer Harmonie zu leben!

DER YIN-YANG-TEST

Der Test besteht aus zwei Teilen. Im ersten Teil müssen Sie sich bei 36 Wortpaaren jeweils ganz spontan für eines der beiden entscheiden. Und zwar immer für den Begriff, der besser zu Ihnen, Ihrer Persönlichkeit, Ihren Vorlieben, Ihrem Geschmack usw. passt. Im zweiten Teil stehen sich dann 2 x 20 Aussagen gegenüber. Auch hier müssen Sie wieder entscheiden, welche dieser Aussagen für Sie zutreffender ist.

Teil 1:

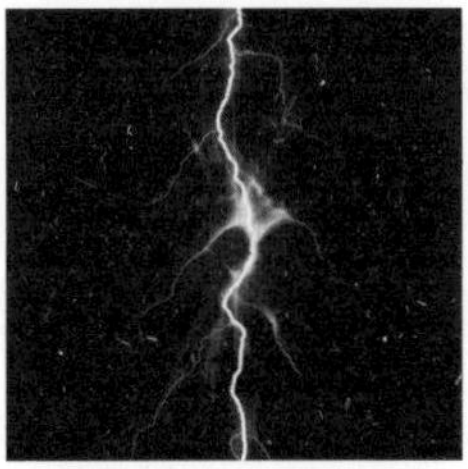

Vergangenheit	☐	oder	☐	Zukunft
Winter	☐	oder	☐	Sommer
Tal	☐	oder	☐	Berg
Wasser	☐	oder	☐	Feuer
Mond	☐	oder	☐	Sonne
Pflanzen	☐	oder	☐	Tiere
Spontaneität	☐	oder	☐	Planung
Ruhe	☐	oder	☐	Bewegung
Schatten	☐	oder	☐	Helligkeit
Vertrauen	☐	oder	☐	Kontrolle
Gefühl	☐	oder	☐	Verstand
Regen	☐	oder	☐	Sonnenschein
Norden	☐	oder	☐	Süden
Linie	☐	oder	☐	Punkt

Regel	☐	oder	☐	Ausnahme
Herbst	☐	oder	☐	Frühling
Körper	☐	oder	☐	Geist
Tiefe	☐	oder	☐	Höhe
Stoff	☐	oder	☐	Stein
gerade Zahlen	☐	oder	☐	ungerade Zahlen
sein	☐	oder	☐	tun
bewahren	☐	oder	☐	ändern
grün	☐	oder	☐	gelb
defensiv	☐	oder	☐	aggressiv
innen	☐	oder	☐	außen
kurz	☐	oder	☐	lang
stumpf	☐	oder	☐	spitz
sauer	☐	oder	☐	süß
weich	☐	oder	☐	hart
ernst	☐	oder	☐	heiter
groß	☐	oder	☐	klein
besinnlich	☐	oder	☐	gesellig
langsam	☐	oder	☐	schnell
feucht	☐	oder	☐	trocken
schwarz	☐	oder	☐	weiß
rechts	☐	oder	☐	links

Summe Teil 1 Magnet _______ _______ **Summe Teil 1 Blitz**

Teil 2:

Ich male sehr gerne.	☐	oder	☐	Ich mag Sudoku-Aufgaben.
Ich komme schon öfters mal zu spät.	☐	oder	☐	Ich bin so gut wie immer pünktlich.
Bei Entscheidungen höre ich auf meine innere Stimme.	☐	oder	☐	Entscheidungen fälle ich auf der Basis von Fakten.
Ohne Schmuck fühle ich mich irgendwie nackt.	☐	oder	☐	Ohne meine Armbanduhr fühle ich mich irgendwie hilflos.

Normalerweise freue ich mich über den überraschenden Besuch von Freunden.	☐	oder	☐	Wenn Freunde unangemeldet vorbeikommen, bin ich meistens genervt.
Ich habe häufig sehr lebhafte Träume, an die ich mich gut erinnere.	☐	oder	☐	An meine nächtlichen Träume kann ich mich nur selten erinnern.
Ich bin sehr gefühlvoll.	☐	oder	☐	Ich bin ziemlich logisch veranlagt.
Filme und Bücher, die in der Vergangenheit spielen, finde ich toll.	☐	oder	☐	Ich finde Science Fiction-Romane und -Filme sehr spannend.
Ich bin oft launisch.	☐	oder	☐	Ich bin oft nervös.
Ich handle oft nach dem Sprichwort »Wer nicht wagt, der nicht gewinnt.«	☐	oder	☐	Ich gehe lieber auf Nummer Sicher, als unnötige Risiken einzugehen.
Regeln sind oft sehr lästig und unnötig.	☐	oder	☐	Ganz ohne Regeln geht es nicht.
Gesichter kann ich mir gut merken.	☐	oder	☐	Ich kann mir Namen gut merken.
In meinem Zuhause herrscht meistens Chaos.	☐	oder	☐	Mein Zuhause ist meistens ordentlich und aufgeräumt.
Zu meinen Lieblingsfächern in der Schule gehörte Musik.	☐	oder	☐	Zu meinen Lieblingsfächern in der Schule gehörte Mathematik.
Ich mag Meereswellen.	☐	oder	☐	Ich mag Gebäude.
Bei dem Wort Selbstkontrolle denke ich an Zwang.	☐	oder	☐	Bei dem Wort Selbstkontrolle denke ich an Disziplin.
Wenn ich Papierkram zu erledigen habe, höre ich dazu oft Musik.	☐	oder	☐	Beim erledigen von Papierkram kann ich Musik nicht gebrauchen.
Wenn ich jemandem etwas erkläre, brauche ich dazu auch meine Hände.	☐	oder	☐	Wenn ich jemandem etwas erkläre, gehe ich systematisch vor.
Bei einem Gugelhupf muss ich an einen Hut denken.	☐	oder	☐	Bei einem Gugelhupf denke ich an eine Kuchengabel.
Zu Schnee fällt mir als erstes ein Schneemann ein.	☐	oder	☐	Zu Schnee fällt mir als erstes Kälte ein.

Summe Teil 2 Neumond ______ ______ **Summe Teil 2 Vollmond**

AUSWERTUNG

Jede Antwort steht für einen Punkt. Tragen Sie nun in die Tabelle pro Symbol Ihre Punkte ein:

Summe Magnet _____ + Summe Neumond _____ = _____ Yin Anteil
Summe Blitz _____ + Summe Vollmond _____ = _____ Yang Anteil

33 - 56 Punkte bei Yin

Sie sind eine Yin-Frau

In Ihnen ist Yin stärker vertreten als Yang. Das bedeutet, dass Sie sehr feminin, liebevoll, sensibel, künstlerisch und verträumt, aber vermutlich oft auch passiv und schüchtern sind. Sie verfügen über ein reiches Innenleben und befassen sich viel mit dem, was war. Nachmittags und abends fühlen Sie sich meistens am wohlsten. Sie lieben Silberschmuck und sind gerne am Meer, an Seen und an Flüssen. Die Natur beeindruckt Sie, und bei einem Spaziergang durch Wiesen und Wälder können Sie sich wunderbar entspannen und erholen. Etwas loszulassen fällt Ihnen allerdings schwer. Und das gilt für Menschen ebenso wie für Sachen. Entsprechend chaotisch könnte es daher manchmal bei Ihnen zu hause und/oder auch in Ihrem Inneren aussehen. Wenn letzteres der Fall ist, dann müssen Sie die gegensätzliche Yang-Qualität in sich etwas mehr zum Fließen bringen. Befreien Sie sich von »altem Krempel«, der Sie belastet! Schmücken Sie Ihre Räume mit frischen Blumen und lassen Sie viel Licht herein! Essen Sie etwas Salziges oder Würziges, wie Knoblauch, Peperoni oder Zimt! Und raffen Sie sich auf und unternehmen Sie etwas! Treffen Sie sich mit Freundinnen und Freunden, gehen Sie tanzen, tragen Sie Outfits in hellen Farben und setzen Sie mit bunten Accessoires Akzente!

33 - 56 Punkte bei Yang

Sie sind eine Yang-Frau

In Ihnen ist Yang stärker vertreten als Yin. Das bedeutet, dass Sie eine aktive, lebhafte Frau sind, die voller Tatendrang steckt. Sie sind selbstbewusst, ehrgeizig und geben bei allem, was Sie tun, immer Vollgas. Und natürlich kennen Sie jede Menge Leute und wissen immer, wo und wann etwas los ist. Sie mögen Partys, Ausgehen, Spaß, Shoppen, Action und Sport, den Sommer und die Sonne und sind meistens schon morgens ziemlich fit. Das pulsierende Leben großer Städte finden Sie an- und aufregend. Außerdem haben Sie viel Temperament und können manchmal ganz schön aufbrausend sein. Und – Sie neigen dazu, Ihre Grenzen öfters mal zu überschreiten. Dann kann es vorkommen, dass selbst so ein Energiebündel wie Sie sich total ausgepowert fühlt. Spätestens dann müssen Sie die gegensätzliche Yin-Energie in sich stärker aktivieren. Gönnen Sie sich immer wieder einmal eine Auszeit! Naschen Sie ein Rippchen Schokolade oder essen Sie ein Stück Kuchen, machen Sie sich‘s auf der Couch gemütlich und lesen Sie ein gutes Buch oder schauen Sie einen Film an! Und sorgen Sie dafür, dass Sie zwischen all Ihren Aktivitäten genügend Ruhepausen einplanen und ausreichend Schlaf bekommen!

Jeweils zwischen 24 und 32 Punkte bei Yin und Yang

Sie sind eine Yin-und-Yang-Frau

Herzlichen Glückwunsch! Sie haben eine tolle innere Balance und sehr ausgewogene Anteile von Yin und Yang in sich. Damit wird es Ihnen letztlich in jeder Situation gelingen, zu Ihrer eigenen inneren Mitte zu finden. Und diese Harmonie strahlen Sie natürlich auch entsprechend auf die Außenwelt ab, was Sie bei den meisten Menschen ziemlich gut ankommen lässt. Sie sind beliebt, weil Sie sich ehrlich für andere interessieren, vergessen dabei aber auch Ihre eigenen Bedürfnisse nicht.

Sie sind kreativ und analytisch zugleich, haben viel Fantasie, können aber auch ausgesprochen logisch denken. Erfolg in allen Lebenslagen müsste Ihnen damit eigentlich so gut wie sicher sein. Um weiterhin so ausgeglichen zu bleiben, sollten Sie täglich Ihren persönlichen Lieblingsduft tragen. Das stabilisiert diesen für Sie und andere so angenehmen Zustand der Ausgewogenheit. Verlassen Sie sich in Bezug auf Ihr Outfit und Ihre Einrichtung auf Ihren guten Geschmack und ernähren Sie sich gesund! Essen Sie viel Gemüse, Obst und Nüsse! Und nehmen Sie auch weiterhin ganz bewusst wahr, was Ihnen wann und wie gut tut!

Der Emotionale Intelligenzquotient

Zufriedenheit, Erfolg, Beliebtheit – die so genannte Emotionale Intelligenz gilt als ein wichtiger Schlüssel zu einem persönlich und beruflich erfolgreichen Leben. Wenn Sie ein Mensch mit Herzensbildung sind und sich selbst und andere in unterschiedlichen Situationen richtig einschätzen können, dann spricht einiges dafür, dass Sie über eine hohe Emotionale Intelligenz verfügen. Denn hinter diesem Begriff verbergen sich so wichtige Eigenschaften wie Einfühlungsvermögen, Takt, Toleranz, Kommunikationstalent, Selbstbeherrschung und die Fähigkeit, mit Stress und Konflikten umzugehen. Gut für uns Frauen, denn viele dieser Eigenschaften gelten als »typisch weiblich«.

Erstmalig tauchte der Begriff »Emotionale Intelligenz« 1990 auf. Mitte der 90er Jahre, sorgte der Psychologe David Goleman dann mit seinem gleichnamigen Bestseller zum Thema weltweit für Furore. Er behauptete nämlich, dass Menschen mit gut ausgeprägter Emotionaler Intelligenz, also mit einem hohen EQ, persönlich und beruflich die weitaus besseren Chancen auf Erfolg und Glück hätten, als die, die lediglich im klassischen Sinne intelligent seien. Nicht Logik und analytische sowie räumliche Fähigkeiten seien die Erfolgskriterien, sondern soziale Kompetenz. Und er scheint damit auch recht zu haben, denn zahlreiche neuere Studien belegen, dass der EQ dafür tatsächlich viel ausschlaggebender ist. Wer emotional intelligent ist, kommt sowohl privat als auch beruflich gut klar, bringt anderen Menschen Verständnis und Mitgefühl entgegen, weiß aber auch, was nötig ist, um mit sich selbst zufrieden und glücklich zu sein.

DER EQ TEST

Stellen Sie sich die nachfolgenden Situationen genau vor und wählen Sie dann jeweils diejenige der vier möglichen Reaktionen aus, die für Sie am zutreffendsten ist!

Frage 1: Mitten in der Nacht klingelt das Telefon. Es ist Ihre beste Freundin, die erst vor kurzem mit Ihrem neuen Partner zusammengezogen ist. Nun ist sie vollkommen aufgelöst, weil die beiden gerade eben ihren ersten großen Streit hatten. Wie reagieren Sie?

a) Ich bin sauer, weil sie mich wegen so einer Lappalie aus dem Bett geklingelt hat, und das sage ich ihr auch.

b) Ich höre ihr zu und tröste sie so gut ich kann.

c) Ich murmele ein paar eher generell gehaltene beruhigende Worte, ärgere mich aber insgeheim über ihren späten Anruf und beende das Gespräch auch entsprechend schnell.

d) Ich sage ihr, dass es mir von Anfang an klar war, dass diese Beziehung zum Scheitern verurteilt ist, und dass es jetzt wohl soweit ist.

Frage 2: Eine Kollegin ist krank, und nun müssen Sie neben Ihren eigenen auch noch deren Aufgaben mit erledigen. Obwohl Sie sich bemühen, alles schnell und gut zu erledigen, raunzt Ihr Chef Sie an, nicht so herumzutrödeln. Was tun Sie?

a) Ich raunze etwas zurück und zwar garantiert nichts Nettes.

b) Ich sage nichts und gebe mir Mühe, meine Arbeit noch schneller zu machen.

c) Ich finde das unglaublich ungerecht, beiße mir auf die Lippen und kämpfe mit den Tränen.

d) Ich weise meinen Vorgesetzten höflich, aber bestimmt, daraufhin, dass ich im Moment sowohl meine Arbeit, als auch die meiner Kollegin mache und bitte ihn um Tipps, wie ich diesen Extraaufwand noch effektiver bewältigen kann.

Frage 3: Sie sind anlässlich des runden Geburtstags einer Bekannten in ein nobles Restaurant eingeladen. Chic zurechtgemacht stöckeln Sie auf den Eingang zu, stolpern dabei aber über etwas und fallen hin. Verletzt haben Sie sich zum Glück nicht. Wie geht's nun weiter?

a) Ich werde rot und husche, in der Hoffnung, dass niemand drinnen meinen peinlichen Ausrutscher bemerkt hat, so schnell wie möglich in das Lokal.

b) Meine gute Laune ist wie weggeblasen. Ich ärgere mich sehr über meine Ungeschicklichkeit und überlege ernsthaft, ob ich überhaupt noch auf dieses blöde Fest gehen will.

c) Ich schimpfe laut über die schlechten Straßen in diesem Land, die Nachlässigkeit der Restaurantbetreiber oder auf wen oder was auch immer ich sonst noch die Schuld an meinem Missgeschick schieben kann.

d) Ich bin froh, dass mir nichts passiert ist und gehe dann, sobald ich mich etwas gefasst habe, in das Restaurant. Bestimmt wird es trotzdem noch ein netter Abend, und Gesprächsstoff hab ich ja jetzt auf alle Fälle.

Frage 4: Sie leben mit Ihrem Partner zusammen, und eigentlich läuft auch alles bestens, wäre da nur nicht diese lästige, kleine Angewohnheit von ihm, die Ihnen von Tag zu Tag zunehmend mehr auf die Nerven geht. Sie ...

a) ... sprechen ihn darauf an und erklären ihm genau, warum Sie diese Angewohnheit so stört.

b) ... fordern ihn unmissverständlich auf, sich das abzugewöhnen, da er mit diesem Verhalten die Beziehung ernsthaft gefährdet.

c) ... machen den einen oder anderen Witz über seine Macke und hoffen, dass er diesen Wink mit dem Zaunpfahl versteht.

d) ... sagen nichts dazu, denn schließlich hat jeder seine Marotten.

Frage 5: Sie haben zwei wunderbare Urlaubswochen am Mittelmeer verbracht. Am Tag Ihrer Heimreise erfahren Sie erst am Flughafen, dass Ihr Rückflug, aufgrund eines Fluglotsenstreiks auf unbestimmte Zeit verschoben ist. Jetzt sitzen Sie mit Ihrem ganzen Gepäck fest. Was tun Sie?

a) Tun? Was soll ich schon tun. Ich setze mich halt irgendwo hin und warte.

b) Ich erkundige mich beim Personal meiner Fluggesellschaft welche Vorkehrungen für diesen Fall getroffen wurden, versuche einen Ansprechpartner der Reisegesellschaft aufzutreiben und/oder rufe in meinem Hotel an. Irgendwer wird mir schon weiterhelfen können.

c) Ich mache mir tausend Sorgen und flüchte mich weinend in die Damentoilette.

d) Ich bin stocksauer und lasse meinen Frust und meine Wut am Bodenpersonal aus.

Frage 6: Sie haben einer guten Freundin auf deren dringende Bitte für einen besonderen Anlass ein Abendkleid geliehen, an dem Sie sehr hängen. Nach vier Wochen und zweimaliger telefonischer Erinnerung hat sie es Ihnen noch immer nicht zurückgebracht. Wie verhalten Sie sich in dieser Situation?

a) Ich sage nichts mehr zu ihr. Die Freundschaft ist mir wichtiger als das Kleid.

b) Soll Sie das Teil behalten. Aber von jetzt an will ich mit dieser Person absolut nichts mehr zu tun haben.

c) Ich rufe sie an und sage ihr, dass ich an diesem Kleid wirklich hänge, und dass ich es zurückhaben möchte. Wenn das nichts nützt, dann ist sie wahrscheinlich doch nicht die richtige Freundin für mich.

d) Wenn ich ihr das nächste Mal irgendwo begegne, mache ich ihr vor allen Leuten eine Riesenszene. Das wird sie lehren, so etwas nicht noch einmal zu tun.

Frage 7: Sie haben jetzt schon mehrfach gesehen, dass der etwa achtjährige Sohn Ihrer alleinerziehenden Nachbarin seinen jungen Hund schlecht behandelt. Greifen Sie ein?

a) Klar! Ich spreche die Mutter darauf an, und wenn das nichts nützt, informiere ich den örtlichen Tierschutzverein.

b) Nein, das Hündchen tut mir zwar leid, aber ich will keinen Ärger.

c) Nein. Das Ganze ist ja schließlich nicht mein Problem.

d) Und wie! Ich schnapp mir den fiesen, kleinen Tierquäler und sage ihm mal so richtig die Meinung.

Frage 8: Ihr Lebenspartner hat zwei Karten für ein Konzert besorgt, auf das Sie sich schon freuen. Doch am Abend der Veranstaltung ist er leider beruflich verhindert. Was machen Sie jetzt?

a) Ich gehe trotzdem hin und nehme, wenn möglich, eins meiner Kinder, eine gute Freundin oder eine andere Begleitung mit.

b) Ich rege mich unheimlich auf und zerreiße die Karten voller Wut in lauter kleine Fetzen.

c) Ich lasse die Karten verfallen und weine mir den ganzen Abend die Augen aus.

d) Ohne meinen Mann gehe ich nicht zu dem Konzert. Aber ich hoffe, dass wir bald die Gelegenheit haben werden, uns einen Ersatz für den verpatzen Abend zu gönnen.

Frage 9: Mittagspause im Büro. In der Kantine kritisiert eine Ihrer Kolleginnen unverblümt die Arbeitsweise eines nicht anwesenden Kollegen. Wie verhalten Sie sich?

a) Ich stimme zu und füge noch einige Beispiele hinzu.

b) Die Situation ist mir ausgesprochen unangenehm, daher benutze ich einen Vorwand, um so schnell wie möglich den Tisch verlassen zu können.

c) Ich höre aufmerksam zu und nicke von Zeit zu Zeit zustimmend. Später werde ich dem betroffenen Kollegen ihre Worte allerdings haargenau wiedergeben.

d) Ich sage, dass ich es nicht o.k. finde, dies in Abwesenheit des Kollegen zu besprechen. Schließlich sollte der Betreffende die Chance haben, sich zu den Vorwürfen zu äußern.

Frage 10: Sie sitzen ganz alleine in einem Abteil im ICE und lesen ein Buch. Plötzlich bleibt der Zug mitten in einem langen Tunnel stehen. Nach 15 Minuten steht er immer noch da. Was tun Sie?

a) Ich frage mich, warum wir da stehen, wundere mich, dass es bisher keine Durchsage gab und habe ein mulmiges Gefühl im Magen.

b) Bestimmt ist etwas Schlimmes passiert. Ich warte nicht länger, sondern verlasse sofort den Zug.

c) Ich schaue nach, ob ich jemanden finde, der mir sagen kann, was los ist, und mache mich auch schlau, wie ich, falls nötig, aus dem Zug herauskomme.

d) Wenn das Buch wirklich spannend ist, bemerke ich es vermutlich überhaupt nicht.

AUSWERTUNG

Addieren Sie Ihre Punkte und lesen Sie Ihr EQ-Ergebnis dann unter der entsprechenden Punktzahl nach!

	a	b	c	d
Frage 1 (Einfühlungsvermögen)	2	5	2	1
Frage 2 (Konfliktmanagement)	1	3	1	5
Frage 3 (Selbstkontrolle)	3	2	1	5
Frage 4 (Takt)	5	1	2	3
Frage 5 (Stressbewältigung)	2	5	1	1
Frage 6 (Kommunikationsfähigkeiten)	3	2	5	1
Frage 7 (Mitgefühl)	5	2	1	3
Frage 8 (Selbstmotivation)	5	2	1	3
Frage 9 (Soziale Kompetenz)	2	3	1	5
Frage 10 (Einschätzen von Situationen)	3	1	5	2
Gesamtpunktzahl: _______	____	____	____	____

DEUTUNG

Ihre Gesamtpunktzahl verrät Ihnen, in welchem Bereich Ihr EQ liegt. Wenn Sie wissen wollen, wie Sie bei den speziellen Kriterien der Emotionalen Intelligenz abgeschnitten haben, dann schauen Sie in der Auswertungstabelle nach, um welche Fähigkeiten es bei den einzelnen Fragen jeweils ging.

40 - 50 Punkte

Glückwunsch! Sie haben ein absolutes Spitzenergebnis erzielt, denn Ihr EQ liegt weit über dem Durchschnitt. Sie beherrschen also fraglos die hohe Kunst der Emotionalen Intelligenz. Die Menschen in Ihrem privaten und beruflichen Umfeld können sich glücklich schätzen, denn Ihr Umgang mit ihnen ist liebevoll, fair und korrekt. Ihre hohe soziale Kompetenz verdanken Sie Ihrem Einfühlungsvermögen, Ihrer Flexibilität und der Tatsache, dass Sie sich Ihrer selbst bewusst sind. Und somit müsste Ihnen eigentlich fast alles, was Sie sich fest vornehmen, über kurz oder lang auch gelingen.

30 - 39 Punkte

Sie haben einen ziemlich hohen EQ, was Sie den meisten Menschen sympathisch macht. Und dadurch können Sie privat und beruflich oft punkten.

Trotzdem – das volle Potential Ihrer großen Möglichkeiten schöpfen Sie noch nicht aus. Vielleicht liegt das daran, dass Sie sich in manchen Situationen mit der Stressbewältigung noch etwas schwer tun. In diesem Fall wäre das Erlernen einer Entspannungstechnik, wie z. B. Yoga, das Richtige für Sie. Finden Sie heraus, was Ihnen gut tut und gehen Sie das dann gezielt an! So werden Sie schon bald mit Ihren EQ-Werten überall ganz vorne mitmischen können.

20 - 29 Punkte
Mit Ihrem EQ-Ergebnis liegen Sie im Mittelfeld. Im großen und ganzen kommen Sie mit sich und Ihrer Umwelt zurecht. In schwierigen Situationen fühlen Sie sich allerdings schnell auch mal etwas überfordert. Deswegen sollten Sie in einigen der Bereiche, aus denen sich die Emotionale Intelligenz zusammensetzt, ruhig noch etwas zulegen. Achten Sie z. B. einmal ganz genau auf Ihre Körpersprache! Stimmt sie mit dem, was Sie sagen, überein? Fragen Sie eine gute Freundin, wie Ihr Auftreten und Ihr Verhalten auf Ihre Umwelt wirken! Und noch ein ganz wichtiger Tipp: Man fühlt, was man denkt. Also, denken Sie positiv! Mit etwas Übung werden Sie so in Zukunft auch Kritisches noch besser und erfolgreicher meistern.

10 - 19 Punkte
Wahrscheinlich fällt es Ihnen nicht leicht, Ihre eigenen Gefühle zu verstehen und richtig einzuordnen. Daher sind Sie oftmals zu sehr mit sich selbst beschäftigt, um wirklich auf andere einzugehen. Und genau das ist die Erklärung für Ihr eher mageres EQ-Ergebnis. Aber das ist kein Grund zur Resignation! Emotionale Intelligenz kann man lernen. Lesen Sie sich die Tipps genau durch! Wenn Sie diese Ratschläge beherzigen und den Test in einem halben Jahr nochmals wiederholen, werden Sie garantiert bessere Ergebnisse erzielen. Und dann wird es bestimmt auch in Ihrem Leben steil aufwärts gehen.

Tipps und Strategien zur Steigerung der Emotionalen Intelligenz

Lernen Sie sich selbst richtig einzuschätzen!
Emotionale Intelligenz setzt voraus, dass man sich selbst einschätzen kann. Denken Sie einmal in aller Ruhe darüber nach, was für Stärken, Schwächen, Vorlieben, Abneigungen, Wünsche, Träume und Pläne Sie haben!

Entdecken Sie Ihre Gefühlswelt!
Wirklich emotional intelligent kann man nur sein, wenn man sich nicht vor Gefühlen fürchtet. Beobachten Sie sich eine Zeitlang ganz genau. Was freut Sie,

worüber ärgern Sie sich, wovor haben Sie Angst, was bewegt Sie? Wie äußern sich Ihre Gefühle und wie gehen Sie damit um? Je neutraler Sie all das registrieren, desto mehr Selbstkontrolle werden Sie haben, wenn es darauf ankommt.

Bringen Sie sich zum Ausdruck!
Ohne Kommunikation geht gar nichts. Sie ist das A und O jedes Miteinanders und der Schlüssel zum Erfolg, privat genauso wie beruflich. Aber neben dem, was Sie sagen, spielt die Art, wie Sie es sagen, ebenfalls eine große Rolle. Und auch die Körpersprache, also Mimik, Haltung, Gesten, Berührungen zählt. Stellen Sie sich also verschiedene Situationen vor, z. B. ein wichtiges Bewerbungsgespräch, einen Elternabend oder eine Begegnung mit dem Vorgesetzten Ihres Partners! Was werden Sie sagen und wie werden Sie dabei wirken? Stellen Sie sich vor einen Spiegel und üben Sie! Denn nur so werden Sie zur EQ-Meisterin.

Seien Sie neugierig!
Gehen Sie aus und unternehmen Sie etwas! Versuchen Sie möglichst viele und verschiedene Menschen kennen zu lernen, sprechen Sie mit ihnen und interessieren Sie sich wirklich für sie! Mit der Menschenkenntnis ist es wie mit Fremdsprachen, nur wenn Sie die Gelegenheit haben, sie anzuwenden, werden Sie sie auch perfekt beherrschen. Extratipp: Lesen Sie Biografien über Stars, Politiker oder bedeutende historische Persönlichkeiten. Das ist nicht nur sehr aufschluss- und lehrreich, sondern außerdem auch noch ziemlich spannend!

Weniger Stress mit dem Stress!
Es ist wichtig zu lernen, mit Stress richtig umzugehen, denn das Leben ist nun mal stressig. Jedoch – es gibt zwei Arten von Stress: Der eine nervt und kann sogar regelrecht krank machen, der andere spornt an, macht aktiv und setzt jede Menge Energie frei. Setzen Sie Ihre ganze Kraft ein, um sich vom Leben das, was Sie wirklich wollen, zu holen, aber gönnen Sie sich dazwischen auch öfter mal eine Auszeit! Lassen Sie Ihre Seele baumeln, hören Sie Musik, treiben Sie Sport oder tun Sie einfach mal ganz bewusst nichts. Und dann legen Sie wieder voll los – bis zur nächsten Pause!

Konstruktiv statt destruktiv!
Auch wenn es abgedroschen klingt, jeder Konflikt beinhaltet immer die Chance, etwas zu lernen. Allerdings nur, wenn man konstruktiv damit umgeht. Wie gehen Konflikte bei Ihnen meistens aus? Können Sie sich mit Ihrer Meinung durchsetzen? Und wenn ja, wie? Hätten Sie etwas besser machen können? Überlegen Sie genau, welches Verhalten zu welchen Ergebnissen führt. Ihr Ziel

ist es, die emotional intelligenteste Lösung zu finden und diese dann – wenn's drauf ankommt – auch anwenden zu können.

Jeder ist anders!
Menschen sind verschieden – und das ist auch gut so, denn sonst wäre diese Welt langweilig und grau. Wer anders denkt, handelt oder fühlt als Sie selbst, ist zunächst mal weder besser noch schlechter, sondern einfach nur anders. Klingt einleuchtend, ist in der Praxis aber oft recht schwierig zu beherzigen. Dennoch, Toleranz ist sehr wichtig – solange Sie es damit nicht übertreiben.

Das Selbstwertgefühl

Jetzt geht es um Ihr Selbstwertgefühl und Ihr Selbstbewusstsein. Glauben Sie an sich selbst? Klar, jeder hat diesbezüglich mal bessere und mal schlechtere Tage. Aber wie steht es vom Grundsatz her um Ihr Selbstvertrauen?

DER TEST

Teil A: Kreuzen Sie bei jeder Aussage an, inwieweit diese auf Ihr Verhalten zutrifft und addieren Sie am Ende dieses Testblocks Ihre Punktzahl!

Teil A	immer 4	oft 3	manchmal 2	selten 1	nie 0
1. Ich glaube fest daran, dass man alles, was man wirklich will, auch erreichen kann.	☐	☐	☐	☐	☐
2. In meinem Freundeskreis vertrete ich meinen Standpunkt auch dann, wenn die anderen nicht meiner Meinung sind.	☐	☐	☐	☐	☐
3. Ich spreche mit meinen Lieben ganz ehrlich und offen über die Dinge, die mich bewegen.	☐	☐	☐	☐	☐
4. Wenn ich mit einem Mann nicht mehr zusammen sein möchte, dann beende ich die Beziehung zu ihm umgehend.	☐	☐	☐	☐	☐
5. Ich finde meine Schwächen zwar nicht toll, aber ich kann ganz gut mit ihnen leben.	☐	☐	☐	☐	☐
6. Es macht mir Spaß, neue Leute kennen zu lernen.	☐	☐	☐	☐	☐

7. Ich habe kein Problem damit, andere auch mal um Hilfe zu bitten.	☐	☐	☐	☐	☐
8. Wenn jemand versucht, sich in der Warteschlange an der Kasse im Supermarkt vorzudrängen, protestiere ich.	☐	☐	☐	☐	☐
9. Ich sage auch mal nein, wenn meine Bekannten und Freunde Vorschläge machen, auf die ich keine Lust habe.	☐	☐	☐	☐	☐
10. Auch wenn mir nicht alles an mir gefällt, schaue ich mich trotzdem gerne im Spiegel an.	☐	☐	☐	☐	☐
11. Ich verberge mein wahres Ich nicht.	☐	☐	☐	☐	☐
12. Alles Neue und Unbekannte reizt mich.	☐	☐	☐	☐	☐
13. Ich weiß, dass ich auf andere ziemlich selbstbewusst wirke.	☐	☐	☐	☐	☐
14. Wenn ich der Meinung bin, dass eine enge Freundin größere Fehler macht, sage ich ihr das natürlich.	☐	☐	☐	☐	☐
15. Ich glaube schon, dass ich irgendwie etwas Besonderes bin.	☐	☐	☐	☐	☐
Summe Teil A: ______	___	___	___	___	___

Teil B: Bewerten Sie, inwiefern die Aussagen mit Ihren Gedanken und Gefühlen übereinstimmen und addieren Sie dann am Ende auch für diesen Testblock wieder Ihre Punkte!

Teil B	stimmt 2	stimmt teilweise 1	stimmt nicht 0
16. Was meine Kollegen und Nachbarn über mich denken, ist mir schon sehr wichtig.	☐	☐	☐
17. Ich lasse mich von anderen Menschen ziemlich leicht beeinflussen.	☐	☐	☐
18. Ehrlich gesagt, die Anerkennung anderer bedeutet mir sehr viel.	☐	☐	☐
19. Ich wäre oft gerne jemand anders, z. B. ein Star.	☐	☐	☐

20. Es scheint, als ob ich mich ständig bei irgendwem für irgend etwas entschuldige.	☐	☐	☐
21. Ich hasse es aus tiefstem Herzen, vor vielen Menschen einen Vortrag halten zu müssen.	☐	☐	☐
22. Bei Streitereien mit meinem Partner gebe fast immer ich als erste nach.	☐	☐	☐
23. Ich mache mir oft einfach zu viele Sorgen.	☐	☐	☐
24. Wenn ich mich ungerecht behandelt fühle, sage ich das meistens nicht.	☐	☐	☐
25. Ich ärgere mich wirklich oft über mich selbst.	☐	☐	☐
26. Manchmal glaube ich, dass ich ein richtiger Pechvogel bin.	☐	☐	☐
27. Ich habe oft das Gefühl, dass keiner mich wirklich versteht.	☐	☐	☐
28. Es fällt mir oft sehr schwer, Entscheidungen zu treffen.	☐	☐	☐
29. Ich versuche, meine Schwächen vor anderen zu verbergen.	☐	☐	☐
30. Nur wer Erfolg hat, wird von anderen wirklich geschätzt.	☐	☐	☐
Summe Teil B: ____	____	____	____

AUSWERTUNG

Summe A **minus** Summe B ergibt die Gesamtzahl Ihrer Punkte.

DEUTUNG

Bis zu 20 Punkten

Ihr Glaube an sich selbst ist nicht sehr ausgeprägt, was wahrscheinlich daran liegt, dass Sie sich häufig einfach unsicher fühlen. Verständlich, dass Ihr Selbstvertrauen deswegen öfter mal auf etwas wackligen Beinen steht. Aber – das muss nicht so bleiben! Freuen Sie sich auch einmal über kleine Erfolge und hören Sie auf, sich ständig all Ihre Schwächen und vermeintlichen Unzulänglichkeiten vor Augen zu halten. Konzentrieren Sie sich stattdessen auf Ihre Stärken! Überlegen Sie sich, was Ihnen an sich selbst richtig gut gefällt, und bauen Sie dann darauf auf! Und nehmen Sie auch die Kritik anderer nicht immer so tierisch ernst! Die kochen auch nur mit Wasser und haben selbst bestimmt ebenfalls jede Menge Schwachstellen, denn perfekt ist nun mal niemand. Sätze wie: »Das schaffe ich nicht.« müssen Sie abändern. Sagen Sie stattdessen lieber »noch nicht«. Wenn Sie an sich selbst glauben, werden es mit der Zeit auch andere tun. Und dann wird fast alles möglich. Denn bis auf wenige Ausnahmesituationen können Sie dadurch entweder selbst bestimmen oder zumindest beeinflussen, was geht und was nicht.

21 - 45 Punkte

Ja, Sie glauben an sich selbst. Und zwar in einer ganz tollen Mischung aus Selbstvertrauen und realistischer Selbsteinschätzung. Das ist super, denn dadurch unter- oder überschätzen Sie Ihre Möglichkeiten normalerweise nicht. Und genau deswegen werden Sie mit den allermeisten Herausforderungen auch fertig werden, dabei aber unnötige Risiken vermeiden. Gelegentliche Misserfolge ärgern Sie natürlich schon, aber deswegen gleich aufzugeben, ist Ihre Sache nicht. Sie nehmen sich dann die Zeit, die Sie brauchen, um diese Erfahrungen zu verdauen, und starten anschließend einen neuen Versuch. Und Sie sind selbstkritisch genug, um gut gemeinte Ratschläge und die konstruktive Kritik anderer zumindest in Erwägung zu ziehen. Mit anderen Worten, Sie sind selbstbewusst, ohne dabei arrogant oder überheblich zu wirken. Bestimmt kommen Sie gerade auch deswegen bei vielen Leuten gut an. Auch klar, dass Sie diese Bestätigung und Anerkennung freut, aber letztlich sind Sie in Bezug auf Ihr Selbstwertgefühl nicht darauf angewiesen – und das ist gut so.

46 - 60 Punkte

Oh ja, Sie glauben unbedingt und felsenfest an sich selbst und sprudeln daher häufig vor Energie, Tatendrang, Unternehmungslust und Selbstbewusstsein geradezu über. Sie verfolgen Ihre Pläne stets zielstrebig und mit großem Optimismus und dies selbst dann, wenn mal etwas schief geht. Denn Rückschläge verbuchen Sie als lästige, aber vorübergehende Hindernisse. Lange aufhalten lassen Sie sich davon jedenfalls nicht. Und das Wort »aufgeben« gehört sowieso nicht zu Ihrem Vokabular. Wenn Sie etwas wirklich erreichen wollen, dann kann Sie so gut wie nichts und niemand davon abhalten. Soweit so gut, allerdings kann Ihr großes Selbstvertrauen auf andere manchmal dann doch schon etwas überwältigend wirken. Ohne Frage, viele werden Sie bewundern, und viele werden Sie um Ihr sicheres Auftreten und Ihre daraus resultierende Überlegenheit beneiden. Doch da stehen Sie, so scheint es zumindest, darüber. Dennoch, ein wenig sollten Sie schon darauf achten, sich nicht selbst zu überschätzen! Denn schließlich haben Sie das mit Ihrer Überzeugungskraft, Ihrer Power und Ihrer Selbstsicherheit letztlich doch gar nicht nötig.

Die Willenskraft

Wer mehr über sich selbst wissen und verstehen will, sollte sich darüber klar sein, wie stark ausgeprägt die persönliche Willenskraft ist. Werden Sie bei jeder Versuchung immer gleich schwach, oder bringt nichts und niemand Sie von Ihren Zielen ab? Wie willensstark sind Sie wirklich? Machen Sie den Test und finden Sie es heraus!

DER TEST

1) Sie werden für das kommende Wochenende zu einer Geburtstagsfeier eingeladen. Was ist Ihr erster Gedanke?

a) Hoffentlich wird es nett.

b) Was soll ich da bloß anziehen?

c) Ich muss mich gleich um ein passendes Geburtstagsgeschenk kümmern.

2) Mit welcher dieser Aktivitäten verbinden Sie die angenehmsten Gefühle?

a) Tanzen.

b) Joggen.

c) Musik hören.

3) Was geht Ihnen beim Betrachten dieses Bildes, das ein Labyrinth darstellt, durch den Kopf?

a) Dass ich Geduldsspiele dieser Art nicht besonders mag.

b) Ich frage mich, welcher Weg zum Ziel führt.

c) Ich merke, dass ich mich auf das Zentrum konzentriere.

4) An welchem dieser Orte bzw. Plätze können Sie am besten Kraft tanken?

a) In Kirchen und Klöstern, Tempeln und anderen Kultstätten.

b) Am oder im Wasser, also am Meer, an einem See oder auch daheim in der Badewanne.

c) Im Garten und in der Natur.

5) Kurz vor Ihrem Geburtstag entdecken Sie zufällig ein schön verpacktes Geschenk im Flurschrank. Schauen Sie es sich genauer an?

a) Auch wenn ich mich schäme, es einzugestehen, aber ich würde wohl vor lauter Neugierde versuchen, die Schleife und eine Ecke des Papiers vorsichtig zu lösen.

b) Also ehrlich gesagt, ich würde das Päckchen wahrscheinlich schon ein bisschen schütteln, um so vielleicht herauszufinden, was es sein könnte.

c) Nein, ich lasse die Finger davon. Denn schließlich will ich mir die Überraschung ja nicht selbst verderben.

6) In welcher dieser Situationen würden Sie während einer Diät wohl am ehesten schwach werden?

a) Abends in geselliger Runde könnte ich einem Pina Colada oder einem anderen leckeren Cocktail wohl nur schwer widerstehen.

b) Beim Kaffeeklatsch mit Freundinnen, denn da gehört einfach ein Stück Torte dazu.

c) An einem sehr hektischen Tag den Hunger mit Fast Food stillen.

7) Lesen Sie bei einem richtig spannenden Buch manchmal den Schluss schon vorweg?

a) Nein, das finde ich blöd und das mache ich nicht.

b) Ja, das tue ich oft.

c) In Ausnahmefällen ist das schon vorgekommen.

8) Welche dieser Pannen passiert Ihnen am häufigsten?

a) Ich komme oft zu spät zu Verabredungen und Terminen.

b) Ich spreche etwas laut aus, was ich eigentlich gar nicht sagen wollte.

c) Dass ich mich beim Essen vollkleckere.

9) Aus welchem dieser Gründe würden Sie am ehesten Sport treiben?

a) Meiner Gesundheit und meiner Figur zuliebe.

b) Einfach, weil es Spaß macht.

c) Weil ich Herausforderungen mag.

10) Welches dieser Wörterpaare stellt für Sie das sinnvollste Beispiel eines Begriffspaares dar?

a) Kunst und Ästhetik.

b) Glaube und Wissen.

c) Kosten und Nutzen.

11) Glauben Sie, dass man alles erreichen kann, wenn man es wirklich will?

a) Das gilt für vieles, aber nicht für alles.

b) Im Prinzip schon.

c) Leider nicht.

12) Welches dieser Zitate über Willensstärke finden Sie am zutreffendsten?

a) »Zwischen Können und Tun liegt ein großes Meer und auf seinem Grunde gar oft die gescheiterte Willenskraft.« *(Marie von Ebner-Eschenbach)*

b) »Willenskraft ist das Sammeln mehrerer schwächerer Motive gegen ein einzelnes starkes.« *(Herbert Eisenreich)*

c) »Die Basis des Charakters ist die Willenskraft.« *(Oscar Wilde)*

AUSWERTUNG

Ermitteln Sie die Summe Ihrer Punkte und lesen Sie nach, was Ihr Ergebnis in Bezug auf Ihre Willensstärke verrät:

Frage	**a**	**b**	**c**
1	1	3	5
2	3	5	1
3	1	5	3
4	5	1	3
5	1	3	5
6	1	5	3
7	5	1	3
8	3	5	1
9	5	1	3
10	3	1	5
11	3	5	1
12	1	3	5
Summe:	____	____	____

DEUTUNG

15 - 29 Punkte:
Besonders ausgeprägt ist Ihre Willensstärke nicht, und auch mit dem Thema Selbstdisziplin tun Sie sich zeitweise ziemlich schwer. Was zum einen dazu führt, dass Sie vielen Versuchungen schlichtweg nicht widerstehen können, zum anderen aber wohl auch, dass Sie oft nicht bekommen oder erreichen, was Sie wirklich wollen. Doch das muss nicht so sein. Sie haben das Potential, um viele Ihrer Wünsche und Vorstellungen Wirklichkeit werden zu lassen. Sie müssen nur lernen, mehr an sich selbst und Ihre Möglichkeiten zu glauben. Üben Sie das zunächst mal im Kleinen! Wenn sich beispielsweise in der Schlange beim Bäcker jemand vordrängelt, dann sagen Sie klar und deutlich: »Ich komme jetzt dran, denn ich war zuerst da!« Je öfter Sie solch kleine Erfolgserlebnisse für sich verbuchen können, desto mehr werden Ihr Selbstbewusstsein und somit auch Ihre Willensstärke zunehmen. Und auch zur Überwindung des »inneren Schweinehunds«, mit dem wir alle zu kämpfen haben, gibt es wunderbare kleine Tricks. Wenn Sie z. B. ein paar Pfund loswerden und nicht mehr bei jedem Stück Sahnetorte schwach werden wollen, dann kaufen Sie sich die neuen Jeans gleich eine Nummer kleiner. Wäre doch schade, wenn Sie das Geld umsonst ausgegeben hätten, oder?!

31 - 49 Punkte:
Sie können mit Ihrem Ergebnis absolut zufrieden sein, denn in punkto Willensstärke stehen Sie gut da. Sie verfügen also durchaus über diese Fähigkeit, setzen Sie aber nur dann ein, wenn Sie für sich ganz bewusst entschieden haben, dass sich der Einsatz wirklich lohnt; also immer, wenn Ihnen etwas wichtig ist oder Ihnen etwas sehr am Herzen liegt. Dann haben Sie absolut kein Problem damit, für Ihre Meinungen, Absichten und Pläne auch voll und ganz einzutreten und sich richtig anzustrengen. Dank Ihres gesunden Selbstbewusstseins haben Sie es aber nicht nötig, sich wegen irgendwelcher Kleinigkeiten, die Ihnen in Wirklichkeit gar nicht viel bedeuten, mit anderen anzulegen. Außerdem kann man Ihnen dazu gratulieren, wie unverkrampft Sie mit den kleinen Versuchungen des Alltags umgehen. Wenn Sie nämlich beispielsweise mitten in einer Diät die unwiderstehliche Lust auf eine Pizza packt, dann gönnen Sie sich das halt. Und statt sich danach mit einem schlechten Gewissen herumzuplagen, joggen Sie am nächsten Tag einfach ein paar Runden mehr um den Block. Toll, weiter so!

50 - 60 Punkte:
Respekt, Ihr beeindruckend hohes Ergebnis verrät, dass Sie über sehr viel Willenskraft verfügen. Das ist bemerkenswert, denn auf diese Art und Weise werden Sie, wenn Sie es nicht bereits getan haben, in Ihrem Leben sehr viel erreichen. Denn Sie sind nicht nur willensstark, sondern auch fokussiert, diszipliniert, zielstrebig und ergebnisorientiert. Sie wissen fast immer ganz genau, was Sie wollen und wie Sie es durch Einsatz und Hartnäckigkeit erreichen können, denn Sie scheuen weder persönliche Anstrengungen noch große Mühen. Oft versuchen Sie, andere für Ihre Ziele zu begeistern und sich dadurch deren Unterstützung für Ihre Pläne zu sichern. Aber wenn nötig nehmen Sie auch Konflikte in Kauf, um Ihren Willen durchzusetzen. Und das gilt für das Berufsleben ebenso wie im Privatleben in Partnerschaft und Familie oder im Bekanntenkreis. Doch gerade im privaten Umfeld sollten Sie schon ein wenig darauf achten, mit Ihrem starken Willen Ihre Lieben nicht vor den Kopf zu stoßen oder schlichtweg zu »überfahren«. Und da Sie ja nun mal diese absolut beneidenswerte Willensstärke haben, wird es Ihnen bestimmt gelingen, auch in diesem Punkt schon bald die richtige Balance zu finden.

Die Betrachtungsweise

Jeder Mensch will glücklich sein. Doch Glück ist immer auch eine Frage der Wahrnehmung. Das gerne und oft gebrauchte Beispiel mit dem für den Optimisten halbvollen und für den Pessimisten halbleeren Glas macht anschaulich klar, dass sich die Realität sehr unterschiedlich interpretieren und bewerten lässt.

Und wie betrachten Sie die Welt? Durch eine rosarote Brille, durch brillantes Klarglas oder eher grau in grau? Können Sie auch in vermeintlich ausweglosen Situationen immmer noch das Licht am Ende des Tunnels sehen? Glauben Sie unbeirrbar daran, dass sich letzlich immer alles zum Guten wendet? Oder treten Sie den Menschen und dem Leben doch eher skeptisch und pessimistisch gegenüber? Testen Sie Ihre Grundeinstellung zum Leben!

TEST: OPTIMISTIN, PESSIMISTIN ODER REALISTIN?

1) Womit beschäftigen Sie sich gedanklich am häufigsten?

a) Mit der Vergangenheit.

b) Mit der Gegenwart.

c) Mit der Zukunft.

2) Sind Sie ein Morgenmuffel?

a) Ehrlich gesagt, ja.

b) Nein, gar nicht. Ich wache immer voller Energie und Tatendrang auf.

c) Geht so. An manchen Tagen mehr, an anderen weniger.

3) Mit welcher Art von Blumen dekorieren Sie Ihre Wohnräume am liebsten?

a) Mit einzelnen langstieligen Rosen.

b) Mit bunten Tulpen.

c) Mit Arrangements aus Lilien, Callas und Gräsern.

4) Sie nehmen an einem Gymnastikkurs in einem Fitness-Studio teil. Am nächsten Tag tut Ihnen alles weh. Was denken Sie?

a) Heftiger Muskelkater, aber na ja, ich bin halt wirklich ganz schön aus der Übung.

b) Kein Wunder, schließlich habe ich gestern echt hart trainiert.

c) So was Blödes! Da gehe ich nie wieder hin.

5) Sie wachen morgens mit starken Kopfschmerzen auf und sagen sich...?

a) Das vergeht bestimmt schnell wieder.

b) Oh je, ich bin krank.

c) Am besten nehme ich, wenn es nicht besser wird, gleich nach dem Frühstück ein Aspirin.

6) Beim Einkaufen macht Ihnen eine fremde Frau ein Kompliment über Ihren hübschen Mantel. Wie reagieren Sie?

a) Ich werde misstrauisch. Was will die Person von mir?

b) Ich freue mich, denn es beweist, dass ich einen guten Geschmack habe.

c) Ich bedanke mich für das nette Kompliment.

7) Sie finden auf der Straße einen Zwanzig-Euro-Schein. Was denken Sie?

a) Gut, dass ich so aufmerksam bin.

b) Auch eine blinde Henne findet eben manchmal ein Korn.

c) Glück gehabt.

8) Wie verhalten Sie sich üblicherweise, wenn Sie jemanden neu kennen lernen?

a) Ich gehe praktisch immer offen auf neue Menschen zu.

b) Ich warte erst mal ab und halte mich zurück, bis ich diese Person näher kenne.

c) Das kommt ganz darauf an, wie mein erster Eindruck von dem- oder derjenigen ist.

9) Ein typischer Sonntagabend. Was geht Ihnen durch den Kopf?

a) Mist! Morgen ist schon wieder Montag.

b) Ich gehe in Gedanken schon mal die kommende Woche durch.

c) Eigentlich nichts Besonderes. Ich genieße einfach den Abend.

10) Was halten Sie von dem so genannten »wissenschaftlichen Fortschritt«?

a) Gar nichts! Schauen Sie sich doch unseren kranken Planeten und die vielen verwirrten Menschen darauf an!

b) Ich hoffe, dass es durch Wissenschaft und Technologie eines Tages gelingen wird, viele der großen Probleme, wie Hunger, Naturkatastrophen und Krankheiten in den Griff zu bekommen.

c) Es gibt vieles, wofür man dankbar sein kann, aber auch manches, das sich eher in die falsche Richtung bewegt.

11) Stellen Sie sich vor, Sie sollten einen Laubbaum malen! Wie würde er aussehen?

a) Ich würde wohl einen prachtvoll blühenden Baum malen.

b) Mein Baum wäre voller grüner Blätter.

c) Einen Baum mit buntem Herbstlaub.

12) Glauben Sie, ganz generell gesehen, dass der Mensch eher zum Guten oder zum Bösen neigt?

a) Der Mensch hat beides in sich und einen freien Willen, um sich täglich neu für das eine oder andere oder auch für einen Weg irgendwo dazwischen zu entscheiden.

b) Wenn die Bedingungen stimmen, sind die allermeisten Menschen guter Gesinnung.

c) Die Geschichte der Menschheit belegt, dass unsere Spezies weitaus mehr zum Schlechten neigt.

Errechnen Sie Ihre Punktzahl!

Frage	a	b	c
1	1	5	10
2	1	10	5
3	5	10	1
4	5	10	1
5	10	1	5
6	1	10	5
7	10	1	5
8	10	1	5
9	1	5	10
10	1	10	5
11	10	5	1
12	5	10	1
Summe:	____	____	____

DEUTUNG

90 - 120 Punkte
Sie sind eine geborene Optimistin und besitzen die beneidenswerte Fähigkeit, aus jeder Situation das Beste zu machen. Sie glauben an das Gute und halten auch dann noch hoffnungsfroh an Ihren Überzeugungen fest, wenn die Umstände dagegen sprechen. Dank dieser positiven Grundeinstellung lassen Sie sich niemals lange oder gar auf Dauer unterkriegen. Und das selbst dann noch, wenn Sie aufgrund Ihrer hohen, manchmal nicht ganz realistischen Erwartungen enttäuscht werden. Doch weil Sie so optimistisch sind, stecken Sie auch solche Rückschläge und Misserfolge ganz schnell wieder weg. Bleiben Sie, wie Sie sind! Unsere Welt braucht Menschen wie Sie.

41 - 89 Punkte
Sie sind Optimistin und Realistin zugleich. Sie stehen dem Leben und seinen Möglichkeiten grundsätzlich positiv und aufgeschlossen gegenüber, während Sie sich gleichzeitig, dank eines gesunden Maßes an Vorsicht, vor allzu euphorischen Erwartungen und den daraus resultierenden möglichen Enttäuschungen weitgehend schützen. Da Sie an sich und Ihr Potential glauben, ruhen Sie

in sich selbst. Und genau das versetzt Sie in die Lage, die Chancen ebenso wie die Herausforderungen des Lebens mit Tatkraft, Begeisterungsfähigkeit und Zielstrebigkeit anzunehmen. Beste Voraussetzungen also für Erfolg und persönliches Wohlbefinden. Gratulation!

12 - 40 Punkte
Sie sind (noch) keine Optimistin. Dafür erwarten Sie einfach zu wenig vom Leben, von sich und von anderen. Ja oftmals scheint es sogar so, als ob Sie von vorneherein nur mit Negativem rechnen. Wahrscheinlich haben Sie sich diese ziemlich pessimistische Haltung zugelegt, um sich vor Enttäuschungen zu schützen. Doch Vorsicht, darin liegt auch eine nicht zu unterschätzende Gefahr – nämlich die der sich selbst erfüllenden Prophezeiungen! Außerdem, wer nie etwas riskiert, kann letztlich auch nichts gewinnen. Versuchen Sie zumindest ein gewisses Umdenken! Auch wenn nicht alles gleich auf Anhieb klappt, mittelfristig werden Sie durch eine optimistischere Einstellung mit sich und Ihrem Leben bestimmt zufriedener sein.

Tipps: So werden Sie optimistischer

- Denken Sie vor dem Einschlafen an etwas Schönes! Wenn Sie das regelmäßig machen, werden Sie den Tag morgens mit einer positiven Einstellung beginnen.
- Hören Sie auf damit, sich immer das Schlimmste auszumalen! Drehen Sie den Spieß um und stellen Sie sich den denkbar besten Ausgang für die betreffende Situation vor! Das Unterbewusstsein registriert alle Gedanken aufs Genaueste, und es wird versuchen, sich dementsprechend zu verhalten.
- Sagen Sie sich nicht dauernd: »Das kann ich nicht« oder »Das geht nicht.« Konzentrieren Sie sich statt dessen auf das, was Sie können, und auf das, was geht.
- Überbewerten Sie die Meinung, die andere von Ihnen haben, nicht! In erster Linie müssen nämlich Sie mit sich zufrieden sein.
- Verbringen Sie nicht allzu viel Zeit mit anderen Pessimisten! Sie ziehen sich nur gegenseitig herunter.
- Lassen Sie sich von Misserfolgen nicht entmutigen, sondern überlegen Sie sich, was Sie beim nächsten Versuch anders und besser machen können! Suchen Sie auch in scheinbar ausweglosen Situationen nach Lösungsmöglichkeiten! Alles ist besser, als aufzugeben.

Das Konfliktverhalten

Konflikte gehören zum Leben. Sie sind alltägliche Vorkommnisse und ergeben sich immer und überall dort, wo Menschen aufeinandertreffen und durch unterschiedliche Interessen, Wertvorstellungen oder Zielsetzungen in Widerspruch zueinander geraten. Das wissen wir alle. Wenig bekannt ist hingegen, dass Psychologen im Rahmen der Konfliktforschung herausgefunden haben, dass wir mit Personen, die uns nahestehen, Konflikte aber letztlich immer nur auf eine von fünf verschiedenen Arten handhaben. Alle fünf Methoden sind sehr unterschiedlich – und alle haben ihre Vor- und Nachteile. Ob beim Krach mit dem Partner, bei Meinungsverschiedenheiten mit Kollegen, Differenzen in der Nachbarschaft oder bei Unstimmigkeiten im Freundeskreis, haben Sie schon mal darüber nachgedacht, wie Sie sich im Streitfall verhalten? Finden Sie durch diesen Test heraus, welches Konfliktverhalten Sie bestimmt und was das zu bedeuten hat!

TEST: WIE GEHEN SIE MIT KONFLIKTEN UM?

Und so geht's: Kreuzen Sie bei jeder der 20 Aussagen das Feld an, das Ihnen für Ihr Verhalten am zutreffendsten erscheint, und addieren Sie dann, nach Farben getrennt, Ihre jeweilige Punktzahl!

Teil A

	immer 4	oft 3	manchmal 2	selten 1	nie 0
1. Da mir meine Ruhe und mein Frieden wichtig sind, vermeide ich Konflikte soweit es mir möglich ist.	☐	☐	☐	☐	☐
2. Ich stehe zu meiner Meinung.	☐	☐	☐	☐	☐
3. Auch wenn ich mich ärgere, bleibe ich meist höflich.	☐	☐	☐	☐	☐
4. Ich will lieber zur Hälfte Recht haben als gar nicht.	☐	☐	☐	☐	☐
5. Ich sage ehrlich was ich denke.	☐	☐	☐	☐	☐
6. Sobald in meiner Nähe ein Streit ausbricht, ziehe ich mich zurück.	☐	☐	☐	☐	☐
7. Wenn es zu einer Konfrontation kommt, möchte ich als Gewinnerin daraus hervorgehen.	☐	☐	☐	☐	☐
8. Ich bin ziemlich gutmütig.	☐	☐	☐	☐	☐

9. Ich bin fair und kompromissbereit.	☐	☐	☐	☐	☐
10. Ich lerne aus meinen Fehlern.	☐	☐	☐	☐	☐
11. Streit macht mich immer total unglücklich.	☐	☐	☐	☐	☐
12. Ich scheue Auseinandersetzungen nicht.	☐	☐	☐	☐	☐
13. Es kostet doch nichts, freundlich zu sein.	☐	☐	☐	☐	☐
14. Eine Hand wäscht die andere.	☐	☐	☐	☐	☐
15. Ich will immer alles ganz genau wissen und verstehen.	☐	☐	☐	☐	☐
16. Nichts ist so wichtig, dass sich ein Kampf lohnt.	☐	☐	☐	☐	☐
17. Wenn ich im Rahmen eines Konflikts meine Meinung durchsetzen kann, fühle ich mich stark und überlegen.	☐	☐	☐	☐	☐
18. Ich bin sehr harmoniebedürftig.	☐	☐	☐	☐	☐
19. Besser der Spatz in der Hand, als die Taube auf dem Dach.	☐	☐	☐	☐	☐
20. Nur wer tief genug gräbt, findet die Wahrheit.	☐	☐	☐	☐	☐

Punktzahl Gelb:

Punktzahl Orange:

Punktzahl Rosa:

Punktzahl Blau:

Punktzahl Grün:

AUSWERTUNG

Die Farbe, bei der Sie die meisten Punkte haben, zeigt Ihnen, welcher Konflikttyp Sie sind. Lesen Sie sich aber ruhig auch die Deutungstexte für die anderen Stile durch! Vielleicht finden Sie dadurch einige Anregungen, wie Sie in Zukunft noch besser und erfolgreicher mit Konflikten umgehen können.

DEUTUNG

Höchste Punktzahl bei Gelb:

Die Schnecken-Taktik: Konflikte vermeiden

Sie wollen mit Konflikten eigentlich überhaupt nichts zu tun haben. Deswegen verkriechen Sie sich, sobald es dazu kommt, wie eine Schnecke in ihr Haus. Sollten Ausweichen und Rückzug aber mal absolut nicht möglich sein, dann lassen Sie die anderen spüren, wie unangenehm Ihnen die ganze Situation ist. Was wiederum dazu führt, dass Familie, Freunde und Arbeitskollegen schnell Schuldgefühle bekommen, wenn sie versuchen, mit Ihnen über ein strittiges Thema zu sprechen. Nicht gerade ideale Voraussetzungen, um einen sich anbahnenden Konflikt rechtzeitig und ohne Streit zu lösen. Außerdem, wenn Sie sich ständig scheuen, sich einer Auseinandersetzung zu stellen, werden Sie nicht in der Lage sein, Ihre Meinungen und Vorstellungen einzubringen, geschweige denn, sich im Konfliktfall durchzusetzen. Doch Ihr Vermeidungsstil hat auch etwas Gutes, denn durch im Ärger gesprochene böse Worte werden Sie Ihre Mitmenschen bestimmt nie verletzen.

Höchste Punktzahl bei Orange:

Die Tiger-Taktik: Konflikte forcieren

Sie scheuen niemals vor einem Konflikt zurück. Und oft genug ist es ja auch absolut richtig, für das, was einem wichtig ist, einzutreten. Doch, Hand aufs Herz, häufig wollen Sie auch einfach nur Ihren Kopf durchsetzen. Dann schalten Sie auf Angriff und fahren wie eine Tigerin Ihre »Krallen« aus. Was es Ihnen praktisch unmöglich macht, Kompromisse zu schließen oder nur um des lieben Friedens willens einfach auch mal klein beizugeben. Aber besonders problematisch an diesem tendenziell aggressiven Konfliktverhalten ist, dass Ihre Beziehungen dadurch unter einer Art von Dauerspannung stehen und im schlimmsten Fall sogar daran zerbrechen können. Allerdings – aus den allermeisten Streitigkeiten gehen Sie tatsächlich als Siegerin hervor. Dennoch: Fragen Sie sich, ob der Preis für diese »Siege« in manchen Fällen nicht doch zu hoch ist!

Höchste Punktzahl bei Rosa:

Die Tauben-Taktik: Konflikte beruhigen

Sobald irgendwo in Ihrem privaten Umfeld ein Konflikt entsteht, bemühen Sie sich, Ruhe in die Situation zu bringen. Da Sie sehr sensibel sind und großen Wert auf Harmonie legen, empfinden Sie es als äußerst unangenehm, wenn es im Rahmen einer Meinungsverschiedenheit auch mal etwas aufgeregter zugeht oder gar lauter wird. Ja, oftmals geben Sie sogar, selbst wenn Sie im Recht sind, nur deswegen nach. Sie möchten nämlich Ihre Lieben auf keinen Fall verletzen. Und solange niemand Ihre Gutmütigkeit ausnützt, ist Ihre Methode auch durchaus erfolgreich. Schließlich ist es ja tatsächlich sinnvoll, in einer Krisensituation die Ruhe zu bewahren. Nur leider kann Ihre friedliebende, sanfte Art manchmal auch dazu führen, dass Ihnen wehgetan wird. Also, sagen Sie ruhig ja zur Rolle der Friedenstaube, aber ein deutliches Nein zum Part des Opferlamms!

Höchste Punktzahl bei Blau:

Die Fuchs-Taktik: Konflikte schlichten

Ihre bevorzugte Vorgehensweise ist es, Konflikte durch das rasche Herbeiführen von Kompromissen zu beenden. Sie glauben nämlich, dass es im Falle von Differenzen immer am besten ist, wenn jeder ein paar Zugeständnisse macht, gleichzeitig dafür aber auch etwas bekommt. Und genau deswegen eignen Sie sich auch so hervorragend als Vermittlerin. Dabei setzen Sie häufig auf Diplomatie, scheuen aber auch keinesfalls vor kleinen Listen zurück, um Ihr Ziel zu erreichen. Eine erfolgsversprechende Methode, mit der Sie – auch für sich persönlich – oft sehr viel erreichen. Denn Sie pflegen dabei durchaus darauf zu achten, dass das ganze für Sie möglichst vorteilhaft ist. Schade nur, dass es ganz schön anstrengend sein kann, immer so schlau wie eine Füchsin vorgehen zu müssen. Und manchmal, vor allem wenn es um Grundsätzliches geht, funktioniert so ein Deal auf Dauer dann leider doch nicht. Dennoch, andere können von Ihrem kompromissfähigen Stil einiges lernen.

Höchste Punktzahl bei Grün:

Die Eulen-Taktik: Konflikte bewältigen

Sie sind fest davon überzeugt, dass Konflikte dauerhaft gelöst werden müssen. Und dass dies in den allermeisten Fällen nur durch Anstrengung und viel Geduld zu erreichen ist. Deswegen hören Sie sich, klug und weise wie eine Eule, die Argumente der Gegenseite genau an und tragen dann ruhig und sachlich Ihre Beweggründe vor. Den Ursachen eines Konflikts gehen Sie gründlich nach, indem Sie alle Aspekte sorgfältig und unaufgeregt analysieren. Und dafür sind Sie auch bereit, jede Menge Zeit und Mühen auf sich zu nehmen. Ihre Handhabung von Konflikten ist also eigentlich vorbildlich. Probleme gibt es nur, wenn die anderen Beteiligten mit der Situation nicht so reif und verantwortlich umgehen wie Sie, was wohl häufiger passiert, als Ihnen lieb ist. Doch selbst dann haben Sie sich wenigstens nichts vorzuwerfen.

Die Stressbewältigung

Hohe Anforderungen im Privatleben und im Job, Lärm, Zeitdruck, Verkehrschaos, nervige Mitmenschen, Prüfungen oder die eigenen Ansprüche – vollkommen stressfrei kommt in unserer Gesellschaft absolut niemand durchs Leben.

Aber nicht jeder reagiert gleich darauf. Wissenschaftler haben herausgefunden, dass es vier unterschiedliche Stresstypen gibt. Und – zahlreiche Studien belegen, dass bis zu 90% der Stressbelastungen durch unsere eigenen Einstellungen und Denkmuster entstehen oder dadurch zumindest entscheidend beeinflusst werden.

Also, machen Sie diesen Test! Er verrät Ihnen nicht nur, welcher Stresstyp Sie sind, sondern auch, in welchen Situationen Sie am stressanfälligsten sind und welche Herangehensweisen und Methoden bei Ihnen zur Bewältigung von Stress am effektivsten sein dürften.

TEST: WELCHER STRESSBEWÄLTIGUNGSTYP SIND SIE?

1) Welche Art von Lärm empfinden Sie als besonders störend?

a) Das permanente Geklingel von Telefonen und Handys.

b) Baulärm und Handwerkergeräusche wie Sägen, Hämmern, Bohren.

c) Überlaute Musik und Stimmen.

d) Alle, also a, b und c.

2) Sie werden für das übernächste Wochenende schriftlich zu einer Feier eingeladen, auf der Sie außer den Gastgebern niemanden kennen. Was ist Ihr erster Gedanke?

a) Hoffentlich kümmern sich dann wenigstens die Gastgeber um mich.

b) Ich muss mir eine gute Ausrede für meine Absage einfallen lassen, denn ich habe absolut keine Lust auf lauter Leute, die ich nicht kenne.

c) Vielleicht lerne ich so ja mal wieder einige interessante, neue Menschen kennen.

d) Ich muss gleich mal anrufen und fragen, ob sie bei der Vorbereitung oder bei der Feier noch Hilfe brauchen.

3) Sich fortzubewegen ist ein natürlicher Trieb des Menschen. Es kann aber auch eine Quelle für Stress sein. Welche Art der Fortbewegung kostet – Ihrer Meinung nach – am meisten Nerven?

a) Eindeutig das Autofahren: verstopfte Straßen, Hupkonzerte, rücksichtslose Fahrer und, und, und...

b) Fliegen – das ist immer eine große Anspannung für mich.

c) Die öffentlichen Verkehrsmittel, teuer, unpünktlich, unangenehme Mitfahrer.

d) Sich am Samstag zu Fuß durch eine überfüllte Einkaufsstraße oder ein vor Menschen überquellendes Shopping-Center zu quälen – das ist Stress pur.

4) Wie und wo können Sie am besten Kraft tanken?

a) Wenn ich mal zu hause ein paar Stunden ganz alleine für mich habe.

b) In und am Wasser, also am Meer, an einem See oder auch daheim in der Badewanne.

c) In der Natur. Das macht den Kopf frei.

d) In geselliger Runde mit meiner Familie und/oder meinen besten Freunden.

5) Was bedeutet Essen für Sie?

a) Eine manchmal mehr, manchmal weniger erfreuliche Notwendigkeit.

b) Genuss.

c) Eine lästige Pflicht.

d) Essen ist ein anderes Wort für Nahrungsaufnahme.

6) Morgen treten Sie endlich Ihre 14-tägige Urlaubsreise an. Was läuft heute noch alles?

a) Nicht mehr viel. Gepackt ist schon und jetzt freue ich mich einfach nur noch auf zwei hoffentlich sehr schöne Wochen.

b) Ich muss noch tausend Dinge erledigen.

c) Ich hänge bestimmt noch bis in die späten Abendstunden im Büro fest.

d) Das Übliche halt. Wäsche waschen und bügeln, Auto nochmals volltanken, Reiseverpflegung besorgen, Koffer packen usw.

7) Was assoziieren Sie mit dem Begriff Stille?

a) Die Ruhe vor dem Sturm.

b) Einsamkeit.

c) Frieden.

d) Langeweile.

8) Schließen Sie die Augen und stellen Sie sich vor, Sie stehen bei Sonnenuntergang am Ufer eines Flusses. Was wird als nächstes passieren?

a) Ich versuche erst einmal herauszufinden, wo ich überhaupt gelandet bin.

b) Regen und Sturm ziehen auf.

c) Die Sonne geht unter, und es wird dunkel. Es gefällt mir nicht, dass ich alleine bin.

d) Ich suche nach einer Brücke, um den Fluss zu überqueren.

9) Was halten Sie von diesem Spruch der Indianer: »Menschen, die bloß arbeiten, finden keine Zeit zum Träumen. Nur wer träumt, gelangt zur Weisheit.«

a) Ein interessanter Gedanke.

b) Schöner Spruch – aber im Alltag leider oft nicht praktizierbar.

c) Hm, vielleicht. Aber aus Träumen können halt auch schnell Albträume werden.

d) Ich träume gerne und oft, aber ob mich das wirklich weise macht?

10) Welche dieser Aussagen ist für Sie am typischsten?

a) »Mir ist wieder mal alles zu viel.«

b) »Ich bin unsicher.«

c) »Geht das auch schneller?!«

d) »Lass mich das machen!«

11) Sie haben sich bereiterklärt, auf dem runden Geburtstag einer guten Freundin eine kleine Rede zu halten. Der große Moment steht unmittelbar bevor. Sie ...

a) ... hadern mit sich und der ganzen Welt. Warum nur haben Sie sich dazu breitschlagen lassen?!

b) ... haben vor Aufregung eiskalte Hände, zittern, und Ihnen ist total übel.

c) ... hoffen, dass Ihre Rede gut ankommt.

d) ... haben Angst zu versagen, denn Sie wollen Ihrer Freundin auf keinen Fall den großen Tag verderben.

12) Welchem dieser Zitate und Sprüche über Stress können Sie aus vollem Herzen zustimmen?

a) »Dem Alltagsstress kann man entgehen, wenn man vermeidet aufzustehen.« *(Unbekannt)*

b) »Stress hat man nicht, man macht ihn sich.« *(Aba Assa)*

c) »Morgen ist meist der stressigste Tag der Woche.« *(Aus Spanien)*

d) »Stress = Handschellen, die man ums Herz trägt.« *(Helmut Qualtinger)*

Ermitteln Sie die Summe Ihrer Punkte:

	a	b	c	d
1	1	15	5	10
2	1	10	15	5
3	5	1	15	10
4	15	5	10	1
5	5	15	10	1
6	15	1	10	5
7	1	5	10	15
8	15	1	5	10
9	15	10	1	5
10	10	1	15	5
11	10	1	15	5
12	1	15	10	5
Summe:	____	____	____	____

DEUTUNG

12 - 52 Punkte = Typ I: Die Sensible

Ihr Stressbewältigungs-Typ: Sie sind eine empfindsame Frau, die vermutlich der Welt mit all ihren Unwägbarkeiten öfter mal etwas zaghaft, unsicher, passiv, hilflos oder auch ängstlich gegenübersteht. Sicherheit und Schutz sind für Sie sehr wichtig. Ihren Mitmenschen begegnen Sie mit viel Freundlichkeit, Geduld und Verständnis, in der Hoffnung, so Konflikte, die Sie stets sehr stark verunsichern, zu vermeiden. Sie grübeln viel und neigen dazu, Probleme in sich »hineinzufressen«. Das stresst Sie und kann zu Magen-Darmbeschwerden und seelischen Verstimmungen führen.

Ihre Stress-Auslöser: Neuartige, unbekannte und unklare Situationen ebenso wie ein unfreundliches Umfeld, familiäre und Beziehungsprobleme, Entscheidungen, Sorgen, Auseinandersetzungen, Streit sowie Trennungen und Verlusterfahrungen.

Ihre Anti-Stress-Strategien: Ihr persönliches Zauberwort lautet ganzheitliche Entspannung. Alles, was Körper und Seele gleichermaßen anspricht, macht Sie weniger stressanfällig und verhilft Ihnen dadurch zu mehr Ausgeglichenheit und einem positiveren Lebensgefühl. Bei Spaziergängen, Entspannungsbädern, Shiatsu-Massagen und Aromatherapien können Sie die Seele baumeln lassen und zugleich Ihrem Körper Gutes tun. Oder erlernen Sie Qigong, eine uralte, bewährte Mischung aus Atemübungen, Konzentration, sanften, körperlichen Bewegungen und fernöstlicher Philosophie. Auch sehr wichtig für Sie: leichte Kost, eine ausgewogene Ernährung und kein übertriebener Konsum von Genussmitteln!

53 - 94 Punkte = Typ II: Die Selbstlose

Ihr Stress-Typ: Sie sind einfühlsam, geben gerne und viel und opfern sich dadurch oft für andere regelrecht auf. In Stress geraten Sie, weil es Ihnen so schwer fällt, nein zu sagen und anderen etwas abzuschlagen. Allzu häufig ordnen Sie Ihre persönlichen Interessen, ja manchmal sogar Ihre Individualität dem Wohl und den Wünschen Ihrer Familie oder Ihrer Kollegen unter. Dadurch können stressbedingte Schlafstörungen, Nackenbeschwerden, Rückenschmerzen und Schwindel auftreten.

Ihre Stress-Auslöser: Der Wunsch, es allen recht zu machen, Gruppenzwänge, Perfektionsstreben, körperliche und seelische Überforderung sowie sich selbst eingeredete Minderwertigkeits-, Scham- und Schuldgefühle.

Ihre Anti-Stress-Strategien: Für Ihr Stressmanagement ist es enorm wichtig zu lernen, sich selbst zu akzeptieren, ohne ständig Höchstleistungen von sich zu erwarten. Befreien Sie sich von belastenden Gedanken, indem Sie sich einem lieben Menschen, einem Therapeuten oder zumindest Ihrem Tagebuch anvertrauen! Auch Yoga und autogenes Training können sich dabei als sehr hilfreich erweisen. Und ganz wichtig – gestehen Sie sich unbedingt ein Selbstverwöhnprogramm zu! Gehen Sie zum Friseur und zur Kosmetikerin, machen Sie kleine Einkaufsbummel und nehmen Sie sich Zeit, zusammen mit einer guten Freundin ein Wellness-Wochenende zu verbringen! Auch sehr gut: ausreichende Bewegung, z.B. durch regelmäßiges Schwimmen oder Radfahren – aber bitte alles immer ganz ohne Leistungsdruck.

95 - 139 Punkte = Typ III: Die Intuitive

Ihr Stress-Typ: Sie sind vielseitig interessiert, fantasievoll, oft gefühlsbetont und lebhaft, neigen zu Stimmungsschwankungen und verfügen über eine ausgeprägte Intuition. Mehr oder minder unbewusst sehnen Sie sich nach Klarheit, Ordnung und Struktur, lassen sich dabei aber überhaupt nicht gerne Vorschriften machen. Ihre Reaktionen auf Stress entsprechen dem natürlichen, genetisch bedingten Flucht- oder Kampfverhalten. Deswegen kann Stress bei Ihnen zu Nervosität, Gereiztheit, innerer Unruhe oder leichter Aggressivität sowie Herzklopfen, erhöhtem Blutdruck, Schwitzen und nächtlichem Zähneknirschen führen.

Ihre Stress-Auslöser: Reizüberflutungen, Lärm, Hektik, Menschenmengen sowie unbefriedigende Arbeitsbedingungen und alle Situationen, in denen Sie einen Kontrollverlust befürchten oder erleben oder in denen Sie sich angegriffen fühlen.

Ihre Anti-Stress-Strategien: Alles, was Ihnen zu mehr Gelassenheit und innerer Ruhe verhilft. Machen Sie sich bewusst, wodurch Sie sich gestresst und überfordert fühlen! Nur so können Sie Ihre Wahrnehmung diesbezüglich, wo nötig, verändern. Dem dienen Gespräche mit objektiven, neutralen Personen ebenso wie eine kritische Betrachtung der eigenen Verhaltensweisen und das Erlernen von Selbst- und Zeitmanagement-Techniken! Trainieren Sie Ihr Unterbewusstsein durch Affirmationen zum positiven Denken! Meditieren Sie und entdecken bzw. vertiefen Sie Ihre Spiritualität! Pflegen Sie ein kreatives Hobby! Schöpfen Sie Kraft durch Aufenthalte in der Natur, toben Sie sich regelmäßig beim Sport aus und verzichten Sie auf allzu scharf gewürzte Speisen und größere Mengen von Alkohol!

140 - 180 Punkte = Typ IV: Die Powerfrau

Ihr Stressbewältigungs-Typ: Sie haben viel Energie und sind geistig sehr aktiv. Ihnen ist klar, dass im Umgang mit Stress sehr viel von Ihrer persönlichen Einstellung abhängt. Und da Sie darüber hinaus ein selbstbetonter Mensch mit starker Persönlichkeit sind, fühlen Sie sich meist recht gut gegen Stress gewappnet. Allerdings sind Ihnen Leistung, Erfolg, Status und Anerkennung recht wichtig, so dass es dadurch dann manchmal doch zu Situationen kommen kann, in denen auch Sie sich gestresst fühlen. Verspannungen und Kopfschmerzen können ein Zeichen dafür sein.

Ihre Stress-Auslöser: Ungerechtigkeiten, übertriebene Kritik an Ihrer Person, mangelnde Anerkennung, zu wenig Selbständigkeit, die Angst sich zu blamieren sowie zu hoher selbst auferlegter Leistungsdruck und extremer Termindruck.

Ihre Anti-Stress-Strategien: Die richtige Mischung aus An- und Entspannung. Überlange Phasen des Nichtstuns sind für Sie genauso wenig erstrebenswert wie eine andauernde, ständige Überforderung. Powern Sie sich ruhig durch die Tage, aber achten Sie darauf, sich an Abenden und Wochenenden immer mal wieder etwas Auszeit für die Dinge zu nehmen, die Ihnen Spaß machen! Lesen Sie Bücher, schauen Sie sich Filme an, treffen Sie sich zu einem gemütlichen Plausch mit Freunden und gehen Sie tanzen! Überhaupt, rhythmische Bewegungen zu Musik sind ein sehr empfehlenswertes Mittel zum Stressabbau – und für Sie gleichzeitig auch noch das beste Fitness-Programm.

Das Zeitgefühl

Einsteins Relativitätstheorie besagt, dass Zeit relativ ist. Und damit hat er nicht zuletzt auch dann recht, wenn wir seine Aussage auf unser jeweiliges individuell verschiedenes Zeitbewusstsein beziehen. Und Sie? Leben Sie eher in der Vergangenheit, nur für den Augenblick oder meist doch schon im Morgen? Lesen Sie sich die unterschiedlichen Zeittypen durch! Sie werden rasch erkennen, welches Zeitgefühl dem Ihren entspricht.

Vergangenheits-Typ

Sie haben ein außergewöhnlich gutes Langzeit-Gedächtnis, erinnern sich an praktisch jedes Detail Ihres bisherigen Lebens und halten sich deswegen geistig oft und gerne in der Vergangenheit auf.

Das Gestern ist für Sie immer allgegenwärtig. Ob Schulzeit, erster Kuss oder letzter Familienausflug – Sie vergessen nichts und schwelgen nur zu gerne in Ihren Erinnerungen. Beim ständigen Blick zurück gibt es aber auch eine Kehrseite der Medaille, denn Sie erinnern sich dabei nicht nur an die schönen Momente, sondern auch an sämtliche Kränkungen, Misserfolge und Fehlschläge der Vergangenheit.

Ihre Persönlichkeit: Sie sind gefühlvoll, sensibel, romantisch, hängen an Menschen, Dingen und Traditionen und setzen sich oft mit ganzer Kraft dafür ein. Im Privat- und im Berufsleben zeichnen Sie sich durch Loyalität aus, in Partnerschaft und Freundschaft durch Beständigkeit und Treue. Und bestimmt haben Sie viel Freude am Sammeln, an Antiquitäten und am Stöbern auf Flohmärkten.

So machen Sie das Beste aus Ihrem Zeitgefühl:

- ***Lassen Sie sich von der Vergangenheit für die Gegenwart inspirieren!***
  Betrachten Sie Ihre schönen Erinnerungen und finden Sie heraus, was genau sie so kostbar macht. Und genau das sollten Sie dann versuchen, in die Gegenwart zu übertragen. Wenn Sie also zum Beispiel immer noch mit Begeisterung an den Tanzkurs oder Urlaub mit Ihrem Partner zurückdenken, dann beginnen Sie gleich mit der Planung für die nächste gemeinsame Aktivität!
- ***Lernen Sie aus den negativen Erfahrungen der Vergangenheit!***
  Statt immer wieder frustriert an unglückliche Zeiten zu denken, sollten Sie versuchen, daraus zu lernen. Warum scheiterte die Beziehung zu Ihrem Ex? Weshalb war eine Freundschaft nicht von Dauer? Welchen Fehler würden Sie heute nicht mehr machen? Wenn Sie die Vergangenheit auf diese Weise analysieren, sind Sie für Gegenwart und Zukunft bestens gerüstet.
- ***Erkennen Sie, dass die Vergangenheit für immer vorbei ist!***
  Machen Sie sich bewusst, dass die Vergangenheit sich weder ändern noch zurückholen lässt! Nur Gegenwart und Zukunft können Sie durch aktives Handeln selbst mitbestimmen und gestalten.

Gegenwarts-Typ

Sie interessieren sich in erster Linie für das Geschehen des Augenblicks, leben ganz im Hier und Heute, wollen jeden Moment auskosten und glauben an das Motto: »Carpe Diem – Nutze den Tag!«

Sie gehören zu den wenigen Menschen, denen es gegeben ist, ganz in die Gegenwart einzutauchen, um den jeweiligen Augenblick zu genießen, bevor er vorüber ist. Das ist auf der einen Seite wirklich toll, aber es gibt dabei auch ein Problem: Wenn Sie sich zu selten Gedanken über das Morgen machen, kann es sein, dass Sie sich nicht nur einige Chancen für die Zukunft entgehen lassen, sondern sich manche vielleicht sogar regelrecht verbauen.

Ihre Persönlichkeit: Sie sind zugleich Genussmensch und Realistin und beherrschen die hohe Kunst, den jeweiligen Moment ganz bewusst zu erleben. Und da Sie die Gabe haben, der Welt meist mit Gelassenheit und Pragmatismus gegenüberzutreten, verstehen Sie es, negative Erlebnisse aus der Vergangenheit rasch zu verarbeiten und die Zukunft in Ruhe auf sich zukommen zu lassen.

So machen Sie das Beste aus Ihrem Zeitgefühl:

- ***Beschäftigen Sie sich hin und wieder mit der Vergangenheit!***
  Wenn Sie die Gegenwart erfolgreich meistern wollen, kommen Sie nicht gänzlich an einer Betrachtung der Vergangenheit vorbei. Schließlich müssen

Sie schon wissen, wer Sie sind und wie Sie dazu geworden sind, um im Heute wirklich ein selbstbestimmtes, erfülltes, verantwortungsbewusstes und zufriedenes Leben führen zu können.

- *Entwickeln Sie Weitsicht!*
  Als Gegenwartsmensch neigen Sie dazu, »sofort haben und handeln zu wollen«. Grundsätzlich ist dagegen nichts einzuwenden, aber nur, solange Sie dabei nicht ganz vergessen, bei Ihren meist doch sehr spontanen Entscheidungen auch die möglichen Konsequenzen und Auswirkungen auf die Zukunft zu berücksichtigen; zum Beispiel, wenn Sie sich das nächste Mal etwas Tolles, aber leider auch Teures auf Kredit kaufen wollen!
- *Planen Sie voraus!*
  Überlegen Sie, ob es etwas gibt, das Sie sich für die Zukunft wirklich wünschen. Wenn ja, dann planen Sie schon mal im voraus, wie Sie durch Ihre heutigen Handlungen Ihrem Ziel Schritt für Schritt näherkommen können!

Zukunftstyp

Sie interessieren sich für das Morgen und befassen sich daher gedanklich in allererster Linie mit der Zukunft – und das, je nach persönlicher Veranlagung, eher hoffnungs- oder sorgenvoll.

Sie befinden sich oft nur körperlich in der Gegenwart, denn in Gedanken sind Sie die meiste Zeit mit der Zukunft beschäftigt. Was ziehe ich am kommenden Samstag an, wie wird das Wetter am Wochenende, behalte ich meine Arbeit, werden mein Partner und ich zusammenbleiben, was wird aus meinen Kindern usw. Nichts ist für Sie so wichtig, wie die Frage, was die Zukunft bringt. Nur schade, dass Sie dadurch manchmal im Heute so einiges verpassen.

Ihre Persönlichkeit: Sie sind fantasievoll, kreativ, klug, nachdenklich und oftmals Ihrer Zeit weit voraus. Ob Sie sich dabei eher mit Ängsten und Sorgen über das, was kommt, herumplagen oder sich in Tagträumen und visionären Bildern die Zukunft in rosigen Farben ausmalen, hängt von Ihrer jeweiligen Stimmung und Ihrem generellen Naturell ab.

So machen Sie das Beste aus Ihrem Zeitgefühl:

- *Handeln Sie jetzt!*
  Ist: »Das mache ich morgen.« einer Ihrer meistbenützten Sätze? Dann neigen Sie dazu, vieles vor sich her- oder gar aufzuschieben, weil es Ihnen schwerfällt, sofort zu handeln. Doch genau das sollten Sie – getreu dem Motto »Was du heute kannst besorgen, das verschiebe nicht auf morgen.« – tun. Ansonsten ist Stress nämlich vorprogrammiert.

- ***Sorgen Sie für Ablenkung!***
  Wer sich so viel und so fantasievoll wie Sie mit der Zukunft beschäftigt, neigt dazu, sich auch das eine oder andere Katastrophenszenario in allen Einzelheiten auszumalen. Falls Ihnen das öfter mal so geht, sollten Sie sich im Hier und Jetzt davon ablenken. Lesen Sie ein spannendes Buch, schauen Sie sich eine DVD an oder treiben Sie Sport! Das hilft.
- ***Gönnen Sie sich etwas!***
  Vielleicht neigen Sie ja dazu, zugunsten einer besseren Zukunft in der Gegenwart auf vieles zu verzichten. Natürlich ist es prinzipiell lobenswert, dass Sie für die Zukunft sparen oder sich mit viel Disziplin an Ihr Ziel heranarbeiten. Doch zumindest die eine oder andere Kleinigkeit oder den Luxus, auch mal nichts zu tun, sollten Sie sich ruhig schon jetzt gönnen.

Die Begabung

Natürlich kennen Sie Ihre offensichtlichen Talente. Sie wissen, ob Sie besonders musikalisch oder sportlich sind. Aber wie sieht es im Bezug auf Begabungen abstrakterer Natur aus? Finden Sie Ihre diesbezügliche mehr oder minder verborgene größte Stärke heraus!

DER TEST

Frage 1: Welches dieser nichtalkoholischen Getränke mögen Sie am liebsten?

- Cola. ●
- Mineralwasser. ■
- Fruchtsäfte. ▲
- Milch. ◆

Frage 2: Nehmen wir mal an, Fabelwesen existieren wirklich. Welchem würden Sie dann am liebsten begegnen?

- Drache. ■■
- Phönix. ◆◆
- Einhorn. ●●
- Nixe. ▲▲

Frage 3: Wie stehen Sie zu klassischer Musik?

- Das ist meine Lieblingsmusik. ■
- Dazu muss ich in Stimmung sein. ▲
- Das ist nicht so mein Ding. ◆
- Manches gefällt mir richtig gut, manches weniger. ●

Frage 4: Was mögen Sie an der Nachtzeit besonders?

- Da habe ich meine Ruhe und kann schlafen. ■■
- Die Dunkelheit. ◆◆
- Da habe ich immer die besten Ideen. ▲▲
- Dass man da immer die besten Gespräche führen kann. ●●

Frage 5: Entscheiden Sie sich ganz spontan für einen dieser Begriffe!

- Berge. ◆◆◆
- Café. ●●●
- Labyrinth. ■■■
- Blumen. ▲▲▲

Frage 6: Als was würden Sie am ehesten in einem Zirkus auftreten?

- Als Dompteurin von Raubkatzen. ◆◆◆
- Als Clown natürlich! ▲▲▲
- Als die Ansagerin. ●●●
- Als eine Zauberin und Illusionistin. ■■■

Frage 7: Eine gute Fee schenkt Ihnen eine dieser vier außergewöhnlichen Gaben. Wofür entscheiden Sie sich?

- Ein fotografisches Gedächtnis zu haben. ■■■
- Fliegen zu können. ◆◆◆
- Alle Tiersprachen zu verstehen. ●●●
- Träume als Filme abspeichern zu können. ▲▲▲

Frage 8: Welche dieser Pannen passiert Ihnen am häufigsten?

- Einen wichtigen Termin zu verschwitzen. ■
- Mich beim Essen voll zu kleckern. ▲
- Etwas laut auszusprechen, das ich eigentlich gar nicht sagen wollte. ●
- In den Streit eines Liebespaares hineingezogen zu werden und es mir nachher mit beiden verdorben zu haben. ◆

Frage 9: Sie gewinnen eine Fernreise nach Wahl. Für welche entscheiden Sie sich?

- Für eine Rundreise durch China. ■■
- Für einen Abenteuertrip ins Outback nach Australien. ◆◆
- Für eine Städtereise nach New York. ▲▲
- Für einen Clubaufenthalt auf der Karibikinsel Barbados. ●●

Frage 10: Sie müssen wegen einer lästigen Erkältung zuhause bleiben. Wie vertreiben Sie sich die Zeit?

- Indem ich alle möglichen Leute anrufe und lange Telefonate führe. ●●
- Ich schaue Fernsehen. ◆◆
- Ich lese. ■■
- Ich höre Musik. ▲▲

Frage 11: Was ist Ihnen bei der Beziehung zu einem Partner wirklich wichtig?

- Ich muss mich richtig gut mit ihm unterhalten können. ●●
- Er darf kein Langeweiler und Stubenhocker sein. ◆◆
- Dass ich mit ihm zusammen träumen kann. ▲▲
- Er muss etwas im Kopf haben und Dinge auf die Reihe kriegen. ■■

Frage 12: Wodurch erfahren Sie am meisten über sich selbst?

- Durch Ratgeber-Bücher, Astrologie, Numerologie usw. ▲▲▲
- Durch das, was meine Familie, Freunde und andere so über mich sagen. ●●●
- Indem ich viel über mich selbst nachdenke. ■■■
- Ich teste meine Grenzen. ◆◆◆

Frage 13: In welcher dieser vier Situationen fühlen Sie sich am wohlsten?

- Auf einer Party mit vielen Leuten. ●●
- Wenn ich zusammen mit Freunden etwas unternehme. ◆◆
- Alleine zuhause in meinem Zimmer am PC. ■■
- Auf einem Konzert. ▲▲

Frage 14: Wenn Sie in einem der hier aufgeführten Felder Karriere machen könnten, wofür würden Sie sich entscheiden?

- Showstar. ◆◆◆
- Politikerin. ■■■
- Modedesignerin. ▲▲▲
- Moderatorin. ●●●

Frage 15: Welche Art von Menschen nerven Sie am meisten?

- Angsthasen. ◆◆◆
- Besserwisser. ■■■
- Klatschbasen. ●●●
- Pessimisten. ▲▲▲

Frage 16: Welches dieser Genies finden Sie am beeindruckendsten?

- Albert Einstein. ◆◆◆
- Johann Wolfgang von Goethe. ●●●
- Wolfgang Amadeus Mozart. ▲▲▲
- Leonardo Da Vinci. ◆◆◆

Tragen Sie nun hier ein, wie viele der Symbole Sie jeweils für Ihre Antworten bekommen haben und lesen bei dem Symbol, mit der höchsten Punktzahl nach, welche verborgene Stärke Sie haben!

Symbol:	◆	▲	●	■
Punkte:	_____	_____	_____	_____

DEUTUNG

Am meisten ♦

Sie engagieren sich für das, woran Sie wirklich glauben, sagen es Vorgesetzten, Familienmitgliedern oder auch Fremden, wenn Sie etwas als ungerecht empfinden und haben kein Problem damit, auch einmal nein zu sagen. Es mag im Alltag nicht immer offensichtlich sein, aber Tatsache ist, Sie scheuen vor keiner echten Herausforderung zurück, denn Ihre besondere Stärke bzw. Befähigung ist Ihr **Mut**. Was nicht bedeutet, dass Sie sich leichtsinnig in irgendwelche Abenteuer stürzen.

Oft ist sogar genau das Gegenteil der Fall, denn echter Mut bedeutet, für die eigene Meinung einzustehen, auch wenn diese gerade nicht angesagt oder populär ist.

Mut, das ist Selbstvertrauen und Zivilcourage. Man braucht Mut, um Ängste und den eigenen inneren Schweinehund zu überwinden; und auch, um sich selbst, andere und die Dinge so zu sehen, wie sie wirklich sind. Und genau diese Art von Mut ist in Ihnen. Toll!

Am meisten ▲

Sie können in vielen Bereichen Erfolg haben. In der Musik, beim Schreiben, Malen, Fotografieren, Filmen usw. Denn auch wenn Sie es bisher vielleicht noch gar nicht voll ausleben, Ihre besondere Begabung ist die **Kreativität** an sich. Als Kreativität bezeichnet man die Fähigkeit, schöpferisch zu denken und zu handeln. Und genau dieses Potential steckt in Ihnen. Bestimmt verfügen Sie über Fantasie, haben eine ausgeprägte Vorstellungskraft und oftmals viele gute und auch immer wieder neue Ideen. Falls Sie bisher noch nicht die richtigen Ausdrucksformen für Ihre Kreativität gefunden haben, dann probieren Sie in dieser Hinsicht doch einfach noch viel mehr aus! Selbstgemachte Geschenke, eine fantasievolle Dekoration für Ihre Wohnung, ein originell zusammengestelltes Outfit, eine spannende Erzählung, ein kleines Gedicht, ein originelles Video vom letzten Urlaub – Sie werden sehen, es gibt unzählige Möglichkeiten, wie Sie die in sich steckende Kreativität ausschöpfen können.

Am meisten ●

Es gibt Menschen, die durch Ihre aufgeschlossene und unkomplizierte Art überall gut ankommen und immer die richtigen Worte finden. Und vielleicht haben Sie solche Leute insgeheim schon öfter bewundert oder sogar beneidet. Aber das brauchen Sie von jetzt an nicht mehr zu tun, denn eigentlich gehören Sie selbst ja auch zu ihnen, weil Ihre Begabung nämlich genau in so einem **Kommunikationstalent** liegt. Wenn Sie interessiert auf andere zugehen und sich ehrlich anhören, was sie zu sagen haben, dann werden Sie durch Ihr Einfühlungsvermögen und durch Ihren Charme schon bald gewaltig punkten können. Sie haben das nötige Feingefühl und können, wenn erforderlich, auch sehr diplomatisch sein. Lesen Sie viel und formulieren Sie Gedanken öfter auch mal laut, z. B. in einem Gespräch mit Freunden. So bekommen Sie Übung darin, sich gut auszudrücken. Und – seien Sie kontaktfreudig und offen! Dann werden Sie schon bald zu denen gehören, die man für ihr ausgeprägtes Kommunikationstalent bewundert.

Am meisten ■

Fragen andere Sie immer dann am ehesten um Ihre Meinung, wenn eine Situation schon ziemlich verfahren ist? Ob das so ist oder nicht, in jedem Fall sind Ihre **analytischen Fähigkeiten** Ihre herausragende Begabung. Mit anderen Worten, Sie haben einen scharfen Verstand und eine genaue Beobachtungsgabe. Vielleicht ist es Ihnen selbst gar nicht so richtig bewusst, aber Sie können erstaunlich präzise und logisch denken und dadurch blitzschnell den Kern einer Angelegenheit erkennen sowie die folgerichtigen Schlüsse daraus ziehen. Wenn Sie sich konzentrieren und systematisch vorgehen, werden Sie meistens in der Lage sein, auch bei komplizierten und komplexen Vorgängen die richtige Strategie zu finden und zu einer Lösung zu kommen. Das kann Ihnen im Berufsleben – und nicht nur da – enorm weiterhelfen. Wenn Sie diese Fähigkeit noch weiter ausbauen wollen, dann sollten Sie so oft wie möglich Ihre kleinen, grauen Zellen trainieren, indem Sie z. B. Sudoku oder Schach spielen!

Die Farbpsychologie

Die Lehre von den Farben reicht zurück bis in die Zeit der Antike, fesselte das Universalgenie Goethe und beschäftigt seit dem 20. Jahrhundert auch die Psychologen. Deren Erkenntnisse werden heute vor allem in der Werbung und in der Gestaltung, aber auch im Rahmen der alternativen Medizin genutzt. Selbstverständlich spielten und spielen Farben aber vor allem bei der Einrichtung und in der Mode eine ganz besonders wichtige Rolle, denn durch Farben können wir uns individuell zum Ausdruck bringen. Jeder hat eine oder mehrere Lieblingsfarben. Doch unsere diesbezüglichen Vorlieben verändern sich dabei genauso, wie auch wir uns selbst immer wieder verändern. Wer die Botschaft der Farben kennt und geschickt einsetzt, weiß mehr als andere. Ein Wissensvorsprung, der sowohl in punkto Menschenkenntnis als auch in der Liebe und ganz praktisch im Alltag genutzt werden kann.

Über Lieblingsfarben und Charakter

Finden Sie heraus, welche Bedeutung sich hinter den einzelnen Farben verbirgt, wie man sie gezielt einsetzen kann und was Ihre Lieblingsfarbe über Ihren Charakter und Ihre Persönlichkeit verrät!

Rot

Die Farbe des Feuers und der Liebe erregt Aufmerksamkeit. Sie drückt Kraft und Dominanz aus und steht für Vitalität, Leidenschaft und Kreativität. Wenn Sie auffallen wollen, sollten Sie Rot tragen. Und auch beim Sport ist es als Farbe fürs Fitness-Outfit optimal. Es macht Lust auf Bewegung und wirkt anregend auf Stoffwechsel und Durchblutung. In Form von Rotlicht hilft es gegen verspannte Muskeln. Bei der Einrichtung und in der Wohnung empfiehlt sich allerdings ein eher sparsamer Umgang damit, denn zu viel Rot macht unruhig und nervös. Und wer ein paar Pfunde loswerden will, sollte auf Rot in der Küche am besten ganz verzichten, denn es fördert den Appetit.

Wenn Rot Ihre Lieblingsfarbe ist:
Sie haben viel Energie und stehen in Ihrem relativ großen Bekannten- und Freundeskreis gerne im Mittelpunkt. Sie sind kontaktfreudig, temperamentvoll, einfallsreich, unternehmungslustig, ehrlich und direkt. Außerdem verfügen Sie über bemerkenswerte Führungsqualitäten, die aber gemindert werden, wenn Sie sich mal wieder zu überstürzten Aktionen und impulsiven Handlungen hinreißen lassen. Auf Männer wirken Sie durch Ihre Lebenslust sexy, leidenschaftlich und verführerisch.

Orange

Keine andere Farbe signalisiert so sehr Optimismus, Lebensfreude, Extrovertiertheit, Aufgeschlossenheit, Kontaktfreude und Selbstvertrauen. Doch andererseits kann die Trendfarbe Orange durchaus auch Leichtlebigkeit oder gar Aufdringlichkeit vermitteln. In der Wohnung wirkt es aktivierend und stimmungsaufhellend. Daher sorgt es vor allem im Ess- und Wohnzimmer für gute Laune. Wenn Sie manchmal niedergeschlagen sind, unter Langeweile leiden oder in Ihnen ein Morgenmuffel steckt, werden Sie sich in orangefarbener Kleidung gleich viel besser fühlen. Allerdings – für Bewerbungsgespräche und andere wichtige geschäftliche Termine eignet es sich nicht. Dafür ist es einfach nicht seriös genug.

Wenn Orange Ihre Lieblingsfarbe ist:
Sie sind abenteuerlustig, neugierig, offen und kontaktfreudig, lieben Partys, Tanzen und vermutlich auch actionreiche Sportarten. Ernstere Gemüter mögen

Sie für etwas leichtfertig halten, aber hin und wieder wollen Sie eben einfach Ihre Grenzen ausloten. Ein sehr liebenswerter Zug an Ihnen ist, dass Sie sich oft für Schwächere einsetzen. Sie sind selbstsicher und haben nichts dagegen, aufzufallen. Außerdem flirten Sie wirklich gern, doch wenn Sie den »Richtigen« gefunden haben, sind Sie treu.

Gelb

Die Farbe der Sonne, des Lichts und der Heiterkeit steht für Erfolg, Glück, Selbstbestätigung, Wissen, Vernunft und Logik, aber auch für Ehrgeiz und Neid. Gelb vertreibt schlechte Laune und düstere Gedanken. Wenn Sie sich öfter mal müde oder lustlos fühlen, wirken Sonnenblumen oder ein Strauß aus gelben Tulpen, Narzissen und Freesien im Haus unglaublich aufmunternd und aufheiternd. Für alle dunklen Räume ist Gelb, da es ein Zimmer optisch stark aufhellt, als Wandfarbe eine sehr gute Wahl. Bei der Kleidung sollte man es allerdings immer mit Bedacht einsetzen, denn zu viel davon kann aufdringlich wirken. Doch mit gelben Accessoires können Sie wunderbar Akzente setzen.

Wenn Gelb Ihre Lieblingsfarbe ist:
Sie sind fröhlich, optimistisch, klug, geistreich, realitätsbezogen und erfolgsorientiert, aber oft nicht sehr flexibel. Manchmal können Sie etwas zu spöttisch oder gar sarkastisch sein, doch meistens verbreiten Sie mit Ihrem sonnigen Wesen einfach nur gute Laune. Ein kleiner Flirt macht Ihnen großen Spaß, doch echte Gefühle zum Ausdruck zu bringen, fällt Ihnen eher schwer. In einer festen Beziehung erwarten Sie von Ihrem Partner vor allem Intelligenz, Humor, Toleranz und Höflichkeit.

Grün

Die Farbe der Hoffnung, ist auch die Farbe der Natur. Mit ihr werden Gesundheit, Großzügigkeit, Sicherheit und Harmonie in Verbindung gebracht, aber manchmal auch Desinteresse und Gleichgültigkeit. Insgesamt aber wirkt Grün beruhigend, heilsam und auf die Augen sehr entspannend. In Grün gekleidet können Sie bei Ihren Mitmenschen Sympathiepunkte sammeln. – Und angeblich soll man schneller über Liebeskummer hinwegkommen, wenn man sich in grüne Kleidung hüllt. Fakt ist, falls Sie kreativ tätig sind oder für Ihre Aufgaben sehr viel Konzentration brauchen, wird Ihnen Grün an Ihrem Arbeitsplatz sehr gute Dienste leisten. Und ein bisschen Natur in Form grüner Blattpflanzen gehört ja sowieso in jedes Haus.

Wenn Grün Ihre Lieblingsfarbe ist:
Sie sind ehrlich, zuverlässig, hilfsbereit, verständnisvoll und mitfühlend, erwarten dafür aber auch Anerkennung. Sie können gut zuhören, behalten Ihre wah-

ren Gedanken aber oft für sich, denn Harmonie ist Ihnen sehr wichtig. Sie lieben die Natur und engagieren sich vermutlich in irgendeiner Form ehrenamtlich. Haustiere und Spaziergänge tun Ihnen gut. Eine innige Beziehung zu Ihrem Partner macht Sie glücklich. Doch leider neigen Sie zur Eifersucht – und das kann zu Problemen führen.

Blau

Als Farbe des Himmels wird Blau oft mit Gefühlen, Träumen, Sehnsucht, Vertrauen, Freundschaft und innerem Frieden assoziiert. Doch Blau ist auch eine kühle Farbe, die für Klarheit und Ruhe steht. **Dunkelblau** drückt Sicherheit aus, **Hellblau** dagegen Leichtigkeit. Blaue Blumen, wie das Vergissmeinnicht, stehen für Treue. Im Wohnbereich eignet sich die Entspannungsfarbe Blau ganz besonders für Heimtextilien, Tapeten und Wandfarben in Schlafzimmer und Bad. Kleine Zimmer lässt es größer wirken, aber zuviel davon kann einen Raum auch kalt erscheinen lassen. Beim Styling liegen Sie mit Blau nie falsch, denn es gibt für jeden Typ und jeden Anlass die passende Schattierung. Und: Blaues Geschirr soll den Appetit bremsen. Bei Gewichtsproblemen können Sie das ja mal ausprobieren.

Wenn Blau Ihre Lieblingsfarbe ist:
Sie sind hilfsbereit, ehrlich und loyal, aber oft ziemlich zurückhaltend. Sie verbringen viel Zeit mit Nachdenken und sind ganz gerne auch mal allein. Dennoch, Ihre Selbstbestätigung holen Sie sich am liebsten im Familien- und Freundeskreis. Wenn Sie **Hellblau** besonders mögen, sind Sie freiheitsliebend, aufgeweckt und ordentlich. Wenn **Dunkelblau** Ihre Lieblingsfarbe ist, sind Sie sehr emotional, zeigen das aber selten. Außerdem verrät Ihre Vorliebe für Blau, dass Sie in Beziehungen treu und zugleich zärtlich und leidenschaftlich sind.

Lila

Diese edle Farbe steht für Spiritualität, Inspiration, Mystik, Magie, Kunst und Wissen. Mit ihr wird Frömmigkeit in Verbindung gebracht, manchmal aber auch Stolz und Arroganz. Auf Appetit und sexuelle Lust wirkt Lila eher dämpfend, deswegen sollten Sie in Küche, Ess- und Schlafzimmer extrem sparsam damit umgehen. Doch um sich für Meditation und Entspannungstechniken zu öffnen, ist es perfekt. So soll auch ein um den Hals getragenes lila oder violettes Seidentuch sehr gut gegen wetterfühlig bedingte Reizbarkeit helfen. In Garten und Balkon gehören lila Blüten an die sonnigsten Plätze, denn im Schatten wirken sie schnell matt und stumpf. Und in der Mode steht lilafarbene Kleidung für Individualität.

Wenn Lila Ihre Lieblingsfarbe ist:
Sie sind ernsthaft und künstlerisch veranlagt, sensibel, intuitiv, fantasievoll und kreativ. Sie lesen gerne, interessieren sich für den Sinn des Lebens und befassen sich daher viel mit Glauben, Spiritualität, Esoterik und der menschlichen Psyche. Ihr so erworbenes Wissen teilen Sie bereitwillig mit anderen. In der Liebe geben Sie viel, neigen aber gleichzeitig auch zu einer gewissen Ichbezogenheit. Ein für Partner nicht leicht zu verstehender Widerspruch, der Sie aber auch immer wieder aufs Neue faszinierend und reizvoll macht.

Pink / Rosa

Die romantischste aller Farben findet man in der Natur hauptsächlich bei Blumen und Blüten. Pink und Rosa symbolisieren Zuneigung, Mitgefühl, Idealismus, Friedfertigkeit und Dankbarkeit, aber auch Eitelkeit und Arroganz. Dabei gilt, je kräftiger das Pink, desto dominanter das Auftreten. Es macht munter und wirkt geistig anregend. Zartes Rosa baut Aggressionen ab. Es eignet sich daher hervorragend für Spiel- und Kinderzimmer, wird aber auch für Schlafzimmer oft gerne bei der Wandgestaltung eingesetzt. In Bezug auf Ihr Outfit gilt: In hellem Rosa wirken Sie lieb und feminin. In knalligem Pink unterstreichen Sie ebenfalls Ihre Weiblichkeit, signalisieren gleichzeitig aber auch ein gut entwickeltes Selbstbewusstsein.

Wenn Pink oder Rosa Ihre Lieblingsfarbe ist:
Sie sind sehr feminin, umgänglich, humorvoll, romantisch, oft scharfsinnig und versuchen immer, alles von der positiven Seite zu betrachten. Auf andere wirken Sie jugendlich bzw. junggeblieben. In vielen Männern erwecken Sie den Beschützerinstinkt, denn Sie lassen sich gerne umwerben und schätzen Blumen und kleine Geschenke. Von Ihrem Partner erwarten Sie, dass er Ihnen Sicherheit und Geborgenheit gibt und immer für Sie da ist.

Braun

Die Farbe der Erde steht für Wohlbefinden, Unkompliziertheit, Ruhe, praktische Fähigkeiten, Ausdauer und Geduld, aber auch für Starrheit und Unbeweglichkeit. Braune Lebens- und Genussmittel wie Schokolade, Kaffee, Cola, Kakao, Tabak und Nüsse vermitteln Glücksgefühle, können dadurch aber auch zu einer Art von Sucht führen. Heim und Möbel machen in Braun einen rustikalen, natürlichen und gemütlichen Eindruck. Wenn Sie das Gefühl haben, den Boden unter den Füßen zu verlieren, dann verleihen braune Schuhe schnell wieder die nötige Erdung. Und bei Stress hilft Kleidung in Brauntönen Ihnen, sich zu entspannen. Von brauner Bademode oder Lingerie ist hingegen abzuraten. Darin wirkt man nämlich schnell bieder.

Wenn Braun Ihre Lieblingsfarbe ist:
Sie sind vernünftig, realistisch und praktisch, neigen aber auch etwas zu Schüchternheit und Bequemlichkeit. Sie genießen gutes Essen, schätzen Komfort und sind überhaupt eine sinnliche Frau. Sicherheit spielt für Sie eine wichtige Rolle, emotionale ebenso wie finanzielle. Ein gemütliches Zuhause bedeutet Ihnen viel und Sie hängen auch sehr an Ihrer Familie und an Ihrer Heimat. In der Liebe sind Sie als Partnerin romantisch, aufmerksam, fürsorglich und zuverlässig.

Schwarz

Schwarz ist die Farbe der Nacht, des Loslassens, des Wandels und der Erneuerung. Traditionell drückt sie in unserem Kulturkreis Trauer, Geheimnisvolles und Unergründliches aus. Darüber hinaus gilt Schwarz aber auch als Ausdruck von Eleganz, Ansehen und Feierlichkeit. Seit Mitte des 20. Jahrhunderts signalisiert es darüber hinaus auch Coolness und Rebellion. Es ist immer modisch und macht schlank. Schwarze Dessous gelten als erotisch. Wenn Sie allerdings sehr viel Schwarz tragen, signalisieren Sie anderen Menschen damit indirekt, Distanz zu wahren. Bei Einrichtung und Dekoration kann Schwarz – vor allem kombiniert mit Chrom, Silber oder Grau – sehr edel wirken.

Wenn Schwarz Ihre Lieblingsfarbe ist:
Sie sind intelligent, mutig, ehrgeizig und ein wenig extravagant. Sie können sich gut konzentrieren und zögern nicht, schwierige Herausforderungen anzunehmen. Das Ungewöhnliche finden Sie faszinierend. Auf Männer wirken Sie geheimnisvoll und in Bezug auf die Liebe sind Sie anspruchsvoll. Doch weil Sie nicht möchten, dass Ihre Verletzlichkeit und Ihre Empfindsamkeit sichtbar werden, zeigen Sie Ihre Gefühle nur selten offen. Und genau deswegen gibt Ihnen das unergründlich wirkende Schwarz Sicherheit.

Weiß

Die Farbe von Eis und Schnee steht für Frieden, Schutz und für das Gute. Sie drückt den Wunsch nach Klarheit, Ordnung und Erhabenheit aus und wird auch oft mit Engeln in Verbindung gebracht. Doch sie gilt auch als Zeichen von kühler Reserviertheit, Unnahbarkeit und großer Empfindsamkeit. Weiß signalisiert Reinheit und Unschuld, was auch eine sehr verführerische Wirkung haben kann. Nicht umsonst ist Weiß noch immer die bevorzugte Farbe für Brautkleider. Beim Einrichten, Gestalten und Dekorieren der Wohnung ist Weiß optimal, um es mit anderen Farben zu kombinieren, Wohnbereiche aufzuhellen oder Kontraste zu setzen. Ganz alleine wirkt es aber schnell steril, kalt und unpersönlich.

Wenn Weiß Ihre Lieblingsfarbe ist:
Sie sind loyal, sachlich, genau und in Bezug auf Ihre Ideale sehr engagiert. Sauberkeit und Reinheit haben in Ihrem Leben einen hohen Stellenwert. Ihren Mitmenschen stehen Sie häufig kritisch gegenüber, aber Sie zeigen das, wenn überhaupt, nur selten. Ihre inneren Überzeugungen teilen Sie nämlich kaum einmal mit anderen, was Sie manchmal etwas einsam macht. Dennoch wissen Sie eine glückliche Beziehung zu schätzen, brauchen aber auch da viel Zeit für sich alleine.

Das Haar im Spiegel der Psychologie

Haare haben die Menschen schon seit Urzeiten fasziniert. Unsere Vorfahren sprachen dem Kopfschmuck nicht nur symbolische, sondern auch magische Bedeutungen zu. So weit gehen die meisten von uns heute nicht mehr, aber dennoch bestätigen zahlreiche Untersuchungen und Umfragen, dass unsere Haare und die Art, wie wir sie tragen, in unserer nonverbalen Kommunikation mit der Außenwelt ebenso wie für unser persönliches Selbstbewusstsein nach wie vor eine große Rolle spielen. So werden zum Beispiel Wendepunkte im Leben – gerade bei uns Frauen – sehr oft auch durch ein Ändern der Frisur markiert. Und so verwundert es nicht, dass sich mittlerweile auch die Wissenschaft im Rahmen der Persönlichkeitspsychologie mit dem Thema Haare beschäftigt.

Die Haarfarben

Rothaarige gelten als aufbrausend, Blonde als kühl, Schwarzhaarige als geheimnisvoll usw. Seit alters her kennt der Volksmund überlieferte Meinungen in Bezug auf die Verbindung von Haarfarbe und Charakter. Alles nur Vorurteile? Anscheinend doch nicht ganz, denn Genetiker, Soziologen und Psychologen haben herausgefunden, dass es tatsächlich einen Zusammenhang zwischen der sich in Haarfarben zeigenden Pigmentierung und dem Temperament gibt. Und »schuld« daran sind mal wieder die Hormone. Genaugenommen Adrenalin, Serotonin und Melanin, deren körpereigene Produktion bei jedem Menschen unterschiedlich stark ausfällt und zu deren Aufgaben, neben der Steuerung von Nerventätigkeit und Stimmung, eben auch die Pigmentbildung in Haut und Haaren zählt. Aber grau ist alle Theorie, finden Sie daher nun heraus, welche unbewussten Signale die verschiedenen Haarfarben tatsächlich aussenden!

Blond

Das Klischee: Blonde Frauen gelten als begehrenswert, aber oftmals auch als kühl und berechnend. Gleichzeitig wird ihnen oft unterstellt, kindlich, unschuldig, naiv und weniger gescheit als Frauen anderer Haarfarben zu sein.

Die Fakten: Die Wahrheit ist, Blondinen sind keinesfalls dumm. Im Gegenteil, Blonde schneiden in Tests oftmals überdurchschnittlich gut in Naturwissenschaften und Mathematik ab. Aber nur 16% aller erwachsenen Frauen haben tatsächlich natur-blonde Haare, wohingegen bei Kindern der Anteil deutlich höher ist. Spätestens mit Eintritt in die Pubertät werden bei den meisten die Haare dunkler. Und so sind es wohl die vielen hellhaarigen Kinder, die zu der unbewussten Fehleinschätzung führten, dass Blondinen generell kindlich und naiv seien. Was wiederum durchaus für die bei Blondinen höchste Scheidungsrate mitverantwortlich sein könnte. Denn wenn die Erwartungshaltung von Partnern eine ganz andere als die Realität ist, kann das auf beiden Seiten zu Enttäuschungen führen.

Und auch die oft beschworene Attraktivität von Blondinen dürfte ebenfalls viel mit der Tatsache, dass helle Haare als Zeichen von Jugendlichkeit gelten, zu tun haben. Biologisch gesehen bedeutet Jugendlichkeit bei Frauen Fruchtbarkeit, und das war schon beim Ur-Mann ein Partnerwahlkriterium. Aber dass Blondinen von Männern generell bevorzugt werden, stimmt nicht, denn das ist letztlich immer sowohl eine persönliche als auch eine vom jeweiligen Zeitgeist abhängige Geschmacksfrage.

Dass Blonde häufig als kühl beschrieben werden, trifft hingegen bis zu einem gewissen Grad tatsächlich zu. Soziologen haben nämlich herausgefunden, dass die Hellhaarigen ihren Emotionen wesentlich weniger ausgeliefert sind als Menschen mit dunkleren Haaren. Die Ursache hierfür, so vermuten die Wissenschaftler, liegt in den Genen. Die Haarfarbe Blond hat sich nämlich vor vielen Jahrtausenden in den kalten Regionen des Nordens entwickelt. Und um dort zu überleben, mussten die Bewohner unbedingt überlegt handeln.

Rot

Das Klischee: Rothaarige Frauen werden gerne als besonders leidenschaftlich, feurig, sinnlich, erotisch und empfindsam beschrieben, aber auch als aufbrausend, nervös, exzentrisch, hexenhaft und »verdorben«.

Die Fakten: Menschen mit echten roten Haaren sind mit nur zwei Prozent Anteil an der Weltbevölkerung extrem selten. Zu verdanken haben diese zwei Prozent ihre Haarfarbe einer Chromosomen-Mutation, die dazu führt, dass sie in Haut, Haaren und Augen statt des dunklen Melanin das wesentlich blassere

Phäomelanin tragen, welches neben der charakteristischen hellen, empfindsamen Haut oftmals auch zu vielen Sommersprossen führt.

Doch was hat es mit dem ganzen Gerede von sünd- und hexenhaft auf sich? Nun, im Mittelalter glaubte man, dass rothaarige Kinder durch eine Empfängnis während der weiblichen Menses gezeugt wurden. Und das galt als unrein. Es ist vielleicht mit ein Grund, warum die biblischen Sünderinnen von Malern häufig als Rothaarige dargestellt wurden. Der Mythos von der rothaarigen Hexe wiederum hat seine Wurzeln in den Abbildungen keltischer Göttinnen, die oft mit roten Haaren dargestellt wurden. Das ist nicht weiter verwunderlich, wenn man bedenkt, dass gerade unter den Kelten die roten Haare am verbreitetsten waren und bei den von ihnen abstammenden Volksgruppen bis heute sind.

Hochinteressant ist, was an der weltberühmten Universität von Harvard festgestellt wurde und was ein paar Klischees bestätigt: Nämlich, dass Rotschöpfe eine niedrigere Reizschwelle haben, häufig sehr unkonventionell sind, oftmals mit Autoritätspersonen wenig anfangen können und sich nur ungern gültigen Normen und Regeln anpassen. Auch sollen sie Studien zufolge zu Eigensinn neigen und bei unbequemen Wahrheiten nur selten ein Blatt vor den Mund nehmen. Und das alles liegt, so Dan Corbett von der Harvard University, an der Tatsache, dass sie weniger Anti-Stress-Hormone als ihre Mitmenschen anderer Haarfarben produzieren.

Schwarz

Das Klischee: Schwarzhaarige Frauen gelten als heißblütige, temperamentvolle, verführerische Vamps, die recht gefährlich und rachsüchtig sein können. Sie werden als starke Persönlichkeiten gesehen, die mystisch, tiefsinnig, klug und geheimnisvoll sind, aber auch melancholisch, düster und etwas unheimlich.

Die Fakten: So geheimnisvoll wie der Ruf der Schwarzhaarigen, sind auch die wenigen uns bekannten Fakten. So scheinen sie tatsächlich spirituell, mystisch und künstlerisch veranlagt zu sein, denn wir wissen, dass alle großen Religionen und Kulturen in den warmen Klimazonen der Erde von Schwarzhaarigen begründet wurden. Statistiken belegen ebenfalls, dass schwarzhaarige Frauen anteilsmäßig die religiösesten unter ihren Geschlechtsgenossinnen sind. Und auch, dass eine überproportional hohe Anzahl von schwarzhaarigen Frauen entweder selbst Künstlerinnen sind oder waren oder als Musen für männliche Kunstschaffende agier(t)en. Auch Selbstzweifel und -kritik scheinen bei ihnen wirklich ausgeprägt zu sein, denn sie begeben sich häufiger in psychotherapeutische Behandlung als die Damen mit anderen Haarfarben. Und die berühmt-berüchtigten Temperamentsausbrüche der dunklen Schönen werden von Persönlichkeitspsychologen ebenso bestätigt, wie eine gehörige Portion Charme und Eigensinnigkeit, Launenhaftigkeit und ein sehr gut ausgeprägtes Gedächtnis. So gesehen, erstaunt es nicht, dass die meisten Männer bei Befragungen angeben, schwarzhaarige Frauen besonders zu bewundern und zu respektieren.

Braun

Das Klischee: Brünetten wird nachgesagt, sie seien ausgeglichen, geduldig, warmherzig, vertrauenswürdig und sehr bindungsfähig, aber auch eher unscheinbar, langweilig und schnell eifersüchtig.

Die Fakten: Genetisch betrachtet sind Braunhaarige Mischlinge. Die Anlagen zweier gegenseitiger, extremer Temperamente werden ausbalanciert, was mäßigend und ausgleichend wirkt. Soziologische Studien bescheinigen ihnen Durchhaltevermögen, Ausdauer und Stressresistenz; alles Eigenschaften, die sich sowohl im Berufsleben, als auch in der Partnerschaft als durchaus förderlich erweisen. Entsprechend groß ist der Anteil, den Brünette bei den Karrierefrauen stellen. Und wenn man den zahlreichen aktuellen Studien Glauben schenkt, dann werden sie auch von einer Mehrheit der Männer als Ehefrauen bevorzugt.

Bei der Charakterentwicklung der Braunhaarigen, so glauben viele Psychologen, spielt letztlich aber auch die Umwelt eine große Rolle. Gerade weil eine Brünette als Kind weniger auffällt als ein Mädchen mit rabenschwarzem, feuerrotem oder goldblondem Haar, lernt sie schon früh, dass es noch andere Möglichkeiten als rein äußerliche Merkmale gibt, um auf sich aufmerksam zu machen. Um Anerkennung zu bekommen, sind Brünette also häufig bestrebt, ihre inneren Qualitäten zu entwickeln. Doch wer sich mehr anstrengen muss als die allein durch ihre Haarpracht auffallende Schwester oder Freundin, dem dürfte eine gewisse Eifersucht tatsächlich auch nicht ganz fremd sein.

Grau/Weiß

Das Klischee: Graues oder auch weißes Haar steht für Weisheit, Lebenserfahrung, Reife, Würde und für das Alter oder zumindest für das Älterwerden.

Die Fakten: In den allermeisten Fällen sind graue Haare das untrügliche Zeichen dafür, dass man nicht ewig jung bleibt; nicht mehr – aber auch nicht weniger. Aber da in unserem Kulturkreis in den letzten Jahrzehnten der Jugendkult übertrieben praktiziert wurde und wird, hat frau oft ein Problem mit ihren grauen Haaren. Doch wenn sie ganz offen dazu steht, kann sie, besonders von ihren Geschlechtsgenossinnen, mit viel Respekt und Zustimmung rechnen.

Gefärbte Haare

Viele Frauen wollen sich nicht mit der ihnen von der Natur mitgegebenen Haarfarbe begnügen, sondern selbst entscheiden, welchen Eindruck sie nicht zuletzt auch durch ihre Haarfarbe ihrer Umwelt vermitteln. Die Haare färbt sich, wer glaubt, eine unscheinbare Naturfarbe zu haben, oder wer den eigenen Typ verändern oder graues Haar abdecken möchte.

Plus: Frauen, die sich die Haare färben, achten auf ihr Äußeres. Sie wissen, was sie wollen und sind bereit, dafür etwas zu tun. Und – eine Haarfarbe, die zum Typ und zum Wesen passt, fördert nachweislich das Selbstbewusstsein.

Minus: Wer eine nicht zu seinem Typ passende Haarfarbe wählt, fühlt sich meist nicht wirklich wohl in seiner Haut. Entsprechend »unecht« wirkt er bzw. sie dann auch auf andere. Außerdem ist das Färben von Haaren mit einem meist nicht unerheblichen Aufwand von Geld und Zeit verbunden.

Die Frisuren

Neben den Haarfarben soll angeblich auch die Art, wie man, besser gesagt »frau« ihre Haare trägt, Rückschlüsse auf den Charakter und die Lebenseinstellung zulassen. Finden Sie heraus, ob da etwas dran ist!

Stirnfrei

Wenn Sie Ihr Haar so tragen, dass Ihre Stirn frei ist, dann lässt das darauf schließen, dass Sie eine Frau sind, die den Menschen und dem Leben gegenüber ausgesprochen offen ist. Sie sind ehrlich, direkt, kontaktfreudig, aufgeschlossen und aktiv. Dank Ihrer dynamischen Persönlichkeit und Ihrer reichlich vorhandenen Energie, können Sie, wenn Sie etwas wirklich wollen und es sich fest vornehmen, sehr viel erreichen. Mit Details allerdings haben Sie es nicht sonderlich. Sie konzentrieren sich lieber auf das Wesentliche. Und ehrlich gesagt, auch Feingefühl und Diplomatie gehören wahrscheinlich nicht gerade zu Ihren Stärken. Doch dafür macht Sie Ihr unerschütterlicher Optimismus, der Ihnen immer weiterhilft und den Sie sich in praktisch allen Lebenslagen erhalten, anderen Menschen sehr sympathisch.

Pony

Wenn Sie, unabhängig von den jeweils gerade vorherrschenden Trends, am liebsten eine Frisur mit Stirnfransen tragen, sind Sie eine sensible und kreative Frau. Sie haben oft ausgezeichnete Ideen, die Sie aber nur mit wenigen Auserwählten teilen, weil es Ihnen nicht leicht fällt, anderen Menschen Vertrauen entgegenzubringen. Außerdem brauchen Sie hin und wieder etwas Zeit, um sich von der Welt zurückzuziehen. Und bestimmt haben Sie auch oft das Bedürfnis, sich von der Außenwelt mit all ihren Anforderungen und der ganzen Hektik abzuschirmen. Im tiefsten Innern sind Sie nämlich schüchtern, was Sie aber meist recht geschickt hinter einer gehörigen Portion Distanziertheit verbergen. Da Sie eine ausgesprochen gut ausgeprägte Intuition haben, wäre es für Sie sehr sinnvoll, auch wirklich auf Ihre innere Stimme zu hören.

Mittelscheitel

Sie sind eine leidenschaftliche, energische, geradlinige, willensstarke und tatkräftige Frau, die an sich selbst hohe Anforderungen stellt. Gut möglich, dass Sie manchmal sogar etwas zum Perfektionismus neigen. Jedenfalls brauchen Sie, um sich wirklich wohlzufühlen, ein harmonisches Umfeld und ein angenehmes Ambiente. Außerdem streben Sie nach persönlicher Ausgeglichenheit und Balance. Und da Sie darüber hinaus großen Wert auf reibungslose Abläufe legen, sind Sie immer bereit, dafür etwas zu tun. Ein bisschen Abwechslung finden Sie sehr gut, aber allzu Aufregendes mögen Sie gar nicht; dafür aber den regen, geistreichen Austausch mit Partner, Freunden und Familie um so mehr. Ihre Mitmenschen schätzen Ihren ausgeprägten Gerechtigkeitssinn, Ihre Verlässlichkeit und Ihre Konsequenz.

Scheitel links

Wenn Sie Ihr Haar bevorzugt links gescheitelt tragen und es somit nach rechts fällt, sind Sie lebhaft, sehr aktiv, schwungvoll, dynamisch, unternehmungslustig und möglicherweise auch sportlich und körperlich bewegungsfreudig. Sie sind großzügig und gesellig, kennen viele Leute und geben sich oft betont locker. Gefühle in Worte zu fassen, fällt Ihnen eher schwer, und daher ziehen Sie es wahrscheinlich vor, sich und Ihre Emotionen nicht allzu häufig zu hinterfragen. Doch das kann dazu führen, dass Sie auf manche Menschen etwas oberflächlich wirken, obwohl hinter Ihrem lässigen Auftreten sich ein oftmals durchaus reiches Innenleben verbirgt. Es wäre bestimmt kein Fehler, die Menschen, die Ihnen wirklich nahestehen, von Zeit zu Zeit daran Anteil nehmen zu lassen.

Scheitel rechts

Ein meist rechts getragener Scheitel mit nach links gekämmten Haaren offenbart, dass Sie eine ausgesprochen tiefsinnige, feinfühlige und empfindsame Frau sind. Sie verstehen es gut, auf andere einzugehen, sind mitfühlend und eine gute Zuhörerin. Die Zweisamkeit mit einem geliebten Partner und Ihre Familie bedeuten Ihnen sehr viel, und Sie sind auch eine wirklich treue Freundin. Größere Gruppen und Gesellschaften liegen Ihnen dahingegen überhaupt nicht. Oft fällt es Ihnen sehr schwer, Entscheidungen zu treffen, und auch schnelles, spontanes Handeln ist Ihre Sache nicht. Dadurch wirken Sie auf andere manchmal ziemlich passiv und unentschlossen. Fakt ist, Sie brauchen eben für vieles einfach meistens etwas mehr Zeit – und genau die sollten Sie sich dann auch nehmen.

Teil 2

Mystik – Die geheime Charakterkunde

Schon unsere weit in die Vergangenheit zurückreichenden Vorfahren interessierten sich für die Charakterkunde. Doch im Gegensatz zu uns lebten sie mit einem von den exakten Wissenschaften der heutigen Zeit noch weitestgehend unberührten Weltbild, das von Mystik und Spiritualität gekennzeichnet war. Auf der Basis überlieferten Wissens, eigener Beobachtungen – besonders der sie umgebenden Natur und der faszinierenden Vorgänge am Himmel – sowie visionärer Erfahrungen und den Erkenntnissen weniger Auserwählter entwickelten sich viele unterschiedliche und ganz eigene Deutungen und Interpretationen. Ob es sich dabei um die Astrologie, die Numerologie oder andere Formen von Typologien handelt, die Befassung damit ist jedenfalls oft enorm aufschlussreich. Auch wenn wir für vieles (noch) keine Erklärung haben: Auf der Suche nach dem eigenen Ich sind diese Methoden ausgesprochen hilfreich. Und daher wollen wir nun gemeinsam in diese spannende und unterhaltsame mystische Welt eintauchen.

Astrologie – Die Weisheit der Sterne

»Wie oben, so unten«, das ist das uralte Prinzip, das der Astrologie, die auch als Königin der Wissenschaften bezeichnet wurde, zugrunde liegt. Astrologie ist also die Lehre von der symbolischen Bedeutung der Himmelskörper für das Geschehen auf der Erde. Abgeleitet aus dem Griechischen, bedeutet *astron* Stern und *logos* so viel wie Geist, Vernunft, Sinn, Lehre.

Bei den Hindus und den Buddhisten ist die Sternenlehre fest in das Glaubenssystem integriert, und darüber hinaus finden sich in praktisch allen Religionen Hinweise auf den kosmischen Plan. Als Beispiel sei hier aus dem Alten Testament der Bibel zitiert:

> *»Und Gott sprach: Es werden Lichter an der Feste des Himmels, die da scheiden Tag und Nacht und geben Zeichen, Zeiten, Tage und Jahre…«*
>
> Erstes Buch Mose, 1. Kapitel, Vers 14

Dennoch ist es wichtig zu verstehen, dass die Astrologie keine Religion ist und daher auch nicht im Widerspruch zu einer steht. Astrologie ist eine spirituelle Wissenschaft, und die Deutung des Horoskops ist eine Kunst.

> *Die Astrologie ist eine Wissenschaft für sich. Aber eine wegweisende. Ich habe viel aus ihr gelernt und vielen Nutzen aus ihr ziehen können. Die physikalischen Erkenntnisse unterstreichen die Macht der Sterne über irdisches Geschick. Die Astrologie aber unterstreicht in gewissem Sinne wiederum die physikalischen Erkenntnisse. Deshalb ist sie eine Art Lebenselixier für die Gesellschaft.*
>
> Albert Einstein

Was Sie über Astrologie wissen sollten

Die Astrologie ist wahrscheinlich so alt wie die Menschheit, denn von Anbeginn ihres Daseins blickten die Menschen hinauf zum Himmel. Durch die Beobachtung der Sonne, des Mondes und der Sterne bemerkten sie, dass die Veränderungen am Firmament Einfluss auf die Geschehnisse auf Erden hatten. Man denke zum Beispiel an den Zusammenhang der Mondphasen mit den Gezeiten. An dieser Stelle ist es wichtig, darauf hinzuweisen, dass die Astrologie und die Astronomie viele Jahrtausende lang aufs engste miteinander verknüpft waren, wobei die Astronomie eher als die kleine und weniger bedeutende Schwester der Astrologie galt. Denn es war und ist nun einmal des Menschen größter Wunsch, die Welt und seine eigene Existenz zu begreifen. Und das führte dazu, dass die Astrologie in praktisch allen Kulturen der Welt praktiziert wurde und wird. Aber kaum ein Wissensgebiet leidet so sehr unter Vorurteilen und Falschinformationen wie gerade die Astrologie.

Aus historischer Sicht finden sich die ersten gesicherten Spuren der Astrologie bereits Tausende Jahre vor Christi Geburt bei den Babyloniern und den Sumerern in Mesopotamien. Zahlreiche Belege für die Ausübung der Astrologie fanden sich auch in den Hochkulturen der Ägypter und der Chinesen, im Judentum, in Indien und bei europäischen Volksstämmen. Doch es waren die Griechen, die etwa 700 bis 400 vor Christi das Horoskop* auf der Basis der zwölf Tierkreiszeichen*, der Dekanate*, der vier Elemente*, der drei Qualitäten*, der zwölf Häuser* und der sieben damals bekannten Planeten* deuteten. Die Römer übernahmen dieses Wissen und verbreiteten es weiter.

Unabhängig davon entwickelten verschiedene Stämme der Ureinwohner Nordamerikas, von den Weißen Indianer genannt, aufgrund ihrer Beobachtungen einen Tierkreis, der in Verbindung mit dem Medizinrad steht, wobei die zwölf sogenannten Tiertotems in ihrer Charakteristik erstaunliche Parallelen zu den bei uns gebräuchlichen zwölf Sternzeichen aufweisen. Aber auch die hochstehenden Völker der Mayas und Azteken in Mittelamerika sowie die indigenen Stämme Südamerikas entwickelten eigene astrologische Systeme. Und gleiches gilt für die Aborigines, die Ureinwohner Australiens, sowie für die vielen schamanistischen Formen der Astrologie in Afrika und anderen Teilen der Welt.

Aufgrund vieler noch heute aufschluss- und lehrreicher Schriften wissen wir auch, dass die Astrologie während des 9. bis 15. Jahrhunderts in der arabisch-persisch-islamischen Welt hoch geschätzt wurde und auch in der jüdischen Mystiklehre Kabbala im Zusammenhang mit der Zahlenmystik eine bedeutende Rolle spielte. Im vom Christentum dominierten Europa des Mittelalters befand sich die Kirche bezüglich der Astrologie in einer zwiespältigen Position. Führende Theologen wie Thomas von Aquin bestätigten den Einfluss der Sterne und befürworteten einen verantwortlichen Umgang mit der Astrologie, in der die Selbstbestimmung des Menschen betont wurde. In den Klöstern studierten die Mönche die Lehre von der Sterndeutung, und Könige, Königinnen, Fürsten und Päpste hatten astrologische Berater. Aber das »gewöhnliche Volk« wurde eher aufgefordert, sich nicht damit zu befassen.

In der Renaissance erlebte die Astrologie dann auch in Europa wieder eine neue Blütezeit. Sie wurde an den Universitäten gelehrt und von so bedeutenden Wissenschaftlern wie Kopernikus und Johannes Keppler gefördert. Und auch in der Neuzeit sowie in der Gegenwart fand und findet die Lehre von den Sternen immer wieder prominente Befürworter, u. a. Arthur Schopenhauer, Johann Wolfgang von Goethe, Henry Miller, Albert Einstein, C. G. Jung, Marlene Dietrich, Gunther Sachs, Nancy Reagan und Francois Mitterand.

* Siehe Stichworte zur Astrologie

Astrologie beruht auf der Annahme, dass die Gesetze, welche den Makrokosmos, also das Universum und die Natur bestimmen, grundsätzlich dieselben sind wie die des Mikrokosmos, also die des Menschen. Auf dieses Analogieprinzip stützt sich der Glaube vieler spiritueller Astrologen, dass ein Mensch genau in dem Moment geboren wird, in dem sich seine Seele im Einklang mit dem Universum befindet. In der modernen, psychologisch beeinflussten Astrologie geht man davon aus, dass der Mensch durch die Zeitqualität, zu der er geboren wurde und die durch das Geburtshoroskop dargestellt wird, geprägt ist. Jetzt, im 21. Jahrhundert nach Christi Geburt, setzen Technik und Wissenschaft beinahe täglich neue Maßstäbe. Und dennoch oder vielleicht gerade deswegen boomt die von manchen immer noch als Pseudo-Wissenschaft belächelte Astrologie.

An dieser Stelle ist es wichtig klarzustellen, dass die in vielen Zeitungen, Zeitschriften, Internetseiten und TV-Shows so beliebten Horoskope normalerweise ausschließlich auf dem Sonnen- oder auch Sternzeichen genannten Geburtsabschnitt des Tierkreiszeichen beruhen. Dadurch werden Menschen in zwölf Gruppen eingeteilt. Im Rahmen einer Typologie ist dies durchaus aufschlussreich, aber es versteht sich von selbst, dass sich nicht die ganze Menschheit in nur zwölf Kategorien erfassen lässt. Diese populäre Form der Sterndeuterei macht Spaß, ist häufig schon durchaus nicht unzutreffend und bietet außerdem einen wunderbaren Einstieg in eine ernsthafte, seriöse Auseinandersetzung mit der Astrologie. Letzteres aber setzt immer ein individuelles Geburtshoroskop voraus.

Das Geburtshoroskop

Was genau ist nun also ein Geburtshoroskop? Es ist zunächst ein grafisches Bild (auch Radix genannt) der Planetenkonstellationen im Tierkreis, wie sie sich zum Zeitpunkt der Geburt vom Geburtsort aus betrachtet, darstellte. Um es von Hand – oder zum Glück heute sehr viel einfacher durch die entsprechende Software am PC – zu erstellen, wird das Geburtsdatum, der Geburtsort und die exakte Geburtszeit des oder der Betreffenden benötigt. Dieses Geburtshoroskop ist dann in zwölf Abschnitte unterteilt, die Häuser oder auch Felder genannt werden und verschiedene Lebensbereiche symbolisieren. Der Anfang also die Spitze des ersten Hauses ist der Aszendent*, einer der wichtigsten Punkte im Horoskop. Durch die Positionen von Sonne, Mond, Planeten, diversen rechnerischen Punkten und deren Verbindungen, Aspekte* genannt, sowie deren Plazierungen in den zwölf Häusern im astrologischen Kreis deuten Astrologen die Anlagen und die charakteristischen Merkmale der betreffenden Person. Allerdings beschreibt dieses Geburtshoroskop nur das Entwicklungspotential eines Menschen. Es soll und kann niemandem die Verantwortung für ein selbstbestimmtes Leben abnehmen.

Zum besseren Verständnis der Deutung eines Geburtshoroskops möchte ich die folgende Analogie empfehlen: Das Geburtsbild symbolisiert das »Schauspiel des Lebens«. Die Planeten* (einschließlich der sogenannten Himmelslichter Sonne und Mond) sind die Darsteller. Die Tierkreiszeichen* stellen die Kostüme zur Verfügung. Die Häuser* sind die Schauplätze, also die Bühnenszenen. Die Aspekte* liefern das Drehbuch. Der Regisseur aber ist und bleibt immer der Mensch. Man muss mit den gegebenen Faktoren agieren, aber was letztlich aus dem Schauspiel wird, entscheidet man selbst.

Die moderne Geburtshoroskopie ist stark von der Psychologie beeinflusst. Besonders der berühmte Schweizer Psychiater, Psychologe und Philosoph Carl Gustav Jung, einer der Pioniere der Tiefenpsychologie, hat mit seiner Theorie von der nicht-kausalen Synchronizität das uralte Wissen – wie oben, so unten – untermauert.

Astrologie ist aber auch eine Lehre, die auf Wahrscheinlichkeiten aufbaut. Die Deutungen orientieren sich daher an den Erfahrungswerten von Generationen von Astrologen und deren Beobachtungen und Auslegungen immer wiederkehrender planetarischer Zyklen.

Wer sich ernsthaft mit der Frage, die dem Titel dieses Buchs, also mit »Wer bin ich« auseinandersetzt, wird die Astrologie oder, besser gesagt, das Geburtshoroskop als außerordentlich effektives Werkzeug, um sich selbst besser zu verstehen, und um schwer verständliche Aspekte der Persönlichkeit zu entdecken und zu deuten, sehr schätzen.

Natürlich kann die Astrologie aber auch als eine Form der Zukunftsdeutung genutzt werden, wobei es hier wichtig ist zu berücksichtigen, dass die Astrologie »nur« Tendenzen und Zeitqualitäten aufzeigt und nicht Unabänderlichkeiten.

Persönlich betrachte ich die Astrologie als eine »Landkarte«, die Gott – das Schöpferwesen – oder, wenn Sie so wollen, auch die im Universum waltenden Kräfte uns zur Verfügung stellen. Diese »Karte« zeigt uns, woher wir kommen und unsere Herausforderungen, Talente und Möglichkeiten, und sie gibt uns die Möglichkeit, unser Lebensziel zu definieren und festzulegen, wohin wir gehen. Wie wir diese Informationen nutzen, ist unsere persönliche Entscheidung, denn schließlich ist uns Menschen ein freier Wille gegeben.

Wichtige Stichworte zur Astrologie

Wenn Sie nun neugierig geworden sind und tiefer in die Materie einsteigen wollen, werden Ihnen die nachfolgenden kurzen, alphabetisch aufgelisteten Erläuterungen zu wichtigen Begriffen der Astrologie helfen, die Astrologie auf

* Siehe Stichworte zur Astrologie

Ihrem Weg zur Selbsterkenntnis zu nutzen. Sie erheben keinen Anspruch auf Vollständigkeit, bieten jedoch einen guten ersten Überblick zum Verständnis der individuellen Horoskopdeutung. Wenn Sie die Grafik Ihres persönlichen Geburtshoroskops in Händen halten – und das kostenlose Erstellen eines solchen ist im Internetzeitalter kein Problem – werden Sie viel Spannendes entdecken.

Allerdings beruht die ausführliche Deutung und Analyse eines Geburtshoroskops auf zahlreichen unterschiedlichen und häufig auch widersprüchlichen Komponenten. Die Kunst der Astrologen besteht also nicht nur in der Interpretation der symbolischen Sprache der Astrologie, sondern auch in der Kombination und Synthese der einzelnen Faktoren zu einem sinnvollen Gesamtbild. Das geschieht durch das untereinander in Bezug setzen des Verhältnisses von Tierkreiszeichen, Planeten, Häusern, Aspekten und rechnerischen Punkten. Computerhoroskope können das nicht, aber Sie liefern Ihnen immerhin die Bausteine.

Um die Astrologie wirklich ernsthaft zu betreiben, benötigt man neben einem fundierten Wissen, Logik und Intuition meist auch jahrelange Praxis. Aber wer weiß, vielleicht entdecken Sie durch die Anregungen hier eine neue Leidenschaft. Es gibt viele gute Bücher und interessante Seminare, die Ihnen dabei weiterhelfen können.

Achsenkreuz: Der Kreis des Horoskops wird durch zwei Hauptachsen (Aszendent/Deszendent und Medium Coeli/Imum Coeli) geteilt. Dadurch entstehen zwei mal zwei Hemisphären und vier Quadranten.

- *Aszendent:* Der Aszendent (AC) ist das zu einem bestimmten Moment im Osten aufgehende Zeichen. Im Geburtshoroskop ist er ein sehr wichtiger Punkt, denn er repräsentiert die *Persona*, also die Maske, die wir der Umwelt zeigen, aber auch die Brille, durch die wir die Welt wahrnehmen. Oftmals verhält sich ein Mensch mehr entsprechend dem Tierkreiszeichen seines Aszendenten als dem seiner Sonne (Sternzeichen).
- *Deszendent:* Der Deszendent (DC) geht zu einem bestimmten Moment im Westen in einem Tierkreiszeichen unter. Er gilt als der Du-Punkt im Horoskop und symbolisiert die Eigenschaften, die wir im Partner und uns nahestehenden Menschen entweder bewusst suchen oder per Projektion erleben.
- *Medium Coeli:* Das Medium Coeli (MC) ist der höchste Punkt im Horoskop. Es symbolisiert die Berufung eines Menschen.
- *Imum Coeli:* Das Imum Coeli (IC) ist der tiefste Punkt im Horoskop. Es steht für die seelischen und familiären Wurzeln eines Menschen.

Aspekte: Die Aspekte sind spezielle Winkelverbindungen zwischen Planeten oder zwischen einem Planeten und einem der rechnerischen oder Hauptachsenpunkte. Sie repräsentieren die Verbindung unterschiedlicher Energien sowie die Dynamik und die Intensität verschiedener Erfahrungen. Bei der Aspektfindung wird ein Spielraum, genannt *Orbis*, berücksichtigt. Man unterscheidet zwischen den stets benutzten Hauptaspekten (siehe Auflistung) und den weniger gebräuchlichen Nebenaspekten.

- ***Konjunktion*** = +/- 0°, gilt als der am stärksten wirksame Aspekt und kann je nach den beteiligten Planeten günstig oder schwierig sein.
- ***Sextil*** = +/- 60°, gilt als günstig.
- ***Quadrat*** = +/- 90°, gilt als zu überwindender Spannungsaspekt.
- ***Trigon*** = +/- 120°, gilt als glückbringend und harmonisch.
- ***Opposition*** = +/- 180°, gilt als zu bewältigende Herausforderung.

Asteroiden: In den letzten zwanzig Jahren wurden vor allem die vier großen Asteroiden Ceres, Juno, Vesta und Pallas aus dem Asteroidengürtel, der sich zwischen der Mars- und der Jupiterbahn bewegt, verstärkt in die Interpretation des Geburtshoroskops mit eingebunden. Sie gelten als Symbole für weibliche Eigenschaften.

- *Ceres:* Ernährung, Fruchtbarkeit, Fürsorglichkeit, Mütterlichkeit, Kontrollbedürfnis, Loslassen.
- *Juno:* Beziehungen, Ideale, Prinzipien.
- *Vesta:* Freiheit, Individualismus, Ökologie, Regenerationsfähigkeit, Sexualität.
- *Pallas:* Erfolg, aber auch die Angst davor; Frauenfeindlichkeit (auch unter Frauen), Kreativität, Mut.

Dekanate: Die astrologische Unterteilung der 30 Grad eines jeden Tierkreiszeichens in drei Unterabschnitte = Dekanate zu je 10 Grad.

Das erste Dekanat symbolisiert den Körper, das zweite die Gefühlswelt und das dritte den Geist.

Elemente: Eine wichtige Unterteilung des Tierkreises findet durch die vier Elemente, Feuer, Erde, Luft und Wasser, statt. Sie stellen Grundformen von Energie, Temperament und Bewusstsein dar.

- ***Feuerdreieck:*** Widder, Löwe, Schütze

Eigenschaften: Aggression, Aktion, Ausstrahlung, Enthusiasmus, Inspiration, Kreativität, Lebensfreude.

- ***Erddreieck:*** Stier, Jungfrau, Steinbock

Eigenschaften: Ausdauer, Naturverbundenheit, Sicherheitsstreben, Produktivität, Praktische Veranlagung, Realitätssinn, Stabilität.

- ***Luftdreieck:*** Zwillinge, Waage, Wassermann

Eigenschaften: Abstraktionsvermögen, Denken, Intelligenz, Kommunikation, Kompromissfähigkeit, Lernfähigkeit, Reflexion.

- *Wasserdreieck:* Krebs, Skorpion, Fische

Eigenschaften: Anhänglichkeit, Emotionalität, Empfindsamkeit, Fantasie, Intuition, Passivität, Spiritualität.

Geburtsgebieter: Hierbei handelt es sich um den Planeten, der natürlicher Herrscher des Tierkreiszeichen des Aszendenten im Geburtshoroskop ist. Man geht davon aus, dass seine Position in Haus und Zeichen große Aussagekraft hat.

Häuser: Als Häuser oder Felder bezeichnet man in der Astrologie die 12 Abschnitte im Radix (Horoskopbild), die für die unterschiedlichen Lebensbereiche stehen. Da es verschiedene Häusersysteme gibt, können die Felder sowohl gleich groß als auch unterschiedlich groß sein. Am gebräuchlichsten sind das *Placidus*- und das *Koch*-System. Die Bedeutung der einzelnen Häuser ist festgelegt und bei allen Systemen gleich. Jedes Haus findet seine Entsprechung in den Elementen, den Qualitäten, den Tierkreiszeichen und in den Planeten.

Um die individuellen Hauspositionen einer Person festzulegen, benötigt man die exakte Geburtszeit. Die Merkmale des jeweiligen Tierkreiszeichens an der Spitze des Hauses prägen den entsprechenden Lebensbereich.

- *1. Haus:* Auftreten, Erscheinung, Ichverständnis, Selbstbild.
- *2. Haus:* Besitz, Geld, Natur, Talente, Verdienste, Werte.
- *3. Haus:* Kommunikation, Kontakte, Lernen, Persönliches Umfeld.
- *4. Haus:* Die seelischen und familiären Wurzeln, das Zuhause.
- *5. Haus:* Kinder, Kreativität, Romanzen, Spaß.
- *6. Haus:* Alltag, Arbeit, Gesundheit.
- *7. Haus:* Beziehungen, Ehe, geschäftliche Partnerschaften.
- *8. Haus:* Leidenschaften, Macht, Sexualität, Transformation.
- *9. Haus:* Ausland, Höhere Ausbildung, Horizonterweiterung, Reisen.
- *10. Haus:* Ambitionen, Ansehen, Berufung, Karriere.
- *11. Haus:* Freunde, Gruppen, Hoffnungen, Organisationen, Wünsche.
- *12. Haus:* Einschränkung, Heimlichkeiten, Mystik, Unterbewusstsein.

Herrschersystem: Jeder Planet ist der Herrscher eines Tierkreiszeichens. Wenn also z. B. die Venus im Horoskop im Zeichen Schütze steht, dann beeinflusst Jupiter, als natürlicher Herrscher des Zeichens Schütze, durch seine Haus- und Zeichenposition die Ausdruckskraft und Wirkungsweise der Venus mit. Besonders bei einem unbesetzten Haus ohne Planeten spielt der Herrscher des

Zeichens an der Spitze eine wichtige Rolle. Er wird Dispositor genannt und ist der Herrscher des Hauses.

Horoskop: Dieser Begriff setzt sich aus den griechischen Wörtern *Hora = Stunde, Zeit* und *Skopein = blicken, schauen* zusammen. Man kann es also als »Beobachtung der Zeit« oder »Stundenschau« übersetzen. Gemeint ist damit üblicherweise die Horoskopzeichnung, die auch Radix genannt wird. Das Horoskop ist die grafische Darstellung des Geburtsbildes eines Menschen oder eines Ereignisses und bildet die Grundlage aller weiteren Deutungen. Viele Menschen kennen den Begriff Horoskop jedoch ausschließlich aus der Unterhaltungsastrologie der 12 Sternzeichen.

Partnerschaftsastrologie: Hierbei werden die Horoskope zweier Menschen in Beziehung zueinander gesetzt. Neben der Betrachtung der einzelnen Geburtshoroskope und der darin enthaltenen Hinweise über das individuelle Partnerbild und Partnerschaftsverhalten, gibt es verschiedene andere Möglichkeiten der spezifischen Partnerschaftsastrologie.

- *Synastrie:* Es handelt sich hierbei um den Vergleich zweier Horoskope durch Übereinanderlegung. Man kann daraus ersehen, welche Wechselwirkungen zwischen den Gefühlen beider Personen bestehen und wie die Partner im Zusammenleben aufeinander reagieren.
- *Komposit:* Beim Komposit (auch Composit) handelt es sich um eine Beziehungsanalyse. Aus den beiden Einzelhoroskopen werden die Halbsummen aus den Positionen und Planetenständen berechnet. Das Resultat ist ein neues, eigenständiges Horoskop, welches die charakteristischen Eigenschaften dieser Beziehung widerspiegelt.
- *Kombin:* Das Kombin (auch Combin) wird etwas anders als das Komposit berechnet, erlaubt aber ebenfalls Aussagen über die Qualität und die Hauptthemen in einer Beziehung.

Planeten: Die Planeten repräsentieren die Kräfte, die auf den Horoskopeigner wirken. Sie beschreiben unterschiedliche Facetten des Charakters und des Wesens. Durch ihre Stellung in den Tierkreiszeichen erhalten sie bestimmte Eigenschaften. In der Astrologie werden die beiden großen Himmelslichter Sonne und Mond als den Planeten zugehörig gedeutet. Abhängig von dem Tierkreiszeichen, in dem ein Planet sich befindet, kann er entweder im Domizil (sehr stark), in Erhöhung (stark), im Fall (geschwächt) oder im Exil (schwach) zur Geltung kommen.

- *Sonne:* Ego, Geist, Lebenswille, Lebensziel, Selbstverwirklichung, väterliche Funktion, Stolz, Vitalität, Wesenskern.

- *Mond:* Beeinflussbarkeit, Geborgenheit, Gefühlsleben, Gemüt, Hingabe, Mütterlichkeit, Seele, Vertrauen.
- *Merkur:* Auffassungsgabe, Ausdruck, Intellekt, Kommunikation, Lernfähigkeit, Nervosität, Sprache, Verstand, Wissbegierde.
- *Venus:* Ästhetik, Erotik, Harmoniebedürfnis, Kultur, Kunst, Liebe, Werte, Zuneigung.
- *Mars:* Aggression, Durchsetzungsvermögen, Energie, Kampf, Selbstbehauptung, Sexualität, Triebe, Wille.
- *Jupiter:* Erkenntnis, Erweiterung, Gerechtigkeit, Glaube, Glück, Optimismus, Philosophie, Reichtum, Übertreibungen, Weisheit.
- *Saturn:* Ängste, Disziplin, Einschränkung, Erfahrung, Pflichtgefühl, Reife, Systematik, Sicherheit, Tradition, Verantwortung.
- *Uranus:* Erneuerung, Freiheitsstreben, Individualität, Originalität, Reformen, Technologie, Toleranz, Umbruch, Unabhängigkeit.
- *Neptun:* Auflösung, Fantasie, Flucht, Illusion, Intuition, künstlerisches Vermögen, Spiritualität, Träume, Übersinnliches.
- *Pluto:* Kollektiv, Krise, Macht, Magie, Ohnmacht, Regeneration, Rücksichtslosigkeit, Transformation, Unterbewusstsein.
- **Chiron:** Ein Planetoid, der 1977 entdeckt wurde und sich in der Astrologie zunehmend größerer Beliebtheit erfreut. Er bewegt sich auf einer Umlaufbahn zwischen Saturn und Uranus und gilt als Vermittler zwischen Vergangenheit und Zukunft. Mythologisch war er der Lehrer des Herkules, ein weiser, unsterblicher Zentaur mit einer unheilbaren Wunde. Er symbolisiert den verletzten Heiler und zeigt durch seine Position im *Radix* (also im Geburtshoroskop) die größte Wunde des Horoskopeigners an. Diese Verletzung beinhaltet aber gleichzeitig auch die große Chance, anderen mit ähnlich gelagerten Problemen zu helfen und sich indirekt so selbst zu »heilen«.

Polarität: Die zwölf Tierkreiszeichen werden in zwei Gruppen unterteilt. Widder, Zwillinge, Löwe, Waage, Schütze und Wassermann sind aktive, männliche, positive, elektrische und extravertierte Zeichen. Stier, Krebs, Jungfrau, Skorpion, Steinbock und Fische sind passive, weibliche, negative, magnetische und introvertierte Zeichen. Diese Eigenschaften stellen keine Wertung dar, sondern sind ausschließlich als Polarität zu verstehen.

Qualitäten: Unter Qualitäten versteht man die Teilung des Tierkreises in die drei Kategorien Kardinal, Fix (auch fest genannt) und Beweglich (auch flexibel genannt), die Aussagen über den Menschen in Bezug zu seiner Umwelt erlauben.

- *Kardinalzeichen:* Widder, Krebs, Waage, Steinbock

Eigenschaften: Initiative ergreifend, Durchsetzungsvermögen, Führungsqualitäten, Hast, Unruhe.

- *Fixe Zeichen:* Stier, Löwe, Skorpion, Wassermann

Eigenschaften: In sich ruhend, Geduld, Konzentration, Sturheit, Unbeweglichkeit.

- *Bewegliche Zeichen:* Zwillinge, Jungfrau, Schütze, Fische

Eigenschaften: Anpassungsfähigkeit, Labilität, Nervosität, Toleranz, Vielseitigkeit, Weltoffenheit.

Rückläufigkeit: Von der Erde aus gesehen erscheint es, als ob die Planeten Merkur, Venus, Mars, Jupiter, Saturn, Uranus, Neptun und Pluto in regelmäßigen Abständen rückwärts laufen würden. Im Horoskop wird ein Planet, der zur Geburtszeit des Horoskopeigners diese scheinbare Rückläufigkeit aufwies, mit »R« bezeichnet. Die Planeten Jupiter bis Pluto repräsentieren die kollektiven Strömungen und wirken auf der persönlichen Ebene daher meist nur schwach. Merkur, Venus und Mars gelten als persönliche Planeten. Wenn sie zum Zeitpunkt der Geburt rückläufig waren, geht man bei der Deutung davon aus, dass die Wirkung ihrer Ausdruckskraft zunächst mehr nach innen statt nach außen gerichtet ist. Die gezielte Auseinandersetzung mit dem angesprochenen Thema ist für den Menschen anfänglich oft mit Schwierigkeiten verbunden. Doch wer bereit ist, an der eigenen Entwicklung zu arbeiten, wird gerade in diesem Bereich später oft zu einem Experten.

Sensitive Punkte: Rechnerische Punkte im Horoskop, dazu gehören zum einen die sogenannten arabischen Punkte, aber im weiteren Sinne auch AC und DC, MC und IC, Lilith und die beiden Mondknoten.

- *Mondknoten:* Diese beiden sich gegenüber liegenden Punkte bilden eine Achse, an denen die scheinbare Umlaufbahn des Mondes um die Erde und die scheinbare Umlaufbahn der Sonne sich kreuzen.

  Der aufsteigende oder auch nördliche Mondknoten und der absteigende oder auch südliche Mondknoten symbolisieren den Pfad der Seele des Menschen durch dieses Leben. Der Nordknoten steht für die Ziele und Qualitäten, die man entwickeln soll. Er zeigt Entwicklungswege und neue Aufgaben an. Der Südknoten steht für alte und vertraute Gewohnheiten und Verhaltensmuster. Viele Astrologen, die an die Reinkarnation (also an die Wiedergeburt) glauben, sind Verfechter der Theorie, dass die Mondknotenachse die karmische Komponente im Horoskop symbolisiert. Wobei der absteigende Mondknoten für das Karma vergangener Leben steht, und der aufsteigende Mondknoten neue karmische Chancen und Herausforderungen symbolisiert.

- *Lilith:* Dieser rechnerische Punkt wird auch der »Schwarze Mond« genannt. Lilith war laut uralten Mythen Adams erste Frau, die sich weigerte, sich ihm zu unterwerfen. Sie verkörpert die dunkle Seite der Erotik und der Weiblichkeit. In der zweiten Hälfte des 20. Jahrhunderts wuchs durch die Frauenbewegung bei vielen Astrologen und vor allem Astrologinnen das Interesse an der Interpretation Liliths im Horoskop. Der schwarze Mond symbolisiert die verdrängten Schattenseiten der Persönlichkeit, Entbehrungen, Opfer und Forderungen, aber auch die Selbsterkenntnis. Im Horoskop eines Mannes soll ihre Position auch Aufschluss darüber geben, welche Art von Frauen ihm Angst machen.
- *Glückspunkt:* Der am häufigsten verwendete arabische Punkt im Horoskop wird auch »Pars Fortuna« genannt. Seine Position im Horoskop gibt Auskunft über den Schlüssel zu Zufriedenheit und Glück, da er anzeigt, wo und wie man Lebensziel, Gefühlswelt und die Berührung mit der Außenwelt harmonisch verbinden kann.

Tierkreis: Der Tierkreis (360°), auch Zodiak genannt, verbindet in zwölf gleichen Abschnitten die Sternzeichen in Form eines um die Erde gedachten Bandes (Ekliptik). Aus der geozentrischen Perspektive (die Erde also als Mittelpunkt gesehen) entspricht diese Bahn der scheinbaren Umlaufbahn der Sonne.

Tierkreiszeichen: Die zwölf Tierkreiszeichen, häufig auch Sternzeichen genannt, versinnbildlichen den gesamten Zyklus menschlicher Erfahrungen. Jedes Zeichen verkörpert bestimmte Verhaltensweisen und Prinzipien. Da in einem Geburtshoroskop alle Zeichen vertreten sind, hat jeder Mensch das Potential aller Zeichen in sich. Je nach Besetzung des Geburtsbildes dominieren jedoch normalerweise bestimmte Zeichen.

- *Widder:* Das erste der zwölf Zeichen verkörpert die Dynamik des Aufbruchs, den Pioniergeist.
- *Stier:* Das zweite Zeichen im Tierkreis versinnbildlicht den Wunsch nach Sicherheit.
- *Zwillinge:* Das dritte Zeichen symbolisiert die Kontaktaufnahme und die Kommunikation mit der Umwelt.
- *Krebs:* Das vierte Zeichen verkörpert die Hinwendung zu Heim und Familie.
- *Löwe:* Das fünfte Zeichen repräsentiert die uneingeschränkte Selbstverwirklichung.
- *Jungfrau:* Das sechste Zeichen steht für das Prinzip der Vorsorge.
- *Waage:* Das siebte Zeichen versinnbildlicht das Streben nach Harmonie.
- *Skorpion:* Das achte Zeichen steht für den Prozess der Regeneration und Transformation.

- *Schütze:* Das neunte Zeichen symbolisiert die Suche nach einer höheren Wahrheit und die Expansion.
- *Steinbock:* Das zehnte Zeichen steht für Struktur, Leistung, Ordnung und Disziplin.
- *Wassermann:* Das elfte Zeichen verkörpert die Individualität und die nonkonformistische Originalität.
- *Fische:* Das zwölfte und letzte Zeichen steht für die Auflösung und die Spiritualität.

Die zwölf Tierkreiszeichen

Sie wissen nun, dass ein detailliertes Geburtshoroskop natürlich weitaus mehr über einen Menschen aussagt, als das Tierkreiszeichen alleine es kann. Aber trotzdem ist die Beschäftigung mit Ihrem »Sternzeichen« in den nachfolgenden Charakterisierungen und Analogien interessant, aufschlussreich und der perfekte Einstieg für die Beschäftigung mit der Astrologie.

Widder *(21. März - 20. April)*

Widder-Menschen sind mutige Pioniere. Sie lieben Herausforderungen und haben unglaublich viel Energie und Einfallsreichtum. Allerdings neigen sie dazu, sich und ihre Kräfte manchmal zu überschätzen. Obwohl sie sehr intelligent sind, strahlen sie auch eine gewisse Naivität und Unschuld aus. Deswegen verzeiht man ihnen meist ihr manchmal aufbrausendes Wesen und ihre Ichbezogenheit.

Motto:	*Ich bin!*
Stärke:	*Energie*
Schwäche:	*Ungeduld*
+ Eigenschaften:	*tatkräftig, mutig, kreativ*
- Eigenschaften:	*ungeduldig, voreilig, reizbar*
Liebe:	*leidenschaftlich, feurig*
Farbe:	*Rot*
Wochentag:	*Dienstag*
Jahreszeit:	*Frühlingsanfang*
Körperteile:	*Kopf, Zähne*
Glückssteine:	*Diamant, Rubin, Amethyst, Jaspis, Karneol*
Metall:	*Eisen*
Blumen:	*Rose, Klatschmohn*
Bäume:	*Akazie, Fichte, Zypresse*
Tiere:	*Widder, Panther, Jagdhund, Falke, Habicht, Bussard*

Märchen:	*Der Königssohn, der sich vor nichts fürchtet*
Gemüse:	*Paprika, Peperoni, Rettich, Knoblauch*
Obst:	*Stachelbeere*
Gewürze:	*Pfeffer, Curry*
Hobbys:	*Rhythmische Musik, Bildhauerei, Flippern*
Sportarten:	*Kampfsportarten, Autorennen, Gymnastik*
Planet:	*Mars*
Element:	*Feuer*
Qualität:	*Kardinal*
Polarität:	*Aktiv*

Stier *(21.04. - 20.05.)*

Stiere sind naturverbunden, realistisch und beharrlich. Um sich wohlzufühlen, benötigen sie eine solide Basis in ihrem Leben. Sicherheit in allen Bereichen, in der Liebe, im Job und bei den Finanzen, ist für sie enorm wichtig. Manchmal reizen sie ihre Mitmenschen durch ihre Rechthaberei und ihre phlegmatische Art, doch dafür kann man sich auf sie in allen Lebenslagen fast immer hundertprozentig verlassen.

Motto:	*Ich habe!*
Stärke:	*Stabilität*
Schwäche:	*Sturheit*
+ Eigenschaften:	*praktisch, gründlich, ausdauernd*
- Eigenschaften:	*träge, halsstarrig, materialistisch*
Liebe:	*sinnlich, treu*
Farben:	*Braun, Orange, Grün*
Zahlen:	*2, 4 und 6*
Wochentag:	*Freitag*
Jahreszeit:	*Frühling*
Körperteil:	*Hals, Nacken*
Glückssteine:	*Smaragd, grüner Turmalin, Rosenquarz*
Metall:	*Kupfer*
Blumen:	*Maiglöckchen, Dahlie, Hortensie*
Bäume:	*Eiche, Linde, Apfelbaum*
Tiere:	*Rind, Hund, Taube, Auerhahn, Marienkäfer, Maikäfer*
Märchen:	*Von dem Fischer und seiner Frau*
Gemüse:	*Kartoffel, Blumenkohl, Rosenkohl, rote Rübe*
Obst:	*Apfel, Birne, Erdbeere, Pflaume, Feige*
Gewürze:	*Zimt, Salbei*

Hobbys:	*Malen, Musizieren, Gesang, Sammeln*
Sportarten:	*Fußball, Gewichtheben, Kugelstoßen, Kegeln*
Planet:	*Venus*
Element:	*Erde*
Qualität:	*Fix*
Polarität:	*Passiv*

Zwillinge *(22.05. - 21.06.)*

Zwillinge möchten alles wissen, alles verstehen und unbedingt alles besprechen. Kommunikation in all ihren Formen ist ihr Lebenselixier. Es ist typisch für sie, dass sie mehrere Dinge zugleich tun. Sie brauchen viel Abwechslung, sind tolerant und stellen sich rasch auf neue Situationen ein. Doch können sie auch recht oberflächlich sowie etwas unzuverlässig und unbeständig sein.

Motto:	*Ich denke!*
Stärke:	*Intellekt*
Schwäche:	*Nervosität*
+ Eigenschaften:	*kontaktfreudig, flexibel, sprachgewandt*
- Eigenschaften:	*rastlos, zerstreut, nervös*
Liebe:	*charmant, einfallsreich*
Farben:	*Gelb, Himmelblau, Hellgrau*
Zahlen:	*3, 5 und 9*
Wochentag:	*Mittwoch*
Jahreszeit:	*Später Frühling*
Körperteile:	*Lungen, Schultern, Arme, Hände*
Glückssteine:	*Goldtopas, Citrin, Tigerauge, Achat, Bernstein*
Metall:	*Quecksilber, Zinn*
Blumen:	*Margeriten, Orchideen*
Bäume:	*Ahorn, Birke, Pappel*
Tiere:	*Amsel, Nachtigall, Lerche, Affe, Fuchs*
Märchen:	*Das tapfere Schneiderlein*
Gemüse:	*Karotten*
Obst:	*Johannisbeeren*
Gewürze:	*Petersilie, Dill, Majoran*
Hobbys:	*Lesen, Fotografieren*
Sportarten:	*Tennis, Radfahren, Handball, Turnen*
Planet:	*Merkur*
Element:	*Luft*
Qualität:	*Veränderlich*
Polarität:	*Aktiv*

Krebs (22.06. - 22.07.)

Krebse brauchen viel Geborgenheit. Sie sind gefühlvoll, häuslich und anschmiegsam. Partnerschaft, Familie und Heim stehen bei ihnen an erster Stelle. Um ihre Lieben tatkräftig zu beschützen, werden sie, falls nötig, auch ihre Passivität überwinden. Wenn sie sich verletzt fühlen, können sie sehr beleidigt reagieren. Und manchmal stoßen sie andere durch ihre Launenhaftigkeit und Erregbarkeit vor den Kopf.

Motto:	*Ich fühle!*
Stärke:	*Einfühlungsvermögen*
Schwäche:	*Pessimismus*
+ Eigenschaften:	*menschlich, hilfsbereit, fantasievoll*
- Eigenschaften:	*grüblerisch, empfindlich, eifersüchtig*
Liebe:	*romantisch, liebevoll*
Farben:	*Silber, Violett, Grünblau*
Zahlen:	*3, 4 und 7*
Wochentag:	*Montag*
Jahreszeit:	*Sommer*
Körperteile:	*Magen*
Glückssteine:	*Jade, Aventurin, Perlen, Mondstein*
Metall:	*Silber*
Blumen:	*Seerose, Veilchen, Vergissmeinnicht*
Bäume:	*Ölbaum, Birnbaum, Pflaumenbaum*
Tiere:	*Kaninchen, Meerschweinchen, Biber, Seehund*
Märchen:	*Der süße Brei*
Gemüse:	*Salat, Gurke, Tomate, Pilze*
Obst:	*Melone, Pflaume, Birne*
Gewürze:	*Beifuß, Vanille*
Hobbys:	*Handarbeiten, Kochen, Modellieren*
Sportarten:	*Segeln*
Planet:	*Mond*
Element:	*Wasser*
Qualität:	*Kardinal*
Polarität:	*Passiv*

Löwe (23. 07. - 23-08.)

Die königlichen Löwen sind geborene Anführer. Sie sind großzügig, zuversichtlich und haben meist viel Selbstvertrauen. Wenn man ihnen die ihrer Meinung nach gebührende Anerkennung zollt, können sie sehr viel Charme an den Tag legen. Glänzende Auftritte schätzen sie ebenso wie das Gefühl, im

Mittelpunkt zu stehen. Doch haben sie auch einen Hang zu Bequemlichkeit, übertriebenem Ehrgeiz und Arroganz.

Motto:	*Ich handle!*
Stärke:	*Selbstbewusstsein*
Schwäche:	*Leichtsinn*
+ Eigenschaften:	*optimistisch, unerschrocken, warmherzig*
- Eigenschaften:	*selbstherrlich, prahlerisch, hemmungslos*
Liebe:	*zärtlich, loyal*
Farben:	*Gold, Goldgelb, Weiß*
Zahlen:	*5, 8 und 9*
Wochentag:	*Sonntag*
Jahreszeit:	*Hochsommer*
Körperteile:	*Herz, Kreislauf*
Glückssteine:	*Heliotrop, Bergkristall, Topas, Chrysopras*
Metall:	*Gold*
Blumen:	*Sonnenblume, Löwenzahn, Feuerlilie*
Bäume:	*Palme, Platane*
Tiere:	*Löwe, Dogge, Hahn, Katze, Barrakuda*
Märchen:	*Der stolze König*
Gemüse:	*Artischocken*
Obst:	*Orange, Zitrone, Kokosnuss*
Gewürze:	*Lorbeerblätter, Safran, Rosmarin, Basilikum*
Hobbys:	*Theater, Konzerte, Spielen*
Sportarten:	*Golf*
Planet:	*Sonne*
Element:	*Feuer*
Qualität:	*Fix*
Polarität:	*Passiv*

Jungfrau *(24.08. - 23.09.)*

Jungfrauen sind analytisch, fleißig und genau. Sie sind sich und anderen gegenüber stets kritisch eingestellt und machen sich gerne nützlich. Ordnung ist für sie enorm wichtig. Sie haben ein gutes Gedächtnis und gehen bei der Arbeit systematisch vor. Ihre spitze Zunge und ihre Nörgeleien können ihren Mitmenschen das Leben manchmal allerdings recht schwer machen.

Motto:	*Ich beobachte!/ Ich analysiere!*
Stärke:	*Zuverlässigkeit*
Schwäche:	*Kleinlichkeit*

+ Eigenschaften:	*vernünftig, sorgfältig, überlegt*
- Eigenschaften:	*spröde, misstrauisch, gehemmt*
Liebe:	*verlässlich, ernsthaft*
Farben:	*Beige, Hellbraun*
Zahlen:	*3, 5 und 6*
Wochentag:	*Mittwoch*
Jahreszeit:	*Spätsommer*
Körperteile:	*Verdauungssystem*
Glückssteine:	*Rauchquarz, grüner Achat, Topas, Tigerauge*
Metall:	*Messing, Zinn*
Blumen:	*Aster, Nelke*
Bäume:	*Eberesche*
Tiere:	*Ameise, Käfer, Maultier, Gans, Schäferhund*
Märchen:	*Die Prinzessin auf der Erbse*
Gemüse:	*Bohnen, Erbsen*
Obst:	*Brombeere, Mirabelle*
Gewürze:	*Kümmel, Fenchel, Gewürznelke*
Hobbys:	*Briefmarken sammeln, Heimwerken, Nähen*
Sportarten:	*Jogging, Skilanglauf, Dressurreiten*
Planet:	*Merkur*
Element:	*Erde*
Qualität:	*Veränderlich*
Polarität:	*Passiv*

Waage *(24.09. - 23.10)*

Waage-Geborene sind Diplomaten, die sich Frieden und Harmonie wünschen und fair und gerecht sind. Sie schätzen die Gesellschaft anderer Menschen und alles, was schön, elegant und stilvoll ist. Sie sind häufig unentschlossen und sagen nicht gerne nein. Dadurch wecken sie jedoch bei anderen manchmal falsche Hoffnungen.

Motto:	*Ich wäge ab!/ Ich gleiche aus!*
Stärke:	*Freundlichkeit*
Schwäche:	*Entschlusslosigkeit*
+ Eigenschaften:	*charmant, aufgeschlossen, kultiviert*
- Eigenschaften:	*eitel, flüchtig, eigensinnig*
Liebe:	*romantisch, harmoniebedürftig*
Farben:	*Blau, Blaugrau*
Zahlen:	*6, 7 und 9*
Wochentag:	*Freitag*

Jahreszeit:	*Herbstbeginn*
Körperteile:	*Nieren, Blase*
Glückssteine:	*Sodalith, Jade, Rosenquarz*
Metall:	*Kupfer*
Blumen:	*Lilie, Azalee*
Bäume:	*Magnolie, Mandelbaum*
Tiere:	*Pfau, Flamingo, Schwalbe, Reh, Gazelle*
Märchen:	*Allerleirauh*
Gemüse:	*Brokkoli*
Obst:	*Kirschen, Aprikosen, Pfirsiche*
Gewürze:	*Liebstöckel*
Hobbys:	*Mode, Dekoration, Kunst*
Sportarten:	*Eiskunstlauf, Tanzen, Fechten, Ballett*
Planet:	*Venus*
Element:	*Luft*
Qualität:	*Kardinal*
Polarität:	*Aktiv*

Skorpion *(23.10. - 22.11.)*

Die mystischen, individuellen Skorpione sind eigenwillige, tiefgründige Charaktere. Gefühle leben sie intensiv aus. Ausgestattet mit detektivischem Spürsinn, erforschen sie die verborgenen Motive ihrer Umwelt. Sie können recht angriffslustig sein, und ein ihnen angetanes Unrecht verzeihen sie selten – vergessen werden sie es nie.

Motto:	*Ich transformiere!*
Stärke:	*Regenerationsfähigkeit*
Schwäche:	*Fanatismus*
+ Eigenschaften:	*durchsetzungsfähig, feinfühlig, idealistisch*
- Eigenschaften	*nachtragend, besitzergreifend, aggressiv*
Liebe:	*erotisch, leidenschaftlich*
Farben:	*Schwarz, Blutrot, Giftgrün*
Zahlen:	*2, 4 und 8*
Wochentag:	*Dienstag*
Jahreszeit:	*Herbst*
Körperteile:	*Geschlechtsorgane*
Glückssteine:	*Granat, Hämatit, Opal, Onyx*
Metall:	*Platin, Eisen*
Blumen:	*Herbstzeitlose, Mohn, Orchidee*
Bäume:	*Eibe, Thuja, Feigenbaum*

Tiere:	*Skorpion, Schlange, Adler, Wolf, Fledermaus*
Märchen:	*Die Nachtigall*
Gemüse:	*Radieschen, Lauch, Zwiebel*
Obst:	*Heidelbeere, Feige*
Gewürze:	*Meerrettich, Brunnenkresse*
Hobbys:	*Krimis, Esoterik, Psychologie*
Sportarten:	*Kampfsportarten, Marathonlauf*
Planet:	*Pluto und Mars*
Element:	*Wasser*
Qualität:	*Fix*
Polarität:	*Passiv*

Schütze *(23.11. - 21.12.)*

Schützen sind reisefreudige, unabhängige Optimisten. Ihr Drang nach Freiheit und Erkenntnis ist sehr groß. Sie lieben das Abenteuer und sind immer auf der Suche nach neuen Horizonten. Ihre Wahrheitsliebe führt häufig zu einer schonungslosen Offenheit. Manchmal lernen sie erst durch bittere Erfahrungen, nicht immer alles auszuplaudern. Takt gehört keinesfalls zu ihren Stärken.

Motto:	*Ich begreife!*
Stärke:	*Weitblick*
Schwäche:	*Taktlosigkeit*
+ Eigenschaften:	*unternehmungslustig, philosophisch, aktiv*
- Eigenschaften:	*überheblich, selbstbezogen, vorlaut*
Liebe:	*gefällig, flirtiv*
Farben:	*Violett, Tiefblau, Purpur*
Zahlen:	*5, 7 und 9*
Wochentag:	*Donnerstag*
Jahreszeit:	*Spätherbst*
Körperteile:	*Hüften, Schenkel*
Glückssteine:	*Lapislazuli, Saphir, Beryll*
Metall:	*Bronze, Zinn*
Blumen:	*Lavendel, Gladiole, Pfingstrose*
Bäume:	*Kastanie, Eiche, Buche, Esche*
Tiere:	*Pferd, Hirsch, Elefant, Storch, Delfin*
Märchen:	*Die Verheißung wird sich erfüllen*
Gemüse:	*Mais, Aubergine*
Obst:	*Weintraube, Ananas, Pfirsich*
Gewürze:	*Muskat, Basilikum*
Hobbys:	*Reisen, Philosophieren*

Sportarten:	*Reiten, Gymnastik*
Planet:	*Jupiter*
Element:	*Feuer*
Qualität:	*Veränderlich*
Polarität:	*Aktiv*

Steinbock *(22.12. - 20.1.)*

Steinböcke sind leistungsorientiert, ernsthaft und ausgesprochen karrierebewusst. Sie identifizieren sich mit ihren Aufgaben, sind fleißig und sehr diszipliniert. Daher fällt es ihnen oft schwer, zu entspannen. Sie sind sehr zuverlässig und schätzen geordnete Verhältnisse. Wegen ihrer zurückhaltenden Art kann man sie leicht für Einzelgänger halten, die anderen Menschen misstrauen.

Motto:	*Ich ordne!*
Stärke:	*Disziplin*
Schwäche:	*Starrsinn*
+ Eigenschaften:	*realistisch, besonnen, diskret*
- Eigenschaften:	*pedantisch, verschlossen, kühl*
Liebe:	*vertrauenswürdig, treu*
Farben:	*Dunkelblau, Anthrazit, Schwarz*
Zahlen:	*2, 8 und 10*
Wochentag:	*Samstag*
Jahreszeit:	*Winteranfang*
Körperteile:	*Knochen, Knie, Gelenke, Haut*
Glückssteine:	*Onyx, Obsidian, Quarz, Malachit*
Metall:	*Blei*
Blumen:	*Enzian, Edelweiß, Silberdistel*
Bäume:	*Tanne, Eibe, Eiche*
Tiere:	*Steinbock, Ziege, Esel, Rabe, Krähe, Uhu*
Märchen:	*Der Froschkönig*
Gemüse:	*Sellerie, Schwarzwurzel*
Obst:	*Dörrobst*
Gewürze:	*Salz*
Hobbys:	*Töpfern, Mineralien sammeln*
Sportarten:	*Bergsteigen, Hürdenlauf, Langstreckenlauf*
Planet:	*Saturn*
Element:	*Erde*
Qualität:	*Kardinal*
Polarität:	*Passiv*

Wassermann (21.01. - 19.02.)

Die aufgeschlossenen Wassermann-Geborenen haben immer viele Ideen, Pläne und Wünsche. Alles, was ungewöhnlich, neu, skurril oder anders ist, zieht sie magisch an. Sie sind zukunftsorientiert, und man findet sie häufig unter den Trendsettern. Sie sind kameradschaftlich und hilfsbereit, haben aber die Tendenz, sich zu verzetteln. Und ihre Liebe zur Unabhängigkeit kennt kaum Grenzen.

Motto:	*Ich suche das Neue!*
Stärke:	*Originalität*
Schwäche:	*Unberechenbarkeit*
+ Eigenschaften:	*vielseitig, spontan, einfallsreich*
- Eigenschaften:	*sprunghaft, hektisch, zerstreut*
Liebe:	*abwechslungsreich, unkonventionell*
Farben:	*Eisblau*
Zahlen:	*1, 7 und 11*
Wochentag:	*Mittwoch*
Jahreszeit:	*Winter*
Körperteile:	*Waden, Knöchel*
Glückssteine:	*Amazonit, Aquamarin, Türkis*
Metall:	*Aluminium, Zink*
Blumen:	*Strelitzie, Mistel*
Bäume:	*Kiefer, Lärche, Bambus*
Tiere:	*Eisvogel, Papagei, Kolibri, Giraffe, Schmetterling*
Märchen:	*Rapunzel*
Gemüse:	*Chicorée*
Obst:	*Kiwi*
Gewürze:	*Kapern, Bittermandel*
Hobbys:	*Computerspiele, Science Fiction, Zirkus*
Sportarten:	*Drachenfliegen, Fliegen, Skateboarden*
Planet:	*Uranus und Merkur*
Element:	*Luft*
Qualität:	*Fix*
Polarität:	*Aktiv*

Fische (20.02. - 20.03.)

Fische sind sensible Träumer, gefühlvoll und äußerst verletzlich. Manchmal versuchen sie, diese Eigenschaften zu verbergen. Sie brauchen viel Liebe und Zuneigung, um sich geborgen zu fühlen. Ihr Mitgefühl ist sehr ausgeprägt, aber es gelingt ihnen nicht immer, aktiv zu handeln, weil sie oft in einer Fantasiewelt leben und die Auseinandersetzung mit der Realität ihnen schwerfallen kann.

Motto:	*Ich glaube!*
Stärke:	*Fantasie*
Schwäche:	*Passivität*
+ Eigenschaften:	*friedlich, sozial, verträglich*
- Eigenschaften:	*unselbständig, beeinflussbar, tatenlos*
Liebe:	*zärtlich, empfindsam*
Farben:	*Meergrün, Blaugrün*
Zahlen:	*2, 6 und 12*
Wochentag:	*Donnerstag*
Jahreszeit:	*Spätwinter*
Körperteile:	*Füße*
Glückssteine:	*Chrysopras, Fluorit, Mondstein*
Metall:	*Titan*
Blumen:	*Wasserrose, Mimose, Jasmin*
Bäume:	*Weide*
Tiere:	*Fische, Seepferdchen, Silberreiher, Möwe*
Märchen:	*Die kleine Seejungfrau*
Gemüse:	*Spargel, Algen, Sojabohne*
Obst:	*Wassermelone, Papaya*
Gewürze:	*Kräuter der Provence*
Hobbys:	*Film, Fernsehen, Meditation, Glücksspiele*
Sportarten:	*Schwimmen, Wasserball, Wassergymnastik*
Planet:	*Neptun und Jupiter*
Element:	*Wasser*
Qualität:	*Veränderlich*
Polarität:	*Passiv*

Der persönliche Jahresregent

Neben den allgemein bekannten Charakterisierungen von Menschen anhand ihres Sternzeichens (also anhand des Sonnenstands im Tierkreiszeichen zum Geburtszeitpunkt) ist auch der persönliche, astrologische Jahresregent zur Bestimmung der individuellen Grundeigenschaften von Interesse. Die astrologischen Grundbedeutungen der Planetensymbolik zeigen sich nämlich auch im Jahresregenten. Schon das im Altertum weitentwickelte Volk der Chaldäer scheint so einiges über diesen Zusammenhang mit Charakter und Schicksal der Menschen in Erfahrung gebracht zu haben, weswegen man die Abfolge der Jahresregenten – Saturn, Jupiter, Mars, Sonne, Venus, Merkur, Mond und dann wieder Saturn, Jupiter, Mars usw. auch die »Chaldäische Reihe« nennt. Und da die Völker der Antike nur die sieben damals bekannten Planeten bzw. Himmelslichter kannten, finden die sogenannten äußeren und viel später entdeckten Planeten Uranus, Neptun und Pluto natürlich auch keine Berücksichtigung.

Um Ihren persönlichen Jahresregenten zu ermitteln, schauen Sie unter Ihrem Geburtsjahr in der Tabelle nach! Berücksichtigen dabei bitte ***unbedingt***, dass das jeweilige astrologische Jahr nicht kalendarisch am 1.1. beginnt, sondern mit dem Datum des jeweiligen Frühlingsanfang im betreffenden Jahr, also jeweils am 20. oder 21. März.

Jahresregenten-Tabelle

Saturn	Jupiter	Mars	Sonne	Venus	Merkur	Mond
1909	1910	1911	1912	1913	1914	1915
1916	1917	1918	1919	1920	1921	1922
1923	1924	1925	1926	1927	1928	1929
1930	1931	1932	1933	1934	1935	1936
1937	1938	1939	1940	1941	1942	1943
1944	1945	1946	1947	1948	1949	1950
1951	1952	1953	1954	1955	1956	1957
1958	1959	1960	1961	1962	1963	1964
1965	1966	1967	1968	1969	1970	1971
1972	1973	1974	1975	1976	1977	1978
1979	1980	1981	1982	1983	1984	1985
1986	1987	1988	1989	1990	1991	1992
1993	1994	1995	1996	1997	1998	1999
2000	2001	2002	2003	2004	2005	2006
2007	2008	2009	2010	2011	2012	2013

Jahresregent SATURN

Wenn Sie in einem Saturnjahr geboren sind, verfügen Sie über einen ausgeprägten Realitätssinn und großes Organisationstalent. Sie zeichnen sich durch Ausdauer, Vorsicht, Verhandlungsgeschick und Sparsamkeit aus, wirken auf andere eher nüchtern und überlegen sich genau, was Sie sagen, bevor Sie das Wort ergreifen. Vor allem in der Politik – aber nicht nur dort – können Sie eine steile Karriere machen, solange Sie nicht vorschnell resignieren. Bei körperlichen Anstrengungen sollten Sie sich zurückhalten und Ihre Kräfte vernünftig einteilen.

Prominentes Beispiel: *Pop-Ikone Madonna, geboren am 16.08.1958.*

Jahresregent JUPITER

Als in einem Jupiter-Jahr Geborene sind Sie eine großzügige, aufgeschlossene Frau. Ihre Offenheit zeigt sich auch in Ihrem Wunsch, stets Ihren Horizont zu erweitern. Sie reisen gern, sind ausgesprochen wissbegierig und wollen die Welt verbessern. Beruflich schätzen Sie die Selbstständigkeit. Daher dürften Sie sowohl als Unternehmerin als auch als Freiberuflerin in einem Ihren Talenten entsprechenden Bereich erfolgreich sein. Achten Sie aber unbedingt darauf, weder großspurig noch überheblich aufzutreten und meiden Sie Übertreibungen jeglicher Art!

***Prominentes Beispiel:** Die seliggesprochene Mutter Teresa, geboren am 26.08.1910.*

Jahresregent MARS

Wenn Sie in einem Mars-Jahr geboren sind, haben Sie extrem viel Energie, große Willensstärke und einen enormen Tatendrang. Sie sind eine leidenschaftliche, ausdrucksstarke und abenteuerlustige Frau, die keiner Konfrontation aus dem Weg geht; und das selbst dann nicht, wenn es eigentlich sinnvoller wäre. Doch ein Leben ganz ohne Kampf wäre wohl einfach nichts für Sie. Toben Sie sich öfter mal beim Sport oder beim Tanzen aus! Das tut Ihnen gut. Beruflich werden Sie überall dort Erfolg haben, wo schnelles Denken und rasches Handeln erforderlich sind.

***Prominentes Beispiel:** Großbritanniens »Eiserne Lady« Margaret Thatcher, geboren am 26.08.1925.*

Jahresregent SONNE

Sie sind eine sehr warmherzige und attraktive Frau, denn ganz wie die Sonne, die das Jahr, in dem Sie geboren wurden, regiert, besitzen auch Sie sehr viel Ausstrahlung und Charisma. Sie haben eine starke Wirkung auf Menschen und können daher z. B. als Schauspielerin oder Moderatorin sehr erfolgreich sein. Doch da Ihr Durchsetzungsvermögen nicht besonders stark ist, benötigen Sie immer auch den Rückhalt Ihrer Lieben. Gerade deswegen sind Partner, Familie und Freunde sowie ein schönes, gemütliches Heim und finanzielle Sicherheit so wichtig für Sie.

***Prominentes Beispiel:** Filmstar und Oscargewinnerin Charlize Theron, geboren am 7.8..1975.*

Jahresregent VENUS

Ganz wie Ihre Jahresregentin, die Venus, sind auch Sie kreativ, künstlerisch und fantasievoll. Sie haben einen guten Geschmack und sind absolut stilsicher. In Berufen, die mit Mode, Einrichtung oder Kunst zu tun haben, dürften Sie sich ausgesprochen wohlfühlen. Doch letztlich ist vor allem die Liebe das zentrale Thema in Ihrem Leben. Sie beanspruchen von Ihrem Umfeld sehr viel Auf-

merksamkeit und können mit Kritik häufig nicht besonders gut umgehen, doch da Sie humorvoll und meist um Fairness bemüht sind, verzeiht man Ihnen eine gewisse Ichbezogenheit.
Prominentes Beispiel: *die Britische Top-Modedesignerin Vivienne Westwood, geboren am 8.4.1941.*

Jahresregent MERKUR

Wenn Sie in einem unter der Regentschaft von Merkur stehendem Jahr geboren wurden, ist Kommunikation Ihr Lebenselixier. Sie sind intelligent, einfühlsam, lieben es, zu lernen und zu verstehen, und verfügen meist auch über ausgeprägte feinmotorische Fähigkeiten. Doch Sie werden auch von einer inneren Unruhe und Rastlosigkeit angetrieben und brauchen daher öfter mal einen Tapetenwechsel. Ob als Journalistin, Schriftstellerin oder Moderatorin, Tätigkeiten in den Medien sind wie für Sie gemacht.
Prominentes Beispiel: *Alice Schwarzer, Publizistin und Feministin, geboren am 3.12.1942.*

Jahresregent MOND

Wenn Sie in einem Mondjahr geboren wurden, sind Sie eine sensible und gefühlsbetonte Frau, obwohl Sie diese Eigenschaften vor anderen gern verbergen. Ihre Stimmungsschwankungen lassen Sie oftmals überreagieren, doch dank Ihrer Hilfsbereitschaft können Sie dadurch verlorenen Boden meist wieder gutmachen. Manchmal neigen Sie zu einer gewissen Passivität, die Ihnen sowohl beruflich als auch privat Schwierigkeiten machen kann. Am Wasser fühlen Sie sich wohl, und Sie brauchen auch viel frische Luft. Berufe, die Ihnen das ermöglichen, liegen Ihnen.
Prominentes Beispiel: *Franziska van Almsick, Schwimmerin (mehrfache Welt- und Europameisterin), geboren am 5.4.1978.*

Der Geburts-Wochentag und sein planetarer Einfluss

Gemäß uralter, astrologischer Überlieferungen, die ebenso wie die Jahresregenten auf die Chaldäer zurückgehen, wird auch jeder Wochentag von einem bestimmten Himmelskörper »regiert«. Und auch das soll so einiges über die Persönlichkeit eines am jeweiligen Tag Geborenen aussagen. Ob Sonntagskind, Mittwochs-Mädchen oder Freitags-Frau, finden Sie heraus, was der Wochentag Ihrer Geburt für Rückschlüsse auf Ihren Charakter erlaubt! Und falls Sie sich nicht ganz sicher sind, an welchem Wochentag Sie geboren sind, dann können Sie das im Internet ganz leicht herausfinden, z. B. unter: www.web-toolbox.net/webtoolbox/datum/wochentag/datum-wochentag.htm

Montag:

Wer an einem Montag geboren ist, steht unter dem Einfluss des gefühlvollen Mondes.

Eigenschaften: Als Montagskind haben Sie viel Fantasie und sind sehr sensibel, einfühlsam, emotional und kreativ. Außerdem gelten Sie als fürsorglich und hilfsbereit – aber, weil Sie ziemlich leicht zu beeinflussen sind, nicht immer als absolut zuverlässig. Darüber hinaus können Sie launisch sein und auch ziemlich starken Stimmungsschwankungen unterliegen. In der Liebe aber sind Sie sehr romantisch, liebevoll und zärtlich.

Wer wie zu wem passt: Freundschaftlich verstehen Sie sich mit allen am Mittwoch, Freitag und Samstag Geborenen am besten, wohingegen es mit Dienstagspersonen schnell zu Streitereien kommen kann. In punkto Liebe dürften Sie mit den Donnerstagsmännern ganz besonders viel Glück haben.

Dienstag:

Dienstagsgeborene stehen unter dem Einfluss des kämpferischen Planeten Mars.

Eigenschaften: Als Dienstagskind haben Sie sehr viel Energie. Sie sind mutig, tatkräftig, enthusiastisch, selbständig sowie ehrlich und setzen sich oft für Schwächere ein. Allerdings handeln Sie manchmal sehr impulsiv und können auch ziemlich hektisch, aufbrausend und unbeherrscht sein. Wenn Sie sich verlieben, sind sie stürmisch und sehr leidenschaftlich.

Wer wie zu wem passt: Als Dienstagsfrau sind Sie bestimmt oft mit Donnerstagsgeborenen befreundet, denn Sie können mit ihnen wunderbare Gespräche führen und auch bestens zusammenarbeiten. Die große Liebe und ganz viel Leidenschaft erleben Sie hingegen häufig mit Freitagspartnern. Und am wenigsten dürften Sie mit Sonntagskindern klarkommen.

Mittwoch:

Wer an einem Mittwoch geboren ist, steht unter dem Einfluss des Kommunikations-Planeten Merkur.

Eigenschaften: Als Mittwochskind sind Sie klug und wissbegierig. Sie lesen viel, surfen im Internet und diskutieren gern. Doch im Gegensatz zu an anderen Wochentagen Geborenen gibt es bei den Mittwochsmenschen zwei unterschiedliche Typen. Die einen sind sehr lebhaft und flexibel, aber dafür auch oberflächlich und rastlos. Andere sind eher gründlich und fleißig, aber dann leider oft auch ziemlich penibel und besserwisserisch. Und diese Zweiteilung gilt auch für die Liebe. Sie werden selbst am besten wissen, ob Sie diesbezüglich charmant und unbeständig oder – fast das Gegenteil – zögerlich und ernsthaft sind.

Wer wie zu wem passt: Als Mittwochsfrau verstehen Sie sich meist mit Donnerstags- und anderen Mittwochsgeborenen hervorragend, können aber dafür oftmals mit Sonntagskindern nur wenig anfangen. Und wenn Sie sich verlieben, fällt ihre Wahl häufig auf die Montags- und Freitagstypen.

Donnerstag:

Die am Donnerstag Geborenen werden vom Glücksplaneten Jupiter beeinflusst.

Eigenschaften: Als Donnerstagskind sind Sie herzlich, tolerant, fair, optimistisch und sehr abenteuer- und unternehmungslustig. Sie haben immer viele Ideen und große Pläne, neigen aber häufiger dazu, sich zu überschätzen. Und genau deswegen können Sie auf andere manchmal ziemlich überheblich und großspurig wirken. Sie flirten gerne und wollen auch in einer Liebesbeziehung nie ganz auf Ihre Freiheit verzichten.

Wer wie zu wem passt: Mit den Sonntagskindern sind Sie als am Donnerstag Geborene oft richtig eng und gut befreundet. Stress hingegen haben Sie am ehesten mit den ernsthaften Samstagskindern. Und in der Liebe haben es Ihnen bestimmt besonders die Montags- und die Freitagsmänner angetan.

Freitag:

Wer an einem Freitag geboren ist, steht unter dem Einfluss von Liebesplanet Venus.

Eigenschaften: Als Freitagskind dürften Sie künstlerisch veranlagt und sehr empfänglich für alles Schöne sein. Sie sind meist naturverbunden, charmant und friedliebend, aber hin und wieder auch recht eigensinnig und ziemlich eitel. Manchmal fällt es Ihnen schwer, Entscheidungen zu treffen, aber wenn nötig entwickeln Sie oft eine erstaunliche Ausdauer. Wenn Sie sich verlieben, sind Sie zärtlich, sinnlich und harmoniebedürftig.

Wer wie zu wem passt: Mit den Samstagsgeborenen tun Sie sich oft schwer, aber mit den Mittwochs-, Donnerstags-, anderen Freitags- und den Sonntagskindern kommen Sie fast immer sehr gut aus. Doch wenn Sie sich richtig verlieben, steckt ganz häufig ein Montags-, manchmal aber auch ein Dienstagsmann dahinter.

Samstag:

Wer an einem Samstag geboren ist, steht unter dem Einfluss des strengen Planeten Saturn.

Eigenschaften: Als ausgesprochen verlässliches Samstagskind wirken Sie auf den ersten Blick oft kühl und unnahbar. Doch hinter dieser Verschlossenheit verbirgt sich ein sehr klar denkender, tiefgründiger und zielstrebiger Charakter. Dank Ihres Ehrgeizes, Ihrer Strebsamkeit und Ihrer großen Konzentrationsfähigkeit können Sie sehr erfolgreich sein. Und in der Liebe sind Sie treu und absolut vertrauenswürdig.

Wer wie zu wem passt: Als Samstagsgeborene kommen Sie sowohl freundschaftlich, als auch in der Liebe meist mit Montags- und Sonntagskindern sehr gut zurecht. Mit den am Dienstag und am Freitag Geborenen haben Sie kaum Gemeinsamkeiten, weshalb solche Beziehungen auf Dauer wenig erfolgversprechend sind.

Sonntag:
Wer an einem Sonntag geboren ist, steht unter dem Einfluss der strahlenden Sonne.

Eigenschaften: Als optimistisches, offenes und selbstbewusstes Sonntagskind fühlen Sie sich meist als etwas Besonderes und erwarten daher auch von anderen Bewunderung und Anerkennung. Wenn Sie die bekommen, sind Sie warmherzig und großzügig. Doch – Hand aufs Herz – manchmal können Sie auch ziemlich selbstsüchtig und prahlerisch sein. Aber wenn Sie sich verlieben, sind Sie sehr zärtlich und auch absolut loyal.

Wer wie zu wem passt: Zwei Sonntagskinder zusammen – das geht nur sehr selten gut. Aber mit den Mittwochs-, Donnerstags- und Samstagsgeborenen verstehen Sie sich hervorragend. Dienstagsmenschen werden von Ihnen entweder von Herzen geliebt oder total abgelehnt, und mit den Freitagsmännern kann es die große Liebe sein.

Die Jahreszeiten-Typologie

Dass die beiden großen Himmelslichter Sonne und Mond, aber auch die Sterne, etwas mit ihrem Leben zu tun hatten, schien den frühen Menschen ganz selbstverständlich. Doch die Deutung der komplexen Zusammenhänge blieb vielen verborgen. Die Natur mit ihren Zyklen und Abläufen hingegen, in der sie lebten und sich bewegten, ließen sich da schon um einiges leichter erfassen und begreifen. Und so entwickelten sich in vielen Regionen der Erde bei den frühen Menschen Formen von sogenannten Naturastrologien mit Charakterdeutungen, die von den Naturvölkern bis heute noch angewandt werden und auf den natürlichen Rhythmen beruhen. Das magisch-mythologische Weltbild der Aborigines, der Ureinwohner Australiens, gilt als der älteste bekannte Versuch von Menschen, die Ursprünge und Zusammenhänge ihres Seins zu verstehen. »Der Same träumt den Baum«, lautet ein wichtiger Leitsatz der Aborigines. Es ist ihr fester Glaube, dass, so wie sich aus einem Samen ein Stamm, die Äste und das Laubwerk eines Baums entwickeln, auch der Mensch aus der Natur hervorgeht. Die Gesamtheit ihrer Überlieferungen wird »Traumzeit« genannt, und dieser Begriff versinnbildlicht für sie die Realität der unsichtbaren Kräfte der Natur sowie von Himmel und Erde, die mit dem Sichtbaren verwoben sind. Auf der Basis dieses Weltbilds entwickelten die

Eingeweihten aus diesem Volk eine Typologie, die den Charakter eines Menschen anhand der Jahreszeit deutet.

Doch auch in uralten, mystischen Schriften anderer früher Völker finden sich Hinweise darauf, dass unsere Vorfahren glaubten, den Charakter von Menschen anhand der Jahreszeit, in der sie geboren wurden, einschätzen zu können. Erstaunlich, dass nun psychologische und neurowissenschaftliche Studien ergeben haben, dass es in Bezug auf Persönlichkeit und Verhaltensweisen – zumindest bis zu einem gewissen Grad – tatsächlich ein Unterschied ist, ob jemand im Frühling, Sommer, Herbst oder Winter auf die Welt gekommen ist.

Die Frühlings-Persönlichkeit

Wenn Sie im Frühling geboren sind, verfügen Sie meist ein Leben lang über viel Energie und eine jugendliche Ausstrahlung. Als Frühlingsfrau sind Sie spontan, gesellig, fröhlich und fast immer ziemlich enthusiastisch. Sie zeichnen sich durch Lebenslust, Optimismus und Unabhängigkeit aus sowie durch den Wunsch, etwas Bleibendes zu schaffen. Bei Ihren Mitmenschen sind Sie häufig recht beliebt. Sie haben immer viele Ideen, große Pläne und mehrere gleichzeitig laufende Projekte, wobei es Sie besonders reizt, etwas Neues zu schaffen. Sie sind impulsiv, brauchen Aufmerksamkeit und erwarten für Ihre Bemühungen und Erfolge Lob und Anerkennung. Und da Sie eigentlich davon überzeugt sind, selbst am besten zu wissen, was wann und wie getan werden sollte, fällt es Ihnen oft schwer, sich irgendwelchen Autoritäten unterzuordnen.

Beruflich sind Frühlingsfrauen nicht selten als Selbständige, Freiberuflerin oder Unternehmerin aktiv. Die von Ihnen bevorzugten Branchen dürften die Medien sowie die Politik und alle naturverbundenen Tätigkeitsfelder, also z. B. Gartenbau, Land- und Forstwirtschaft sowie der Umweltschutz sein.

Als typische Frühlingsgeborene haben Sie ein großes Herz und hängen meist sehr an Ihren Freunden und an allen Menschen, die Ihnen wirklich nahestehen. Oft verlieben Sie sich rasch und heftig, sind aber in Ihren Gefühlen nur dann beständig, wenn Sie sicher sind, den richtigen Partner an Ihrer Seite zu haben.

Die Sommer-Persönlichkeit

Als im Sommer Geborene haben Sie das Anliegen, sich in der Welt geborgen zu fühlen und dabei gleichzeitig Verständnis für die eigene Natur zu entwickeln. Sie verfügen über Tatkraft und einen ausgeprägten Familiensinn, sind hilfsbereit, verlässlich und oft recht warmherzig und kinderlieb. Es ist wichtig für Sie, ausreichende Entspannungsphasen in Ihren Alltag einzuplanen, da ein Übermaß an Stress Ihnen seelisch nicht guttut. Und wahrscheinlich legen Sie viel Wert auf Ihr Zuhause und auf den »passenden« Selbstausdruck. Letzteres äußert sich

– je nach individueller Veranlagung – entweder durch das Ausleben von Gefühlen, durch Selbstdarstellung oder durch kritische Situationsanalysen.

In jungen Jahren sind Sie oft durchaus unternehmungs- und abenteuerlustig, aber mit zunehmendem Alter spielen Bequemlichkeit und traditionelle Werte eine immer größere Rolle in Ihrem Leben. Auf andere wirken Sie dadurch dann oft eher autoritär.

Beruflich sind Sie gründlich und ausdauernd, aber auch erstaunlich machtbewusst. Allerdings könnten Sie manchmal Schwierigkeiten haben, die eigenen Fähigkeiten und Talente richtig einzuschätzen. Sommergeborene arbeiten oft in der Touristikbranche oder in der Gastronomie, man findet sie aber auch in leitenden Positionen in Wirtschaft und Industrie sowie als Schauspielerinnen, Ärztinnen und Zahnärztinnen, Buchhalterinnen, Lehrerinnen und Juristinnen.

In Bezug auf Liebe und Partnerschaft sind Sie anhänglich und treu, oft großzügig und romantisch und fast immer auch etwas launisch. Außerdem haben Sie ein großes Bedürfnis nach Zärtlichkeit. Fakt ist, wer Sie zur Partnerin beziehungsweise zur Freundin hat, kann immer auf Sie zählen, denn enge persönliche Beziehungen haben in Ihrem Leben einen sehr hohen Stellenwert.

Die Herbst-Persönlichkeit

In gewisser Weise sind Sie als Herbstfrau dem Wetter der Jahreszeit, in der Sie geboren wurden, sehr ähnlich. Ihre Persönlichkeit kann an einem Tag als sanftmütig, mild und angenehm empfunden werden, am nächsten als aufbrausend und stürmisch. Stimmungsschwankungen gehören eben genauso zu Ihnen wie eine stark ausgeprägte Loyalität, intensive Empfindungen, eine gute Beobachtungsgabe und häufig auch große Menschenkenntnis. Mal überraschen Sie durch Güte und Wärme, ein andermal durch fast schon frostige Distanziertheit. Dadurch bleiben Sie für andere immer ein bisschen mysteriös und unberechenbar – ein Image, das Ihnen meist auch recht gut gefällt. Sie interessieren sich für Religion und/oder Spiritualität, ebenso für fremde Länder sowie Kunst und Kultur.

Häufig ist Ihr Beruf für Sie zugleich auch Berufung. Und da Sie einen guten, wenn auch möglicherweise ungewöhnlichen Geschmack haben, arbeiten Sie oft in der Mode-, Design- oder Werbebranche. Doch man findet Sie aufgrund Ihres ausgeprägten Gerechtigkeitssinns auch bei Polizei und Gericht.

Freundschaften sind Ihnen sehr wichtig, und deswegen sind Sie diesbezüglich auch sehr wählerisch. Doch wenn Sie sich für jemanden entschieden haben, wird es – zumindest aus Ihrer Sicht – eine Freundschaft fürs Leben sein. Und all dies gilt noch weitaus ausgeprägter für Ihre Partnerwahl. Da sind Ihre Ansprüche oft so hoch, dass es lange dauern kann, bevor Sie sich endgültig – aber dafür dann leidenschaftlich – an einen anderen Menschen binden.

Die Winter-Persönlichkeit

Wenn Sie im kalten Winter geboren sind, tragen Sie Ihr Herz nur selten auf der Zunge. Aber dafür ist Ihr Innenleben um so reicher und tiefgründiger. Als Wintergeborene denken Sie über alles viel nach und brauchen daher oft Zeit für sich alleine. Meist lesen Sie gerne, mögen Filme, hören viel Musik und betrachten Ihr Zuhause als Refugium in einer reichlich anstrengenden Welt. Sie können aber auch selbst sehr kreativ sein, vor allem wenn Sie motiviert sind, ein bestimmtes Ziel zu erreichen. Bei der einen ist es der persönliche Erfolg, bei anderen die Vision einer besseren Welt und bei wieder anderen die Sehnsucht nach Nähe und Liebe. Doch da Realität und Vorstellung oft auseinanderklaffen, ist sehr vielen im Winter geborenen Frauen auch eine gewisse Melancholie zu eigen. Auffallend ist, dass der erste Eindruck, den man von Ihnen hat, später oft komplett revidiert werden muss. Häufig sind Sie nämlich viel tiefsinniger, herzlicher und fantasievoller, als man denkt.

Und so gesehen überrascht auch die Bandbreite Ihres beruflichen Engagements nicht. Man findet Sie in den Naturwissenschaften, der Architektur, als Historikerin, Schriftstellerin, Pilotin, Fotografin, Entertainerin und in der Krankenpflege.

Wenn es um die Liebe geht, treten Sie zunächst meist eher schüchtern, reserviert oder unverbindlich auf. Doch das heißt nicht, dass die Sehnsucht nach einer erfüllenden Beziehung nicht sehr stark in Ihnen ist.

Die Geburtstotems der Ureinwohner Nordamerikas

Die tiefe Verbundenheit der Ureinwohner Amerikas – also der sogenannten Indianer – mit der Natur und ihre Liebe zur Schöpfung mit all ihren Kreaturen kommt auch in ihrem »Natur-Horoskop« zum Ausdruck. Es beruht auf den vier Elementen, dem Himmel und seinen Richtungen, den vier Jahreszeiten, den zwölf Monaten, der Erde, der Sonne und dem Mond sowie natürlich auf dem Rhythmus der Natur. Je nachdem, in welcher Region die verschiedenen Stämme lebten, benannten sie unterschiedliche Tiere als Geburtstotem, also als Geburtszeichen. Die Symbolik, für die die zwölf Zeichen stehen, ist jedoch bei allen identisch. Und interessanterweise decken sie sich auch weitgehend mit den Eigenschaften der bei uns bekannten Tierkreiszeichen.

Für die Ureinwohner Amerikas war und ist das Leben ein Kreislauf aus Geburt, Tod und Wiedergeburt, der durch das **Medizinrad** symbolisiert wird. Jeder Mensch beginnt die »Reise dieses Lebens«, indem er den Kreis an einem Ort betritt, der von einem der zwölf Monde (Monate) geprägten Totem, das mit dem Zeitpunkt seiner Geburt zusammenfällt, versinnbildlicht wird. Das Geburtstotem, das einem der vier Elemente-Klans zugeordnet wird, beschreibt die Grundzüge des Charakters und steht dem Geborenen zusammen mit den »Verwandten« aus dem Reich der Pflanzen und der Minerale als lebenslanger seelischer Begleiter zur Seite.

Roter Habicht/Falke (21. 03. - 19.04.)

Erdzeit:	*Die Zeit des Erwachens und des Aufbruchs*
Himmels- und Windrichtung:	*Nordost*
Monat:	*Mond der knospenden Bäume*
Elemente-Klan:	*Klan der Donnervögel (Habichte)*
Element:	*Feuer*
Geburtstotem:	*Roter Habicht, Falke*
Pflanzentotem:	*Löwenzahn*
Mineraltotem:	*Opal, besonders der Feueropal*
Richtungsfarbe auf dem Medizinrad:	*Gelb*
Persönliche Farbe:	*Gelb*
Stärke:	*Dynamik*
Schwäche:	*Unüberlegtheit*

Als Habicht- bzw. Falkefrau sind Sie eine Kämpferin, die sich beruflich für Führungsaufgaben eignet und von einer inneren Unruhe angetrieben wird. Sie sind offen, spontan, kontaktfreudig und optimistisch, verfügen über große innere Stärke, viel Energie sowie ein feuriges Temperament und haben auch eine sehr scharfe Beobachtungsgabe. Aufgrund Ihrer Ungeduld und Impulsivität übersehen Sie aber dennoch manchmal wichtige Details. Unabhängigkeit und persönliche Freiheit sind Ihnen sehr wichtig, aber Sie sollten auch lernen, auf andere Menschen Rücksicht zu nehmen und Kompromisse zu schließen. Gegen Unrecht setzen Sie sich heftig zur Wehr. Sie können Langeweile nicht ausstehen und ertragen Einsamkeit nur schwer. Sie brauchen den Kontakt zu anderen Menschen. In der Liebe sind Sie spontan, oft stürmisch und immer leidenschaftlich.

Biber (20.04. - 20.05.)

Erdzeit:	*Die Zeit des Wachstums*
Himmels- und Windrichtung:	*Ost*
Monat:	*Mond der wiederkehrenden Frösche*
Elemente-Klan:	*Klan der Schildkröten*
Element:	*Erde*
Geburtstotem:	*Biber*
Pflanzentotem:	*Wilder Klee*
Mineraltotem:	*Jaspis*
Richtungsfarbe auf dem Medizinrad:	*Gelb*
Persönliche Farbe:	*Blau*
Stärke:	*Standhaftigkeit*
Schwäche:	*Sturheit*

Wenn Sie im Zeichen des Bibers geboren wurden, sind Sie zuverlässig und tüchtig. Durch Ihre Ausdauer und Tatkraft können Sie in einem von Ihnen gewählten Tätigkeitsfeld sehr erfolgreich sein. Berufe im Bereich der Finanzen, in der Landwirtschaft, im Gartenbau oder in der Mode dürften Ihnen liegen. Sicherheit in allen Bereichen ist für Sie sehr wichtig, doch ein starker Wunsch nach Beständigkeit führt häufig zu einem Mangel an Flexibilität. Sie müssen lernen, nicht immer nur stur an Ihren Plänen festzuhalten, sondern auch Veränderungen zu akzeptieren. Sie lieben es jedoch auch, die schönen Seiten des Lebens mit allen Sinnen zu genießen, sollten aber darauf achten, Ihren Hang zum Genuss und zur Bequemlichkeit nicht übermäßig auszuleben. In der Liebe sind Sie sinnlich und romantisch. Ihr tiefer Wunsch nach Geborgenheit ist gerade in einer Partnerschaft sehr ausgeprägt.

Hirsch (21.05. - 20.06.)

Erdzeit:	*Die Zeit der Entfaltung*
Himmels- und Windrichtung:	*Südost*
Monat:	*Mond der Maisaussaat*
Elemente-Klan:	*Klan der Schmetterlinge*
Element:	*Luft*
Geburtstotem:	*Hirsch*
Pflanzentotem:	*Schafgarbe*

Mineraltotem:	*Achat, vor allem der grüne Moosachat*
Richtungsfarbe auf dem Medizinrad:	*Gelb*
Persönliche Farbe:	*Grün*
Stärke:	*Vielseitigkeit*
Schwäche:	*Oberflächlichkeit*

Als im Zeichen des Hirschs Geborene sind Sie gesellig, anpassungsfähig, aufgeschlossen, schlagfertig, charmant, gewandt und flexibel, neigen nicht selten aber auch zur Launenhaftigkeit. Das Schlüsselwort zum Verständnis Ihrer Persönlichkeit ist Beweglichkeit. Sie sind geistig sehr rege, diskutieren für Ihr Leben gern und sind stets auf der Suche nach neuen Erfahrungen. Sie flirten gerne und wünschen sich auch in der Liebe viel Abwechslung und Schwung. Stillstand jeglicher Form ist Ihnen ein Greuel. Aber weil Sie sich nur selten die Zeit nehmen, etwas wirklich gründlich und sorgfältig zu tun, wirken Sie auf andere manchmal etwas flatterhaft. Sie sollten lernen, sich mit den Menschen und Dingen nicht nur oberflächlich auseinanderzusetzen. Ein Beruf im Bereich der Medien und/oder der Kommunikation wäre ideal für Sie.

Specht (21.06. - 21.07.)

Erdzeit:	*Die Zeit der langen Tage*
Himmels- und Windrichtung:	*Südsüdost*
Monat:	*Mond der kraftvollen Sonne*
Elemente-Klan:	*Klan der Frösche*
Element:	*Wasser*
Geburtstotem:	*Specht*
Pflanzentotem:	*Wildrose*
Mineraltotem:	*Rosenquarz*
Richtungsfarbe auf dem Medizinrad:	*Rot*
Persönliche Farbe:	*Rosa*
Stärke:	*Einfühlsamkeit*
Schwäche:	*Launenhaftigkeit*

Als Specht-Frau sind Sie häuslich, sehnen sich nach Geborgenheit und wünschen sich die innige Nähe zu einem geliebten Partner und zur Familie, sollten aber darauf achten, Ihre Lieben nicht allzu sehr zu bemuttern. Sie sind sensibel, empfindsam, sehr emotional und neigen zu starken Stimmungsschwankungen. Obwohl Sie oft die Unnahbare spielen, bringen Sie den Ihnen nahestehenden Menschen viel Verständnis, Mitgefühl und Fürsorge entgegen. Beruflich muss es für Sie meist nicht die große Karriere sein. Weitaus wichtiger ist Ihnen ein angenehmes, freundliches Arbeitsklima und eine Tätigkeit, die Sie erfüllt. In der Liebe sind Sie, solange Sie von Ihrem Partner ungeteilte Aufmerksamkeit bekommen, treu, anhänglich, zärtlich und romantisch.

Lachs (22.07. - 21.08.)

Erdzeit:	*Die Zeit der reifen Früchte*
Himmels- und Windrichtung:	*Süd*
Monat:	*Mond der reifenden Beeren*
Elemente-Klan:	*Klan der Donnervögel (Habichte)*
Element:	*Feuer*
Geburtstotem:	*Lachs*
Pflanzentotem:	*Himbeere*
Mineraltotem:	*Eisen, Granat*
Richtungsfarbe auf dem Medizinrad:	*Rot*
Persönliche Farbe:	*Rot*
Stärke:	*Warmherzigkeit*
Schwäche:	*Stolz*

Als typische Lachs-Frau sind Sie ehrgeizig, mutig und kühn und eine starke Persönlichkeit, die auf andere meist selbstbewusst, überlegen und manchmal sogar regelrecht arrogant wirkt. Doch Sie sind zu anderen genauso großzügig und freigiebig wie zu sich selbst. Vor Verantwortung scheuen Sie nicht zurück, und es ist Ihnen wichtig, geachtet und bewundert zu werden. Da Sie allerdings dazu neigen, immer bestimmen zu wollen, was für wen richtig ist, halten manche Menschen Sie für anmaßend. Wenn Sie lernen, auch andere Meinungen zu akzeptieren, können Sie beruflich sehr erfolgreich ein Team leiten. Tätigkeiten, die Sie ins Licht der Öffentlichkeit stellen, reizen Sie ebenfalls. Und in die Liebe stürzen Sie sich normalerweise stets mit ganzem Herzen und voll intensiver Gefühle. In einer Beziehung sind Sie hilfsbereit und treu, aber auch dominant und besitzergreifend.

Braunbär (22.08. - 21.09.)

Erdzeit:	*Die Zeit, die zur Ernte ruft*
Himmels- und Windrichtung:	*Südsüdwest*
Monat:	*Mond der Ernte*
Elemente-Klan:	*Klan der Schildkröten*
Element:	*Erde*
Geburtstotem:	*Braunbär*
Pflanzentotem:	*Veilchen*
Mineraltotem:	*Amethyst*

Richtungsfarbe auf dem Medizinrad:	*Rot*
Persönliche Farbe:	*Lila*
Stärke:	*Pflichtbewusstsein*
Schwäche:	*Kritiksucht*

Als im Zeichen des Braunbärs Geborene sind Sie praktisch und verstandesbetont, zielstrebig und vernünftig. Meist drängen Sie sich nicht gerne in den Vordergrund, sondern erfüllen Ihre Aufgaben im Stillen und das gründlich, systematisch und absolut pflichtbewusst. Der Dienstleistungsbereich und heilende Berufe liegen Ihnen ebenso wie wissenschaftliche Tätigkeiten. Vermutlich sind Sie eine ausgesprochene Perfektionistin und neigen zumindest ein wenig zur Pedanterie. Versuchen Sie, mit der Kritik an Ihren Mitmenschen etwas sparsamer umzugehen und insgesamt ein wenig toleranter zu werden. Innerlich sind Sie ziemlich scheu, und daher brauchen Sie viel Zeit, um zu Menschen Vertrauen aufzubauen. Deswegen nehmen Sie, obwohl Sie durchaus sehr tiefer Gefühle fähig sind, auch in der Liebe oft eine abwartende und zurückhaltende Rolle ein.

Rabe/Krähe (22.09. - 22.10.)

Erdzeit:	*Die Zeit der herabfallenden Blätter und des Rückzugs*
Himmels- und Windrichtung:	*Südwest*
Monat:	*Mond der fliegenden Enten*
Elemente-Klan:	*Klan der Schmetterlinge*
Element:	*Luft*
Geburtstotem:	*Rabe, Krähe*
Pflanzentotem:	*Efeu*
Mineraltotem:	*Azurit*
Richtungsfarbe auf dem Medizinrad:	*Schwarz*
Persönliche Farbe:	*Braun*
Stärke:	*Diplomatie*
Schwäche:	*Unentschlossenheit*

Als Raben- bzw. Krähenfrau sind Sie von angenehmem, heiterem Wesen und legen großen Wert auf Harmonie. Streitigkeiten gehen Sie soweit als möglich aus dem Weg. Ihr Sinn für Gerechtigkeit ist gut ausgeprägt, und in Gruppen Gleichgesinnter fühlen Sie sich – ähnlich wie Ihr Totemtier – sehr wohl. Außerdem sind Sie ausgesprochen kreativ und haben viel Sinn für Schönheit und Ästhetik. Beruflich sollten Sie in einem Bereich tätig werden, in dem Sie diese Fähigkeiten einsetzen können. Achten Sie darauf, keinen übertriebenen Wert auf Äußerlichkeiten zu legen und bemühen Sie sich, Ihre Entscheidungen selbständig und unbeeinflusst von der Meinung anderer zu treffen. Sie sind charmant und einnehmend und verstehen es, das andere Geschlecht für sich zu gewinnen. Doch den wirklichen Schlüssel zu Ihrem persönlichen Glück finden Sie nur in einer erfüllenden Partnerschaft.

Schlange (23.10. - 22.11.)

Erdzeit:	*Die Zeit des Wandels und des ersten Frosts*
Himmels- und Windrichtung:	*West*
Monat:	*Mond des ersten Frosts*
Elemente-Klan:	*Klan der Frösche*
Element:	*Wasser*
Geburtstotem:	*Schlange*
Pflanzentotem:	*Distel*
Mineraltotem:	*Kupfer, Malachit*
Richtungsfarbe auf dem Medizinrad:	*Schwarz*
Persönliche Farbe:	*Orange*
Stärke:	*Entschlossenheit*
Schwäche:	*Unberechenbarkeit*

Als im Zeichen der Schlange Geborene ist Ihr Wesen unergründlich und relativ kompliziert. Sie verlassen sich meist ganz auf Ihre Intuition und scheinen stets von einem Hauch von Mystik umgeben zu sein. Menschen sind von Ihnen fasziniert, fürchten Sie aber auch oft. Sie sind immer entschlossen, Ihre Ziele zu erreichen und geben so gut wie nie auf. Sie schonen weder sich noch andere, was von Ihrem Umfeld häufig als sehr anstrengend empfunden wird. Üben Sie sich in Toleranz! Alles Verborgene reizt Sie. Sie wollen jedem Geheimnis auf den Grund gehen und eignen sich daher hervorragend für die Forschung, aber auch für psychologische Berufe. Sie vereinen zugleich die Kraft der Schöpfung und der Zerstörung und müssen immer wieder den schmerzhaften Prozess der Transformation auf sich nehmen, um sich weiterzuentwickeln. In Liebe und Partnerschaft sind Sie zuverlässig, sehr intensiv und leidenschaftlich, aber auch eifersüchtig und besitzergreifend.

Eule (23.11. - 21.12.)

Erdzeit:	*Die Zeit der langen Nächte und des Winterschlafs*
Himmels- und Windrichtung:	*Nordwest*
Monat:	*Mond des langen Schnees*
Elemente-Klan:	*Klan der Donnervögel (Habichte)*

Element:	*Feuer*
Geburtstotem:	*Eule*
Pflanzentotem:	*Mistel*
Mineraltotem:	*Obsidian*
Richtungsfarbe auf dem Medizinrad:	*Schwarz*
Persönliche Farbe:	*Schwarz*
Stärke:	*Weisheit*
Schwäche:	*Überheblichkeit*

Als von der Eule bestimmte Frau sind Sie auf der Suche nach dem Sinn des Lebens, haben hohe Ideale und streben ständig danach, Ihren Horizont zu erweitern. Auf andere wirken Sie zuversichtlich, warmherzig und mitreißend, aber durch Ihre sehr offene, direkte Art manchmal auch taktlos. Gelegentlich neigen Sie vor lauter Eifer zur Besserwisserei. Es ist daher für Sie wichtig zu lernen, dass andere Menschen ein Recht auf ihre eigene Meinung haben. Selbständige und freiberufliche Tätigkeiten eignen sich für Sie, da Sie gerne eigenständig und selbstbestimmt arbeiten. Doch Sie können auch im Verkauf erfolgreich sein. Sie flirten gerne und sind in der Liebe eine verständnisvolle und anregende Partnerin, die allerdings sehr viel persönlichen Freiraum benötigt. In einer Beziehung wünschen Sie sich Gleichberechtigung und Toleranz.

Gans/Schneegans (22.12. - 19.01.)

Erdzeit:	*Die Zeit der Erderneuerung*
Himmels- und Windrichtung:	*Nordnordwest*
Monat:	*Mond der Erneuerung*
Elemente-Klan:	*Klan der Schildkröten*
Element:	*Erde*
Geburtstotem:	*Gans, Schneegans*
Pflanzentotem:	*Birke*
Mineraltotem:	*Quarz*
Richtungsfarbe auf dem Medizinrad:	*Weiß*
Persönliche Farbe:	*Weiß*
Stärke:	*Beharrlichkeit*
Schwäche:	*Misstrauen*

Da Sie als im Zeichen der Gans Geborene vom Wesenskern eher zurückhaltend und ernst veranlagt sind, hinterlassen Sie bei anderen Menschen häufig einen etwas kühlen, distanzierten und strengen Eindruck, sind aber dennoch eine Frau mit sehr tiefen Gefühlen. Außerdem sind Sie besonnen, vernünftig, logisch, zäh und ehrgeizig. Dank Ihrer kraftvollen Persönlichkeit erreichen Sie durch harte

Arbeit Ihre oftmals sehr anspruchsvollen Ziele. Beruflich können Sie Ihr Planungs- und Organisationstalent z. B. im betriebswirtschaftlichen Bereich nutzen. Jedoch sollten Sie bei aller Strebsamkeit nicht vergessen, auch die schönen Seiten des Lebens zu genießen. In der Liebe brauchen Sie Zeit, um sich ganz auf einen anderen Menschen einzulassen. Doch wenn Sie sich einmal entschieden haben, dann sind Sie eine absolut loyale, treue und fürsorgliche Partnerin.

Otter (20.01. - 18.02.)

Erdzeit:	*Die Zeit der ersten Vorbereitungen*
Himmels- und Windrichtung:	*Nord*
Monat:	*Mond der Rast und Reinigung*
Element-Klan:	*Klan der Schmetterlinge*
Element:	*Luft*
Geburtstotem:	*Otter*
Pflanzentotem:	*Farn*
Mineraltotem:	*Silber*
Richtungsfarbe auf dem Medizinrad:	*Weiß*
Persönliche Farbe:	*Silber*
Stärke:	*Originalität*
Schwäche:	*Sprunghaftigkeit*

Wie der Otter, der Ihnen als Geburtstotem zur Seite steht, so sind auch Sie munter, aktiv, spritzig und gesellig. Außerdem engagiert, fortschrittlich, optimistisch und humorvoll. Für humanitäre und soziale Ziele setzen Sie sich mit ganzem Herzen ein. Unabhängigkeit und Individualität sind Ihre Markenzeichen, dennoch können Sie sich dank Ihres ausgeprägten Teamgeists auch hervorragend in Gruppen integrieren; und das, obwohl Sie im tiefsten Innern immer eine Rebellin und eine Revolutionärin bleiben werden. Freundschaften sind für Sie enorm wichtig. Es ist möglich, dass Sie dazu neigen, sich in seltsamen, unrealistischen Utopien zu verlieren, und Sie sollten auch darauf achten, sich bei Ihren zahlreichen Aktivitäten nicht zu verzetteln. Beruflich brauchen Sie einen Job, der Ihnen Freiheit für Ihre Kreativität lässt, und vielleicht reizt Sie auch die wissenschaftliche Forschung. In der Liebe benötigen Sie viel Freiraum und suchen vor allem die geistige Übereinstimmung mit einem Partner.

Wolf (19.02. - 20.03.)

Erdzeit:	*Die Zeit der Auferstehung*
Himmels- und Windrichtung:	*Nordnordost*
Monat:	*Mond der großen Winde*

Elemente-Klan:	*Klan der Frösche*
Element:	*Wasser*
Geburtstotem:	*Wolf*
Pflanzentotem:	*Platane*
Mineraltotem:	*Jade, Türkis*
Richtungsfarbe auf dem Medizinrad:	*Weiß*
Persönliche Farbe:	*Türkis*
Stärke:	*Sensibilität*
Schwäche:	*Beeinflussbarkeit*

Partner, Freunde und Familie sind für Sie sehr wichtig, aber von Zeit zu Zeit müssen Sie sich – wie Ihr Totemtier der Wolf – in die Einsamkeit und Stille zurückziehen, um Ihr seelisches Gleichgewicht zu erhalten. Sie sind künstlerisch veranlagt, sehr feinfühlig, hilfsbereit und mitfühlend. Ihre Intuition und Ihre Fantasie sind sehr stark ausgeprägt. Um sich wirklich wohlzufühlen, benötigen Sie ein harmonisches Umfeld. Sie besitzen eine gute Menschenkenntnis und großes Interesse an mystischen und spirituellen Dingen, neigen aber dazu, sich manchmal in Ihren Träumen und Illusionen zu verlieren. Versuchen Sie, Ihr Wunschdenken mit der Realität zu vereinbaren! Karriere zu machen, ist für Sie nicht übermäßig wichtig, aber ein künstlerischer, helfender oder heilender Beruf dürfte Ihnen liegen. In der Liebe sind Sie romantisch und hingebungsvoll und wünschen sich von dem Mann an Ihrer Seite viel Zärtlichkeit.

Der keltische Baumkreis

Der keltische Baumkreis soll auf alten Überlieferungen der Druiden, welche die Priester, Heilenden und Magier der Kelten* waren, beruhen. Und tatsächlich spielten Bäume in der keltischen Kultur und Religion eine wichtige Rolle, da sie als Wohnsitz der Götter verehrt wurden. Die Druiden beobachteten den Himmel, den Lauf der Gestirne, verschiedene Naturphänomene sowie die Naturzyklen im Wechsel der Jahreszeiten und brachten sie auch in Bezug zum Verhalten der Menschen. Sie schufen so eine Verbindung aus Astronomie, Naturlehren und einer frühen Form der Psychologie.

Suchen Sie in der nachfolgenden Tabelle den Zeitraum Ihres Geburtsdatums und finden Sie heraus, was Ihr Lebensbaum gemäß dieser keltischen Typologie über Sie aussagt:

* Die Kelten waren ein Volk der Eisenzeit (ca. 800 vor Christus bis ungefähr zum Beginn unserer Zeitrechnung, also den Jahren um Christi Geburt), das sich aus verschiedenen Stämmen zusammensetzte und eine gemeinsame Sprache und Kultur entwickelte. Die Gallier, durch die Comics um Asterix wohlbekannt, gehörten zu den Kelten. Die keltischen Stämme breiteten sich zeitweise von Nord- über West- bis Mittel- und Südeuropa aus.

21. März	**Eiche**	
22. - 31. März	**Hasel**	24. September - 3. Oktober
1. - 10. April	**Eberesche**	4. - 13. Oktober
11. - 20. April	**Ahorn**	14. - 23. Oktober
21. - 30. April	**Nussbaum**	24. Oktober - 2. November
	Eibe	3. - 11. November
1. - 14. Mai	**Pappel**	
15. - 24. Mai	**Kastanie**	12. - 21. November
25. Mai - 3. Juni	**Esche**	22. November - 1. Dezember
4. - 13. Juni	**Hainbuche**	2. - 11. Dezember
14. - 23. Juni	**Feigenbaum**	12. - 21. Dezember
24. Juni	**Birke**	
	Buche	22. Dezember
25. Juni - 4. Juli	**Apfelbaum**	23. Dezember bis 1. Januar
5. - 14. Juli	**Tanne**	2. - 11. Januar
15. - 25. Juli	**Ulme**	12. - 24. Januar
26. Juli - 4. August	**Zypresse**	25. Januar - 3. Februar
5. - 13. August	**Pappel**	4. - 8. Februar
14. - 23. August	**Zeder**	9. - 18. Februar
24. August - 2. September	**Kiefer**	19. - 29. Februar
3. - 12. September	**Weide**	1. - 10. März
13. - 22. September	**Linde**	11. - 20. März
23. September	**Ölbaum**	

Eiche (**21. März**)

Die Eiche kann Jahrhunderte alt werden und gilt als einer der widerstandsfähigsten Bäume. Den Druiden, die ihren Namen von ihr ableiteten, galt sie als der bedeutendste und heiligste Baum, der die individuelle Stärke symbolisierte. Wenn Sie an diesem der Eiche gewidmeten und für die Kelten bedeutenden Festtag der Frühlingstagundnachtgleiche geboren sind, dann haben Sie eine sehr starke Persönlichkeit und verfügen über enorme Ausdauer. Sie sind eine Frau, die im Hier und Jetzt lebt, abenteuerlustig, optimistisch, sehr charmant und recht temperamentvoll ist. Gemäß der Typologie müssten Sie aber auch reichlich eitel sein und es lieben, bewundert zu werden und im Mittelpunkt zu stehen. Bekommen Sie diese Aufmerksamkeit einmal nicht, sind Sie schnell beleidigt. Und da Sie manchmal möglicherweise zu einer gewissen Rücksichtslosigkeit neigen, könnte Ihnen etwas Selbstkritik wohl nicht schaden. In der Liebe sind Sie stürmisch, feurig und eine sehr aufregende Partnerin.

Hasel (**22. - 31. März und 24. September - 3. Oktober**)

Die Hasel ist eine zähe Pflanze, ein buschartiger Baum, der den Boden für andere Gewächse vorbereitet. Die Kelten sahen in der Hasel ein Symbol für Fruchtbarkeit und Durchsetzungskraft.

Wenn Sie im Zeichen der Hasel zur Welt kamen, sind Sie die geborene Pionierin. Sie haben einen unglaublich starken Willen und sind ebenso energisch wie dynamisch. Und wahrscheinlich können Sie manchmal auch ein richtiger Dickkopf sein. Wenn Sie ein Ziel vor Augen haben, scheuen Sie vor praktisch keiner Herausforderung zurück. Achten Sie darauf, nicht allzu leichtsinnig Risiken einzugehen, und versuchen Sie, nicht zu eigensinnig oder egoistisch zu sein! In Bezug auf die Liebe sind Sie sinnlich und leidenschaftlich, neigen aber meist auch zur Eifersucht.

Eberesche (**1. - 10. April und 4. - 13. Oktober**)

Die Eberesche ist ein sehr genügsamer Baum, der auch unter schwierigen Bedingungen gedeiht. Bei den Kelten galt sie als Symbol des Übergangs und der Vermittlung.

Wenn Sie in der Zeit der Eberesche geboren wurden, sind Sie ein sehr gerechter Mensch, der die Welt verbessern möchte. Sie machen sich gerne nützlich, sind ausgesprochen wissbegierig und Neuem gegenüber sehr aufgeschlossen. In Ihrem Umfeld streben Sie nach Harmonie und sind bemüht, Ihren Mitmenschen entgegenzukommen. Allerdings kann dies dazu führen, dass Sie Konflikten ausweichen. Auch fällt es Ihnen nicht immer leicht, Entscheidungen zu treffen.

In punkto Liebe wünschen Sie sich eine dauerhafte Beziehung voller Zärtlichkeit und Romantik.

Ahorn (11. - 20. April und 14. - 23. Oktober)

Der Ahorn ist ein schöner, stattlicher Baum mit über 200 verschiedenen Arten, die oft auch in rauhem Klima wachsen. Für die Kelten repräsentierte der Ahorn die Eigenwilligkeit und den Kampf um die eigene Identität.

Wenn Sie im Zeichen des Ahorns geboren sind, lieben Sie Ihre Freiheit und Ihre Unabhängigkeit über alles. Man kann Sie als ausgeprägte Individualistin und als sehr intelligente, originelle und einfallsreiche Frau bezeichnen. Sie glauben an sich, strahlen sehr viel Energie aus und stecken voller Ideen und Ideale, neigen jedoch auch zur Rastlosigkeit und zur Nervosität. Manchmal können Sie auf andere ausgesprochen exzentrisch wirken, was Sie aber kaum oder gar nicht stören dürfte. In Bezug auf die Liebe wünschen Sie sich eine fantasievolle, geistig anspruchsvolle und abwechslungsreiche Partnerschaft, brauchen aber auch in einer festen Beziehung sehr viel Freiraum.

Nussbaum (21. - 30. April und 24. Oktober - 2. November)

Der Nussbaum hat sehr dichtes Laub, in dessen Schatten andere Pflanzen nicht gut gedeihen. Den Kelten galt er als Symbol für Unvergänglichkeit und Ewigkeit.

Wenn Sie im Zeichen des Nussbaums geboren sind, dann besitzen Sie einen leidenschaftlichen, unbeugsamen Charakter voller Gegensätzlichkeit. Einerseits sind Sie praktisch, beständig und sicherheitsliebend, andererseits wirken Sie auf andere oft geheimnisvoll und unberechenbar und können plötzlich äußerst reizbar, ja manchmal geradezu aggressiv sein. Sie genießen aber auch gerne die schönen Seiten des Lebens und schätzen Kunst und Kultur. In der Liebe sind Sie sehr emotional und absolut treu. Und genau das erwarten Sie auch von Ihrem Partner.

Eibe (1. - 11. November)

Die Eibe gehört zu den Nadelgewächsen. Sie wächst langsam, kann viel Schatten vertragen und bis zu 2000 Jahre alt werden. Für die Kelten symbolisierte sie die Transformation, die Wiedergeburt und die Ewigkeit.

Wenn Sie im Zeichen der Eibe geboren wurden, sind Sie eine Suchende. Ausgesprochen kreativ, sehr sensibel, fantasievoll und künstlerisch veranlagt, haben Sie dazu noch die Fähigkeit, abstrakt zu denken. Nicht jeder versteht Ihren oft schwarzen Humor und Ihren Hang zu Zynismus und Sarkasmus. Euphorisch oder total schwermütig, beides ist bei Ihnen in rascher Folge möglich, denn Sie neigen zu ziemlich extremen Stimmungsschwankungen. In der Liebe wünschen Sie sich vollkommene seelische Übereinstimmung und tiefe Emotionalität. Fakt ist, ein fröhlicher Lebenspartner tut Ihnen gut.

Pappel (1. - 14. Mai, 5. - 13. August und 4. - 8. Februar)
Die Pappel, auch unter dem Namen Espe bekannt, ist ein hoher, schlanker Laubbaum. Charakteristisch für sie ist das auffallende Rauschen der Blätter im Wind. Die Kelten sahen im schnellen Wachstum der Pappel das Streben und den Wunsch nach Überwindung der Ungewissheit.

Wenn Sie im Zeichen der Pappel geboren sind, dann sind Sie vielseitig interessiert, intellektuell veranlagt und stets auf der Suche nach neuen Erkenntnissen. Realistisch, ehrgeizig und ausgesprochen lernfähig, beschäftigt Sie vermutlich die Frage nach dem Sinn des Lebens sehr. Nach außen wirken Sie oft unnahbar und stolz, aber eigentlich wollen Sie nur niemandem Ihre verwundbare Seite offenbaren. Achten Sie darauf, keine vorschnellen Urteile zu fällen! In der Liebe sind Sie, wenn Sie sich nach längerem Zögern für einen Menschen entschieden haben, treu, loyal und absolut zuverlässig.

Kastanie (15. - 24. Mai und 12. - 21. November)
Die Kastanie ist ein attraktiver, imposant aussehender und nützlicher Baum. Die Kelten sahen in ihr ein Symbol für Gehorsam und Redlichkeit.

Wenn Sie zur Zeit der Kastanie geboren sind, dürften Sie eine sehr hilfsbereite Frau sein, der es Freude macht, anderen beizustehen. Wenn Sie sich für ein Ideal engagieren, verfolgen Sie Ihren Weg konsequent und geradlinig. Dann sind Sie tatkräftig und verantwortungsbewusst, manchmal aber vielleicht ein wenig zu missionarisch in Ihrem Bestreben, alle Welt von der Richtigkeit Ihres Anliegens zu überzeugen. Auch sollten Sie darauf achten, nicht intolerant zu sein. Da Sie sich nach tiefer Verbundenheit sehnen, sind Sie bereit, in Liebesbeziehungen sehr viel Gefühl zu investieren.

Esche (25. Mai - 3. Juni und 22. November - 1. Dezember)
Die Esche kann von allen Laubbäumen den höchsten Wuchs erreichen. Die Kelten sahen in ihr ein Symbol für die persönliche Freiheit.

Wenn die Esche Ihr Zeichen im Baumkreis der Kelten ist, dann sind Sie eine für alles offene Entdeckerin. Sozial, flexibel und fantasievoll, wollen Sie sich stets weiterbilden und frei entfalten können. Gerechtigkeit und Toleranz sind Ihnen sehr wichtig. Aber wenn Sie das Gefühl haben, dass man Sie in irgendeiner Form einschränken, manipulieren oder bevormunden will, können Sie sehr aggressiv werden. Achten Sie darauf, sich nicht in Oberflächlichkeiten zu verlieren! Das täte Ihnen gar nicht gut.

In der Liebe brauchen Sie einen Partner, der Ihnen ebenbürtig ist und mit dem Sie gemeinsam wachsen können. Sollte ein Mann versuchen, Sie zu bremsen, wird er Sie von Ihrer unangenehmsten Seite kennenlernen.

Hainbuche (3. - 13. Juni und 2. - 11. Dezember)

Die anspruchslose Hainbuche wird auch Eisenholz genannt, da sie das härteste europäische Nutzholz ist. Die Kelten sahen sie als das Symbol für Zuverlässigkeit und Disziplin.

Wenn Sie im Zeichen der Hainbuche geboren sind, stellen Sie für andere oft »den Felsen in der Brandung« dar, den nichts so schnell umwerfen kann. Ordnung ist Ihnen sehr wichtig und Sie zeichnen sich durch Fleiß, Pflichtbewusstsein und Selbstdisziplin aus. Generell gilt, Sie handeln lieber als zu reden. Wer Sie zur Freundin hat, kann sich auch in Notsituationen immer auf Sie verlassen. Manchmal können Sie allerdings recht unflexibel und beinahe schon übertrieben nüchtern sein. Dann reagieren Sie auf die Schwächen Ihrer Mitmenschen mürrisch und mit strenger Ablehnung. Versuchen Sie diesbezüglich nicht so hart zu sein! In der Liebe sind Sie ernsthaft, aufrichtig und ehrlich, neigen aber sehr zur Dominanz.

Feigenbaum (14. - 23. Juni und 12. - 21. Dezember)

Der Feigenbaum ist eigentlich ein Tropengewächs. Dennoch ist es ihm gelungen, ein gewisses Maß an Winterfestigkeit zu entwickeln und sich rund um das Mittelmeer in den wärmeren Gegenden Europas anzusiedeln. Die Kelten sahen in ihm ein Symbol für die Empfindsamkeit.

Wenn Sie im Zeichen des Feigenbaums geboren wurden, sind Sie eine Künstlernatur von liebevollem und feinfühligem Wesen. Sie stehen im Einklang mit Ihrer Intuition und sind sehr kreativ. Sie lieben Schönheit, Ästhetik und Harmonie und brauchen ein Gefühl der Geborgenheit, um sich wirklich wohlzufühlen. Da Sie des öfteren etwas launisch sind, wirken Sie auf andere manchmal labil. Und gerade deswegen versuchen Sie häufig, Ihre Empfindsamkeit und Verletzlichkeit zu verbergen. In Bezug auf Herzensangelegenheiten wünschen Sie sich einen Lebenspartner, dem Sie uneingeschränkt vertrauen können.

Birke (24. Juni)

Die Birke ist ein durchaus robuster, aber gleichzeitig sehr zart aussehender Baum. Sie braucht viel Licht, um gut zu gedeihen. Die Kelten sahen in ihr ein Symbol für Bescheidenheit und schöpferisches Wissen.

Wenn Sie am keltischen Festtag der Sommersonnenwende im Zeichen der Birke geboren wurden, sind Sie eine Optimistin mit einem sonnigen, heiteren Gemüt. Sie sind charmant und wirken auf andere daher meist sehr gewinnend. Auch sind Sie hilfsbereit, diszipliniert, scheuen selten vor einer schwierigen Aufgabe zurück und übernehmen gerne Verantwortung. Wenn Sie allerdings das Gefühl haben, nicht genügend Anerkennung für Ihre Leistungen und Ihr Wissen zu bekommen, können Sie ziemlich zynisch und nörglerisch reagieren.

Achten Sie bitte darauf, nicht zu besserwisserisch aufzutreten! Da Sie sich mit überschäumenden Gefühlen eher schwertun, ziehen Sie eine bodenständige, verlässliche Partnerschaft einer glühenden, leidenschaftlichen Affäre allemal vor.

Buche (22. Dezember)

Die Buche (Rotbuche) ist ein majestätischer Baum, deren beeindruckend dichtes Laubwerk viel Schatten spendet. Bei den Kelten galt sie als Symbol der Durchsetzungskraft und der gestalterischen Stärke der Gemeinschaft.

Wenn Ihr Geburtstag auf den keltischen Feiertag der Wintersonnenwende fällt, dann sind Sie als im Zeichen der Buche Geborene selbstbewusst, zielstrebig, realistisch, ehrgeizig und eine starke Persönlichkeit mit ausgeprägten Führungsqualitäten. Sie wissen, was Sie wollen, und werden durch Ihre natürliche Dominanz für andere oft zu einer Leitfigur. Gerade deswegen sollten Sie sich aber auch bemühen, etwas nachsichtiger und toleranter zu sein und Ihren Eigensinn im Zaum zu halten. In der Liebe wünschen Sie sich eine stabile Beziehung, neigen aber dazu, besitzergreifend zu sein.

Apfelbaum (25. Juni - 4. Juli und 23. Dezember bis 1. Januar)

Der Apfelbaum ist ungemein robust und kann fast überall wachsen und gedeihen. Die Kelten sahen in ihm das Symbol für Liebe und Vollendung.

Wenn Ihr Geburtstag in den Zeitraum des Apfelbaums fällt, sind Sie eine gütige und liebevolle Frau. Voller Ideen, weltoffen, freundlich und fantasievoll, können Sie mit Ihrem ausgeglichenen, verständnisvollen Charakter und Ihrem durchaus ausgeprägten Realitätssinn auch beruflich viel erreichen. Doch eigentlich sind Sie im Inneren stets nur auf der Suche nach Liebe. Sie wünschen sich einen Menschen, mit dem Sie alles teilen können, eine große Liebe, die ein Leben lang halten soll. Vorsicht! Enttäuschungen können bei Ihnen zu heftigen Abwehrmechanismen führen! Dann neigen Sie dazu, sich entweder verbittert zu verkriechen oder hart und ungerecht zu reagieren.

Tanne (1. - 14. Juli und 2. - 11. Januar)

Die Tanne ist ein immergrüner Nadelbaum. Sie kann auch in unwirtlichen Regionen wachsen. Die Kelten sahen in ihr das Geheimnisvolle ebenso symbolisiert wie die Suche nach Schutz.

Wenn Sie im Zeichen der Tanne geboren sind, könnten Sie einen Hang zu Extremen und zur Exzentrik haben, gleichzeitig aber auch über sehr viel Mitgefühl verfügen. Oft haben Sie den Wunsch, andere zu beschützen, obwohl Sie auf Ihre Mitmenschen meist einen eher unnahbaren und verschlossenen Eindruck machen. Sie sind klug und wollen das Leben und die Welt verstehen, können aber, wenn man Sie reizt, aufbrausend und jähzornig sein oder in eine dumpfe Melancholie versinken. In der Liebe suchen Sie nach einem starken und verständnisvollen Partner, bei dem Sie Ihre sensiblen Seiten nicht verstekken müssen.

Ulme (15. - 25. Juli und 12. -24. Januar)

Die Ulme ist ein schöner Baum mit dunkelgrünem, üppigem Laub. Dennoch raubt ihre lichte Krone anderen Pflanzen kein Licht. Die Kelten sahen daher in der Ulme das Symbol der guten Gesinnung.

Wenn Ihr Geburtstag in die von der Ulme regierten Zeiträume fällt, dann sind Sie eine uneigennützige, faire, großmütige und optimistische Frau, sollten allerdings darauf achten, sich nicht ausnützen zu lassen. Sie leben ganz in der Gegenwart und strahlen Lebensfreude aus. Ihr offenes Wesen, Ihr Charme und Ihr Humor machen Sie meist recht beliebt. Wenn man Sie aber dennoch einmal ablehnt, fühlen Sie sich ziemlich hilflos und versuchen, das hinter einer arroganten Fassade zu verstecken. In der Liebe gehen Sie vollkommen auf, und in einer glücklichen Beziehung werden Sie alles für den geliebten Partner tun.

Zypresse (26. Juli - 4. August und 25. Januar - 3. Februar)

Die pyramidenförmige Zypresse schätzt Wärme und gehört zur uralten Familie der Koniferen. Die Kelten sahen in ihr einen mystischen Baum, der für sie die Seelenwanderung, aber auch das Streben nach Erkenntnis und Kultur verkörperte.

Wenn Sie im Zeichen der Zypresse geboren sind, haben Sie bestimmt einen Hang zu allem Geheimnisvollen und Mystischen. Ihren Mitmenschen fällt es – trotz Ihrer Kontaktfreude – oft nicht leicht, Sie richtig einzuschätzen. Fakt ist, dass Sie Zwänge jeglicher Art verabscheuen. Konventionen interessieren Sie wenig. Ihr erklärtes Ziel ist die Selbstverwirklichung. Daher pflegen Sie Ihren eigenen, häufig ungewöhnlichen Stil. Sie sind klug und meist auch recht gesellig, aber es kann vorkommen, dass Ihre etwas ironische Art nicht gut ankommt. Dies sollten Sie aber nicht zum Anlass nehmen, sich selbstgerecht oder rücksichtslos zu benehmen. Auf das andere Geschlecht wirken Sie aufgrund Ihrer Unergründlichkeit sehr anziehend, und natürlich wünschen Sie sich auch in einer Liebesbeziehung nicht zuletzt einen regen geistigen Austausch.

Zeder (14. - 23. August und 9. - 18. Februar)

Die Zeder ist ein stattlicher, beeindruckender Baum. Sie weiß ein mildes Klima zu schätzen, gedeiht aber auch unter weniger günstigen Bedingungen. Die Kelten sahen in der Zeder den Baum der Erleuchteten, der für sie Größe und Zuversicht symbolisierte.

Wenn die Zeder Ihr Lebensbaum ist, dann sind Sie eine echte Persönlichkeit mit großen Zielen und viel Selbstvertrauen. Und eigentlich müssten Sie auch

Erfolg haben, denn Ihr Optimismus lässt Sie nur selten verzagen. Allerdings gibt es für Sie meist nur schwarz oder weiß, Mittelwege und Maßhalten sind Ihre Sache nicht. Sie haben Geschmack, sind künstlerisch veranlagt und stehen häufig im Mittelpunkt. Und Sie erwarten das auch, da Sie durchaus zur Egozentrik neigen. Mit Kritik können Sie nur sehr schlecht umgehen. Versuchen Sie es trotzdem von Zeit zu Zeit wenigstens mit etwas Selbstkritik! Die Liebe kann sich in Ihrem Leben manchmal als etwas schwierig gestalten, denn Sie erwarten von einem Partner, dass er Sie rückhaltlos bewundert.

Kiefer (24. August - 2. September und 19. - 29. Februar)

Die Kiefer ist ein anspruchsloser, hoch wachsender Nadelbaum. Sie kann auf fast jedem Boden und vielen Klimazonen gedeihen. Die Kelten sahen in der Kiefer, die sie Feuerbaum nannten, das Symbol der Vernunft.

Wenn Ihr keltisches Baumzeichen die Kiefer ist, dann sind Sie eine sachliche, vorsichtige und überlegte Frau, die von anderen zu recht als zweckorientiert, vernünftig, gewissenhaft und strebsam wahrgenommen wird. Sie verfügen über ein ausgesprochenes Organisationstalent, das Sie beruflich sehr erfolgreich einsetzen können. Privat sollten Sie darauf achten, nicht allzu penibel und pedantisch zu sein. Riskieren Sie auch einmal etwas, sonst laufen Sie Gefahr, sich in Ihrer Freizeit irgendwann zu langweilen, was ja nicht sein muss. In der Liebe brauchen Sie Zeit. Wer Sie erobern will, muss Sie lange umwerben.

Weide (1. - 12. September und 1. - 10. März)

Die Weide wächst stets dort, wo es feucht ist. Ihre ausladenden Äste und Zweige streckt sie dem Wasser entgegen. Die Kelten sahen in der Weide das Symbol für Naturverbundenheit und Individualität.

Wenn Sie im Zeichen der Weide geboren wurden, dann sind Sie gefühlvoll, idealistisch, menschenfreundlich und stets auf der Suche nach Wahrheit. Außerdem sind Sie ausgesprochen intuitiv und interessieren sich sehr für unterbewusste oder mystische Vorgänge, gehen aber dabei durchaus auch analytisch vor. Die Natur bedeutet Ihnen sehr viel. Hier finden Sie die Kraft, die Sie brauchen, um die sehr verletzliche und manchmal auch pessimistische oder melancholische Seite Ihrer Persönlichkeit auszugleichen. In der Liebe wünschen Sie sich seelische Übereinstimmung und eine gleichberechtigte Partnerschaft.

Linde (13. - 22. September und 11. - 20. März)

Die Linde ist ein schöner, dicht belaubter Baum mit relativ weichem Holz, die weit über 500 Jahre alt werden kann. Die Kelten sahen in der Linde ein Symbol für Verletzlichkeit, aber auch für Versöhnung.

Wenn Ihr Lebensbaum die Linde ist, dann sind Sie selbstlos, gütig, zärtlich, liebenswürdig und feinfühlig. Sie glauben an das Gute im Menschen und sind immer bereit, anderen zu helfen. Obwohl Sie klug sind, hindert Ihr sanftes Wesen Sie oft daran, sich dominanteren Zeitgenossen gegenüber zu behaupten oder durchzusetzen. Liebe, Ehe, Familie und ganz besonders auch Kinder bedeuten Ihnen sehr viel. In einer harmonischen Beziehung können Sie vollständig aufgehen.

Ölbaum **(23. September)**
Der Ölbaum, der auch Olivenbaum genannt wird, ist genügsam und eher kleinwüchsig, aber sehr langlebig. Die Kelten sahen in ihm ein glückbringendes Symbol für Weisheit und Lebensklugheit.

Wenn Ihr Geburtstag auf diesen keltischen Festtag der Herbsttagundnachtgleiche fällt, dann sind Sie ein sehr verantwortungsbewusster Mensch und werden mit zunehmender Reife auch immer weiser. Sie wissen, was Sie wollen und auch, wie Sie es erreichen können. Ihr Anspruch an sich selbst und andere ist hoch, aber selten unrealistisch. Außerdem sind Sie eine gute Beobachterin und handeln meist klug und überlegt. Allerdings könnten Sie manchmal schon etwas lockerer sein, denn nicht alle nehmen das Leben so ernst wie Sie. Mit Gefühlen tun Sie sich nicht leicht, und in der Liebe sind Sie vermutlich das, was man eine Spätzünderin nennt.

Der Zauber der Zahlenmystik

Zahlen haben die Menschen schon immer fasziniert. Und so versuchten sie bereits in der Frühzeit, die Welt mittels Zahlen zu erklären. Bekannt ist, dass schon in den frühesten naturphilosophischen und kulturreligiösen Überlieferungen der Menschheit die Zahlenmystik eine große Rolle spielte. Ihr Ursprung liegt in dem Glauben, dass Zahlen und Kombinationen derselben außer ihrer mathematischen Funktion eine weitere und tiefere Bedeutung zukommt. Bei diesen Überlegungen wurde davon ausgegangen, dass Zahlen Träger mystischer Bedeutungen sind und deren Entschlüsselung zu einem besseren Verständnis von Mensch, Natur, Kosmos und auch Gott führen kann. Und so entstand die **Numerologie**, die auf der Basis eben dieser Überzeugung jeder Zahl eine Schwingung bzw. Wirkung und Aussage zuspricht. Daraus wiederum entwickelte sich die **Gematrie**, bei der den Buchstaben nach verschiedenen Zahlenschlüsseln ein Zahlenwert zugeordnet wird, der dann ebenfalls Rückschlüsse, Beziehungen und Interpretationen möglich macht. Und natürlich darf in diesem Zusammenhang die jüdische – und später auch jüdisch-christliche – Weisheitslehre Kabbala keinesfalls unberücksichtigt bleiben. Die Kabbala ist eine spirituelle und philosophische Geheimlehre, die sich mit der Stellung des

Menschen im Universum auseinandersetzt und die fundamentalen Fragen: »Warum existieren wir, woher kommen wir, warum sind wir auf dieser Welt und wohin gehen wir von hier aus?« versucht zu beantworten. Dabei spielen sowohl die Astrologie als auch die Zahlenmystik eine große Rolle.

Numerologie – die geheime Lehre von den Zahlen

Die Numerologie beruht, wie bereits erwähnt, auf mystischen Weisheitslehren, die von der Annahme ausgehen, dass Zahlen das Wesen aller Dinge im Universum darstellen. Der berühmte Mathematiker Pythagoras (ca. 580 v. Chr. - 496 v. Chr.) griff dieses bereits zu seiner Zeit uralte okkulte Wissen der Menschheit auf und ordnete den Zahlen einen ganzen Katalog von Bedeutungen zu. Daraus entwickelten sich in der Numerologie, ähnlich wie in der Astrologie, verschiedene Systeme zur Charakterdeutung und Befragung des Schicksals. Wobei diese Lehren der Numerologie nicht nur für Menschen, sondern auch für Tiere, Städte, Länder, Firmen usw. gelten. Doch da es im Rahmen dieses Buches natürlich um Sie geht, fangen wir jetzt mit Ihnen an.

Ihre Geburtszahl

In Bezug auf die Charakterdeutung ist die Geburtszahl Ihre persönlichste Zahl. Durch sie sollen die Anlagen Ihrer Persönlichkeit sowie Fähigkeiten und Begabungen, aber auch Schwächen und Ängste erkennbar sein.

Berechnung:
Die heute überwiegend angewandte Methode der Numerologie ermittelt durch die Bildung von Quersummen die für Sie zutreffende Geburtszahl. Man zieht die Quersumme so lange, bis sich eine einstellige Zahl ergibt, Ausnahmen sind die sogenannten »Meisterzahlen«, die 11, die 22 und die 33. Diese werden aufgrund Ihrer herausragenden Bedeutungen nicht auf eine einstellige Zahl reduziert.

Beispiel 1:
Nehmen wir an, Ihr Geburtsdatum wäre der 25.11.1978. Dann gehen Sie so vor:
Addieren Sie jede einzelne Zahl Ihres Geburtsdatums: 2+5 +1+1+1+9+7+8 = 34
Diese Quersumme addieren Sie nochmals, also 3+4=7
Ihre persönliche Geburtszahl wäre in diesem Fall also die 7.

Beispiel 2:
Sie sind am 15.4.1972 geboren. Also 1+5+4+1+9+7+2 = 29
2+9 = 11. Stop!
Sie sind auf eine Meisterzahl gestoßen, keine weitere Reduzierung auf die 2.

Geburtszahl 1

Die 1 steht für das absolute Sein und für das Unteilbare. Sie gilt als Schöpfungszahl, die den Willen, den Anfang alles Lebens und die Sonne symbolisiert. Wenn Sie die 1 als Geburtszahl haben, liegen diese Kraft und dieser Pioniergeist auch in Ihnen. Und das heißt, Sie sind dazu ausersehen, neue Wege zu gehen. Individuell und spontan bringen Sie überall Ihre Ideen ein. Sie sind kreativ, intelligent und haben Mut. Deswegen fällt Ihnen in Gruppen oft eine Führungsrolle zu. Aber gleichzeitig besitzen Sie auch eine gewisse Unschuld, wodurch Sie allem Neuen und Unbekannten oft etwas zu vertrauensvoll begegnen. Erfolg ist Ihnen wichtig, und Sie konzentrieren Ihre Aufmerksamkeit darauf. Freunde können sich auf Sie verlassen, und wenn Sie lieben, sind Treue und Loyalität eine Selbstverständlichkeit für Sie. Doch Sie brauchen auch immer sehr viel Bestätigung durch Ihr Umfeld. Achten Sie darauf, nicht zu egozentrisch oder gar egoistisch zu sein!

Geburtszahl 2

Die 2 ist die Zahl der Anziehung und der Verbindung von zwei Hälften, also der Dualität, wie z. B. bei Tag und Nacht oder bei Licht und Schatten. Vielleicht fällt es Ihnen daher auch oft nicht so leicht, Entscheidungen zu treffen. Und hin und wieder machen Ihre häufigen Stimmungsschwankungen Sie auch recht launisch. Aber Sie strahlen auch viel Weiblichkeit aus, sind sensibel und sehr warmherzig, haben ein starkes Bedürfnis nach Frieden und Harmonie und sind im Umgang mit anderen meist sehr diplomatisch. Reagieren Sie nicht überempfindlich auf die Meinungen und Befindlichkeiten anderer Menschen, sondern finden Sie Ihre eigene Mitte! Liebe und Partnerschaft sind für Sie sehr wichtig. Sie brauchen viel Zärtlichkeit und Geborgenheit, sollten aber darauf achten, diesbezüglich nicht automatisch von sich auf andere zu schließen.

Geburtszahl 3

Die 3 versinnbildlicht die perfekte Einheit von Körper, Geist und Seele und steht für Wachstum. Somit sind Sie mit der 3 ein Glückskind und vielseitig begabt. Sie können sich gut ausdrücken, und das mündlich wie schriftlich. Außerdem sind Sie herzlich, klug und ziehen durch Ihre Ausstrahlung die Menschen in Ihren Bann. Ihr Enthusiasmus, Ihre Tatkraft und Ihr Optimismus sind sprichwörtlich. Ihre Ziele stecken Sie sich meist sehr hoch, denn mit Durchschnittlichem geben Sie sich nur selten zufrieden. In der Liebe und in Beziehungen nehmen Sie die Dinge manchmal zu wenig ernst, weil es vorkommt, dass Sie nicht in Ihren Partner, sondern in das Gefühl, verliebt zu sein, verliebt sind. Andererseits kann es aber auch vorkommen, dass Sie plötzlich übertrieben eifersüchtig sind. Kümmern Sie sich nicht zu sehr um das, was andere von Ihnen denken, sondern gehen Sie – soweit als möglich – stets Ihren eigenen Weg!

Geburtszahl 4

Die 4 ist die Zahl der Ganzheit. Sie steht für die vier Elemente, die vier Jahreszeiten, die vier Himmelsrichtungen und für ein solides Fundament. Somit sind Sie mit der Geburtszahl 4 praktisch, ernsthaft und eher vorsichtig. Sicherheit und Stabilität sind für Ihr Wohlbefinden unerlässlich. Sie lieben die Natur und brauchen manchmal Zeit für sich alleine. Sie sind verantwortungsbewusst und engagieren sich für Ihre Arbeit und Ihre Lieben, neigen aber zum Grübeln und zur Eigenwilligkeit. In einer Beziehung wirken Sie – besonders zu Anfang – oft kühl und extrem vernünftig, aber dafür kann Ihr Partner sich hundertprozentig auf Sie verlassen. Sie brauchen eben einfach etwas Zeit, um sich ganz auf einen Menschen einzulassen. Achten Sie darauf, Ihre Kräfte gut einzuteilen und sich diesbezüglich nicht zu überschätzen.

Geburtszahl 5

Die 5 gilt als magische Zahl und symbolisiert die Erfahrung. Der Mensch hat fünf Sinne, fünf Finger an jeder Hand und fünf Zehen an jedem Fuß. Mit der Geburtszahl 5 brauchen Sie viel Spielraum, Freiheit und Unabhängigkeit. Sie sind sehr aufgeschlossen, charmant, kommunikativ und praktisch immer für alles Neue offen. Aber Sie sollten unbedingt darauf achten, Ihre Talente nicht zur Manipulation anderer Menschen einzusetzen. Dass Sie hohe Ideale haben und sich mit Fragen nach dem Sinn des Lebens auseinandersetzen, wird Sie dabei unterstützen. Reisen erweitern Ihren Horizont und machen Ihnen außerdem viel Freude. In der Liebe neigen Sie dazu, sich nur zögerlich zu binden, und Sie schwanken wahrscheinlich oft zwischen verschiedenen Möglichkeiten hin und her. Und wenn Sie sich dann endlich doch für einen Partner entschieden haben, erwarten Sie von ihm sehr viel Rücksichtnahme.

Geburtszahl 6

Die 6 verkörpert die Harmonie. Wir finden sie in der Form des Hexagramms wieder. Mit der Geburtszahl 6 sind Sie voller Liebe, Mitgefühl und Sorge für andere. Bestimmt engagieren Sie sich für Schwächere und bekämpfen Ungerechtigkeiten mit Vehemenz. Sie sind künstlerisch begabt und bestrebt, in

Ihrem Umfeld ein harmonisches Gleichgewicht herzustellen. Und obwohl Sie bei Ihren Mitmenschen meist einen liebenswerten und anziehenden Eindruck hinterlassen, können Sie manchmal auch sehr hartnäckig und unnachgiebig sein. In der Liebe wünschen Sie sich einen zärtlichen und einfühlsamen Partner, mit dem Sie über alles reden können. Sie gewinnen leicht Freunde, sollten aber darauf achten, sich von niemandem ausnutzen zu lassen.

Geburtszahl 7

Die 7 ist eine heilige Zahl und steht für Spiritualität. Sie spielt sowohl in der jüdisch-christlichen Bibel als auch in anderen Religionen eine bedeutende Rolle und taucht auch in vielen Märchen und Legenden sowie im Okkultismus immer wieder auf. Außerdem symbolisiert sie den Kosmos.

Wenn Sie die 7 als Geburtszahl haben, sind Sie eine tiefsinnige Denkerin und verfügen über eine sehr gut entwickelte Intuition. Aufgrund Ihrer zurückhaltenden Art und Ihrer tiefgründigen Natur fällt es andern oft nicht leicht, Sie zu verstehen, geschweige denn, Sie zu durchschauen. Geistige, mystische und spirituelle Themen faszinieren Sie, und Sie eignen sich mit großem Eifer das entsprechende Wissen an, um mit den dadurch gewonnenen Erkenntnissen und Ihrer Fantasie schöpferisch umzugehen. Allerdings reagieren Sie auf Kritik oft allzu überempfindlich. In der Liebe verstehen Sie es, sehr bewusst Zärtlichkeit zu geben und zu nehmen. Doch obwohl Sie viel Körperkontakt brauchen, benötigen Sie auch viel Zeit für sich alleine.

Geburtszahl 8

Die Zahl 8 steht für die Unendlichkeit und symbolisiert auch die Ernte. Mit der 8 als Geburtszahl sind Sie kompetent, stark und auf Erfolg programmiert. An sich und andere stellen Sie hohe Anforderungen. Sie wissen, wie Sie Ihre Ziele erreichen und, wenn nötig, auch durchboxen können, und verfügen neben einem ausgeprägten Organisationstalent auch über beachtliche Führungsqualitäten. Sie sollten aber unbedingt darauf achten, nicht rücksichtslos Ihre Pläne zu verfolgen, da Sie ansonsten mit erheblichen Schwierigkeiten und großem Widerstand rechnen müssen. Generell genießen Sie es, von Menschen bewundert zu werden. Doch das fällt Ihren Freunden und besonders Ihrem Partner vermutlich nicht immer leicht, weil Sie meist unbedingt Ihren Kopf durchsetzen wollen, aber trotzdem erwarten, dass Sie ohne Einschränkungen geliebt und geschätzt werden. Versuchen Sie etwas kompromissbereiter zu werden!

Geburtszahl 9

Die 9 steht für Vollkommenheit und symbolisiert Erlösung sowie Weisheit. Mit der 9 als Geburtszahl sind Sie stets auf der Suche nach dem Licht oder zumindest nach der Erleuchtung. Sie empfinden Mitgefühl für alle Wesen der Schöpfung und sind eine wahre Menschenfreundin. In finanziellen Angelegenheiten haben Sie meist eine glückliche Hand, und Sie können zu Ruhm und Einfluss gelangen, wenn Sie sich darüber klar sind bzw. werden, was Sie im Leben erreichen wollen. Achten Sie dabei aber darauf, nicht zu rechthaberisch vorzugehen! Dies könnte sich ansonsten als ein Stolperstein erweisen. Schön ist, dass Sie – wenn Sie dazu in der Lage sind – wahrscheinlich sowohl Ihre Zeit als auch Ihre Mittel großzügig mit denen teilen, die Ihrer Hilfe bedürfen. Und da Sie in sich selbst sehr viel Liebe tragen, profitieren davon natürlich ganz besonders Ihre Familie und Ihr Partner.

Geburtszahl 11

Die 11 ist eine sogenannte Meisterzahl, die einerseits als Summe der Eigenschaften der Zahl 1, die für die Schöpfung und den Willen steht, und der 10, die als Zahl des Durchbruchs angesehen wird, gilt. Zugleich beinhaltet sie aber auch die Qualitäten der 2, die ihre Quersumme ist, und somit die Dualität verkörpert. Und darüber hinaus gilt sie auch noch als die Zahl der Sünde und der Überschreitung, weil sie nach der 10, die die Vollendung und das Gesetz verkörpert, kommt.

So komplex wie die Bedeutung der Zahl 11 sind auch Sie, wenn diese Meisterzahl Ihre Geburtszahl ist. Denn Sie sind eine Führungsnatur und eine außer- und ungewöhnliche Frau mit überdurchschnittlich gut entwickelter Intuition, enormer Kreativität, großem Einfühlungsvermögen sowie Intelligenz, Mut, Kraft und vielen Talenten. Doch gerade weil Sie so viele Gaben bekommen haben, neigen Sie möglicherweise auch dazu, sich zu verzetteln oder vielleicht sogar dazu, andere zu manipulieren. Um eine wirklich erfüllende Liebesbeziehung zu leben, brauchen Sie einen ebenbürtigen Partner – und das ist sowohl für Sie als auch für Ihren Gefährten eine große Herausforderung.

Geburtszahl 22

Wenn Ihre Geburtszahl die Meisterzahl 22 ist, sind Sie definitiv eines nicht – nämlich ein »Durchschnittsmensch«. Sie haben das Zeug dazu, zum Nutzen der Menschheit zu agieren. Wie genau Sie das tun, liegt an Ihnen. Vielleicht sind Sie so eine Art Genie und verfügen über außergewöhnliche Talente, die Sie in dem von Ihnen gewählten Bereich der Wissenschaft oder der Kunst zu Höchstleistungen inspiriert. Oder Sie sind eine praktische Idealistin, die es versteht, weit über die Grenzen ihres eigenen Umfelds hinaus – z. B. für internationale Wohltätigkeitsorganisationen oder auch in der Politik – Systematik und Stabilität zu schaffen. So oder so, Sie sind in jedem Fall eine Frau mit erstaunlichem Weitblick und großen Idealen – und wahrscheinlich auch spirituell. Dabei ist es gut möglich, dass es Ihnen manchmal an der »Erdung« fehlt, die Ihnen ein an Ihrer Seite stehender liebender Partner geben könnte.

Geburtszahl 33

Die 33 wird auch die Jesuszahl genannt. Damit dürfte eigentlich gleich klar sein, worum es bei dieser Meisterzahl geht und warum es kaum Menschen mit dieser Geburtszahl gibt. Sollten Sie eine dieser wenigen sein, so müssen Sie über außergewöhnliche spirituelle Fähigkeiten verfügen und das sein, was man eine »Erleuchtete« nennt. Und das bedeutet, die Menschen werden Sie entweder überhaupt nicht verstehen oder sich in tiefem Respekt und in Demut vor Ihnen »verneigen«. Allerdings scheint eine Partnerschaft im klassischen Rahmen unter diesen Vorzeichen eher unwahrscheinlich zu sein.

Ihre Namenszahl

Die Namenszahl, die man aus allen Vor- und Zunamen, die auf der Geburtsurkunde stehen, ermittelt, soll helfen, die eigene Lebensaufgabe zu erkennen und etwas über Chancen und Herausforderungen auf dem Lebensweg zu erfahren. Numerologen glauben, dass durch eine Namensänderung, z. B. bei Heirat oder durch das Zulegen eines Künstlernamens, Einfluss auf den weiteren Lebensweg genommen werden kann.

Berechnung:
Anhand dieser Tabelle können Sie Ihre persönlichen Namenszahl ermitteln.

1	**2**	**3**	**4**	**5**	**6**	**7**	**8**	**9**
A	B	C	D	E	F	G	H	I
J	K	L	M	N	O	P	Q	R
S	T	U	V	W	X	Y	Z	

Dabei addieren Sie die Zahlenwerte aller Buchstaben Ihres Namens. Aus der Summe addieren Sie dann die Quersumme und das wieder so lange, bis sich eine einstellige Zahl ergibt oder bis Sie beim Bilden der Quersumme auf eine sogenannte Meisterzahl, also 11, 22 oder 33 treffen.

Beispiel 1:
Nehmen wir an, Ihr Geburtsname lautet Lisa Kerstin Schulz.
Dann gehen Sie so vor:

L I S A K E R S T I N S C H U L Z
3 + 9 +1 + 1 + 2 + 5 + 9 + 1 + 2 + 9 +5 + 1 + 3 + 8 + 3 + 3 + 8 = 73

73 = 7 + 3 = 10 10 = 1+ 0 = 1

In diesem Beispiel wäre die Namenszahl also die 1.

Beispiel 2:
Nun haben Sie geheiratet und den Namen Ihres Mannes angenommen, Sie heißen jetzt mit Nachnamen WEGENER und möchten wissen, welche Zahlenschwingung dadurch in Ihr Leben gekommen ist. Also:

L I S A K E R S T I N W E G E N E R
3 + 9 +1 + 1 + 2 + 5 + 9 + 1 + 2 + 9 +5 + 5 + 5 + 7 + 5 + 5 + 5 + 9 = 88
88 = 8 + 8 = 16 16 = 1 + 6 = 7

Die so ermittelte Namenszahl ist die 7. Sie ist nun als zusätzliche Schwingung in Ihrem Leben aktiv. Zugleich bleibt Ihre Grund-Namenszahl die 1.

Namenszahl 1

Mit der Namenszahl 1 wird die Urkraft verbunden, und das bedeutet, Sie sind eine starke Persönlichkeit, ziemlich ehrgeizig und möchten unbedingt große Leistungen vollbringen. Obwohl Sie genau wissen, was Sie wollen, planen Sie nur selten voraus. Sie stehen gerne im Mittelpunkt und lassen sich von anderen nur äußerst ungern etwas sagen. Wenn Sie sich für eine Sache wirklich interessieren, können Sie großen Einsatz bringen, aber wenn Sie das Gefühl haben, dass man Ihre Fähigkeiten nicht zu schätzen weiß, neigen Sie dazu, jede Form der Zusammenarbeit rigoros zu verweigern. Dennoch, Sie haben das Talent zur Führungskraft, müssen aber sehr darauf achten, dass Ihnen nicht unbedachte oder verletzende Bemerkungen herausrutschen, mit denen Sie sich Sympathien verscherzen.

Namenszahl 2

Die Namenszahl 2 wird mit der Sensibilität und dem Streben nach Harmonie assoziiert. Und so verfügen auch Sie über viel Takt und Feingefühl und gehen Streitereien, wenn möglich, aus dem Weg. Sie sind romantisch, künstlerisch, leicht zu verletzen und manchmal etwas zu passiv. Sie sind ausgesprochen hilfsbereit und oft bereit, sich für andere aufzuopfern. Doch Sie sollten auch versuchen, Schwierigkeiten nicht immer auszuweichen, sondern sich ihnen zu stellen. Da Sie mit Kritik relativ schlecht umgehen können, kann mangelnde Anerkennung Sie regelrecht melancholisch werden lassen. Lernen Sie, das z. B. mit Hilfe von Musik zu überwinden. Die bereitet Ihnen viel Freude und kann Ihnen über manches Problem hinweghelfen. Außerdem haben Sie ein feines Gespür für die Schwingungen um sich herum und sind aufgeschlossen für esoterische Themen, die Ihnen ebenso wie die Arbeit mit Musik und Tanz beruflich besonders liegen dürften.

Namenszahl 3

Die 3 steht als Namenszahl für die Versöhnung der Gegensätze, und so verwundert es nicht, dass Sie ein ausgesprochenes Talent für die Diplomatie und überhaupt für Kommunikation jeglicher Art haben. Sie sind gesellig und unterhaltsam, aber auch leicht zu beeinflussen und sollten darauf achten, sich über Menschen und Dinge stets eine eigene Meinung zu bilden. Sie verstehen es, die schönen Seiten des Lebens zu genießen und legen einen gewissen Wert darauf, im Trend zu sein. Erfreulich ist, dass sich hinter Ihrem charmanten Auftreten auch eine große Lernbereitschaft und Wissbegierde verbirgt. Nur neigen Sie möglicherweise ein wenig dazu, sich zu verzetteln und einmal angefangene Projekte nicht zu Ende zu führen. Aber das wäre schade, denn Ihre zahlreichen Ideen sind oft genug bahnbrechend. Ein Beruf in der Medienwelt müsste Ihnen liegen, aber eine Lehrtätigkeit könnte Sie auch reizen.

Namenszahl 4

Die Namenszahl 4 steht für Festigkeit, und so sind auch Sie fleißig und sorgfältig. Außerdem haben Sie eine natürliche Begabung für detaillierte Vorgänge und organisatorische Abläufe. Achten Sie dabei aber auch darauf, vor lauter Arbeit nicht zu vergessen, dass es im Leben eine Menge Dinge gibt, die viel Spaß machen.

Sie sind eher bescheiden und machen kein großes Wesen um Ihre durchaus bemerkenswerten Fähigkeiten. Qualität geht bei Ihnen vor Quantität, und das gilt auch in punkto Freundschaften. Wenn Sie etwas absolut nicht mögen, so ist es, gedrängt zu werden. Um sich über eine Angelegenheit ein genaues Urteil bilden zu können, brauchen Sie oft einfach etwas Zeit. Setzt man Sie in solchen Fällen unter Druck, können Sie erstaunlich schroff und sogar taktlos reagieren. Bedenken Sie, ein wenig Diplomatie schadet nie.

Namenszahl 5

Die 5 als Namenszahl steht für die Freiheit, und entsprechend enthusiastisch stürzen auch Sie sich voller Lebenslust in neue Erfahrungen und Bekanntschaften. Reisen sind ein Lebenselixier für Sie, und Sie sind sehr aktiv und meist auch recht impulsiv. Außerdem sind Sie vielseitig interessiert und haben die Gabe, andere Menschen zu überzeugen. Routinearbeiten liegen Ihnen eher nicht, aber dafür dürften Sie im Verkauf unschlagbar sein. Sie sind schnell begeistert, geraten aber manchmal auch rasch in Wut, sind dann aber genauso schnell auch wieder besänftigt. Bei allem, was die Sinne anregt und Vergnügen macht, stehen Sie in der ersten Reihe, verlieren dabei gleichzeitig aber nur sehr selten Ihre hohen Ideale aus den Augen. Noch ein Tipp: Von Glücksspielen und vom Spekulieren sollten Sie unbedingt die Finger lassen!

Namenszahl 6

Die Namenszahl 6 steht für Ausgewogenheit, was sich auch in Ihrem Sinn für Ästhetik und Ihrem künstlerischen und gestalterischen Talent zeigen dürfte.

Beruflich könnten Sie sich im Bereich der Innenarchitektur oder der Dekoration wohlfühlen, aber auch in der Theater- und Filmbranche. Da Sie aber auch sehr hilfsbereit sind, hat es Ihnen vielleicht auch ein sozialer Beruf angetan. Recht ausgeprägt ist Ihre Häuslichkeit, und bestimmt macht es Ihnen viel Freude, Ihre Lieben zu verwöhnen. Entspannen können Sie sich am besten in der Natur, z.B. bei der Gartenarbeit oder bei langen Spaziergängen. Sie kommen bei Menschen gut an und haben dadurch auch meist einen großen Bekanntenkreis. Allerdings neigen Sie hin und wieder dazu, ausgesprochen eigensinnig zu sein und geradezu verbissen an Ihren Standpunkten festzuhalten. Wichtig ist, dass Sie stets darauf achten, Aufgaben realistisch einzuschätzen, damit Sie sich nicht übernehmen.

Namenszahl 7

Die Namenszahl 7 versinnbildlicht die Mystik und den Sieg des Geistes über die Materie. Über Sie verrät dies, dass Sie eher introvertiert veranlagt sind und deshalb auf andere Menschen meist einen eher reservierten Eindruck machen. Doch Fakt ist, dass Sie über ein reiches und originelles Innenleben verfügen und eine zutiefst leidenschaftliche Frau sind. Diese Gefühle auszuleben, fällt Ihnen allerdings nicht leicht, da Ihr Verstand dem oft im Wege steht, und in gewisser Weise könnte man Sie sogar als Einzelgängerin bezeichnen. Materielle Werte sind für Sie nicht besonders wichtig, und Habgier ist Ihnen sogar gänzlich fremd. In Bezug auf Ihr Arbeitsleben würde sich eine kreative freiberufliche Tätigkeit anbieten, und wahrscheinlich fühlen Sie sich auch von den sogenannten okkulten Wissenschaften angezogen. Achten Sie darauf, durch Ihren Hang zu Nörgeleien und Sarkasmus andere nicht vor den Kopf zu stoßen! Und noch ein Tipp: Spaziergänge tun Ihnen gut.

Namenszahl 8

Die Namenszahl 8 steht für Leistung und Ausdauer. Und so werden auch Sie, wenn Sie sich etwas vornehmen, mit Konsequenz, Hartnäckigkeit und eisernem Willen versuchen, die Sache zum Erfolg zu bringen, denn Aufgeben gehört nicht zu Ihrem Wortschatz. Dadurch sind Sie zu außergewöhnlichen Leistungen – nicht zuletzt auch im Sport – fähig, verkraften Misserfolge aber nur schwer. Sie haben die Gabe, ein Team zu führen, müssen aber darauf achten, dabei nicht nur auf Ihren Kopf zu hören, sondern zumindest manchmal auch Ihr Herz sprechen zu lassen. Da Sie ein recht optimistischer Mensch sind, besteht tendenziell die Gefahr, dass Sie mögliche Risiken unterschätzen. Höchstwahrscheinlich musste und muss Ihr Schutzengel deshalb des öfteren Überstunden machen. Liebenswert an Ihnen ist, dass Sie sehr aufrichtig und wahrheitsliebend und – obwohl Sie es nicht immer zeigen können – sehr tiefer Gefühle fähig sind.

Namenszahl 9

Die Namenszahl 9 steht für Vollendung und Gerechtigkeit. Deswegen begreifen auch Sie sich stets als Teil eines großen Ganzen. Sie haben die besondere Gabe, die Probleme anderer Menschen zu lösen, und Ihre Intuition ist sehr ausgeprägt. Hören Sie auf Ihre innere Stimme, Sie wird Sie immer gut beraten! Da kaum jemand so starken Einfluss auf andere ausüben kann wie Sie, dürfen Sie diese Fähigkeit auf keinen Fall missbrauchen. Geheimnisse, die man Ihnen anvertraut, sollten Sie unbedingt für sich behalten. Ihre Talente im Umgang mit Menschen sind bemerkenswert und können Ihnen großen Erfolg bringen, wenn Sie sie sinnvoll einsetzen. Eine politische Karriere wäre durchaus denkbar. Noch etwas: Wenn Sie sich unglücklich fühlen, können Sie ausgesprochen launisch sein, doch eine kleine Reise wird Sie immer wieder schnell ins Lot bringen.

Namenszahl 11

Als Namenszahl steht die 11 für den Durchbruch. Wenn Ihr Name zu der Meisterzahl 11 führt, können Sie in allen künstlerisch-kreativen Bereichen sowie in Elektrizität, EDV, Luftfahrt und den Medien sehr großen Erfolg haben. Und besonders hilfreich ist dabei auch, dass Sie dank dieser Namenszahl die Fähigkeit haben, Ihre exzellenten Führungsqualitäten mit viel Teamgeist zu verbinden.

Namenszahl 22

Als Namenszahl steht die Mysterienzahl 22 für die Spiritualität. Dadurch sind Sie eine sehr einfühlsame Frau, die sich hervorragend als Lebensberaterin für andere Menschen eignet. Ob Sie sich dabei eher für die Theologie, die Psychologie, die Astrologie, die Numerologie, das Kartenlegen, fernöstliche Weisheitslehren oder andere esoterische Disziplinen interessieren, Sie werden es darin in jedem Fall zur Meisterschaft bringen.

Namenszahl 33

Die 33 steht als Namenszahl für die Erleuchtung. Sollten Sie tatsächlich die Namenszahl 33 haben, so sind Sie genau das, eine Erleuchtete und ein Vorbild für andere Menschen. Und auch wenn das für Sie persönlich möglicherweise kein leichter Weg ist, dürfte damit wohl alles gesagt sein.

Ihre Schicksalszahl

Die Schicksalszahl, die Sie aus der Addition der Geburts- und der Namenszahl (basierend auf Ihrem Namen, so wie er auf der Geburtsurkunde steht) erhalten, soll Ihnen verraten, auf welche Weise Sie Ihr persönliches Lebensziel am besten erreichen können. Berücksichtigen Sie auch hier wieder die Regel, dass

Sie so lange Quersummen bilden, bis Sie entweder auf eine einstellige oder auf eine Meisterzahl (11, 22 oder 33) treffen.

Berechnung:
Addieren Sie Ihre Geburtszahl und Ihre Namenzahl! Das Ergebnis ist Ihre Schicksalszahl.

Beispiel 1:
Nehmen wir wieder die bereits als Beispiel aufgeführte Lisa. Ihre Geburtszahl ist die 7, ihre Namenszahl die 1.
Also: 7 + 1 = 8.
Lisas Schicksalszahl ist also die 8.

Beispiel 2:
Geburtszahl 11, Namenszahl 5.
Also: 11 + 5 = 16 16 = 1+ 6 = 7.
Die Schicksalszahl ist in diesem Fall die 7.

Schicksalszahl 1

Sie sind eine starke Persönlichkeit und verfügen über eine gehörige Portion Organisationstalent, verabscheuen aber jegliche Form von Zwang. Das Unbekannte hingegen reizt Sie, und es ist Ihnen sehr wichtig, sich selbst verwirklichen zu können. In Gruppen oder von Ihnen gewählten Tätigkeiten liegt Ihnen die Führungsposition. Ihr Lebensziel erreichen Sie, indem Sie mit Initiative und Individualität Ihr Potential ständig weiterentwickeln.

Schicksalszahl 2

Sie arbeiten hervorragend in Teams, sind diplomatisch, warmherzig, rücksichtsvoll und eine wunderbare Partnerin für Ihren Liebsten. Wenn es Ihnen gelingt, eine gewisse Ängstlichkeit zu überwinden, eignen Sie sich hervorragend zur exzellenten Vermittlerin, die mit viel Erfolg Konflikte und Streitigkeiten schlichten kann. Durch den aktiven Einsatz von Nächstenliebe gegenüber Ihren Mitmenschen sowie humanitären und gemeinnützigen Projekten, aber auch durch eine erfüllende Partnerschaft erreichen Sie Ihr Lebensziel.

Schicksalszahl 3

Sie sind wiss- und lernbegierig, kreativ und feinfühlig, aber manchmal vermutlich ein bisschen zu grüblerisch. Auch sollten Sie darauf achten, sich nicht zu verzetteln. Wenn Sie diesen Rat beherzigen, werden Sie durch den künstlerischen Selbstausdruck, sei es in Form von Schreiben, Musik, Malerei, Schauspiel, Fotografie oder anderen kreativen Tätigkeiten – oder auch indem Sie Ihr Wissen mit anderen teilen – Ihr Lebensziel erreichen.

Schicksalszahl 4

Sie sind zuverlässig, methodisch, ehrgeizig, fleißig, praktisch, ausdauernd und eine gute Organisatorin. Bemühen Sie sich zusätzlich um ein gewisses Maß an Flexibilität! Dann können Sie sich dank Ihrer Selbstdisziplin und Ihrer Genauigkeit sowohl privat, als auch im Berufsleben, ein solides Fundament erschaffen und dadurch Ihr Lebensziel erreichen.

Schicksalszahl 5

Sie können sich gut ausdrücken, haben ein Talent für Sprachen, sind vielseitig begabt und sprühen oftmals geradezu vor Lebensfreude. Stillen Sie Ihre innere Unruhe auf Reisen, die Ihren Horizont erweitern! Freiheit und Unabhängigkeit sind für Sie sehr wichtig. Wenn Sie erkennen, dass Sie diese letztlich in sich selbst finden müssen, dann werden Sie Verpflichtungen in Ihrem Arbeitsumfeld und Ihren Beziehungen eingehen können und trotzdem frei sein. Genau diese Erkenntnis und das Umsetzen derselben ist Ihr Lebensziel.

Schicksalszahl 6

Sie sind künstlerisch begabt, optimistisch und oft eher ungeduldig. In Ihren persönlichen Angelegenheiten zeigen Sie durchaus einen starken Willen, sehnen sich aber letztlich vor allem nach Harmonie. Sie müssen sich auf andere Menschen einlassen und bereit sein, Hilfe nicht nur zu geben, sondern auch anzunehmen. Sie haben die Fähigkeit, für sich, Ihren Partner und Ihre Kinder ein wundervolles Zuhause zu schaffen, und tatsächlich liegt auch in der von Ihnen gegründeten Familie Ihr Lebensziel.

Schicksalszahl 7

Sie verfügen über große geistige Fähigkeiten, sind spirituell begabt, haben viele Träume und neigen zur Mystik. Allein zu sein, schreckt Sie nicht, denn Sie brauchen viel Zeit für sich und sind vielleicht gerade deswegen anderen gegenüber häufig eher zurückhaltend. Letztlich sind Sie auf der Suche nach Wissen, Weisheit und Wahrheit. Lesen, lernen, studieren, analysieren und meditieren, ebenso wie die Beschäftigung mit Ihrem reichen Innenleben und Ihrer Gedankenwelt, werden Ihnen helfen, Ihr Lebensziel zur erreichen.

Schicksalszahl 8

Sie haben einen stark ausgeprägten Sinn für Gerechtigkeit, sind willensstark und dennoch sensibel. Gleichzeitig streben Sie aber auch nach materiellem Wohlstand und sind bereit, dafür viel Arbeit zu investieren. Bauen Sie auf die große in Ihnen liegende Kraft und teilen Sie Ihre Zeit und Ihre Güter selbstlos mit den Menschen, die Ihnen nahestehen! Dann werden Sie Ihr Lebensziel erreichen.

Schicksalszahl 9

Sie sind fantasievoll, empfindsam, hilfsbereit, großzügig und sehen sowie verstehen häufig mehr als andere. Viele Menschen achten Sie, aber manchmal stoßen Sie auch auf Unverständnis, was Sie dann meist ziemlich traurig stimmt. Verfallen Sie nicht in Schwermut über jene, welche Sie nicht verstehen, sondern konzentrieren Sie sich darauf, dass Sie durch Ihre besonderen Fähigkeiten viel Einfluss ausüben können. Gehen Sie verantwortungsvoll damit um und erkennen Sie, dass Selbstlosigkeit für Sie der Schlüssel zum Erreichen Ihres Lebensziels ist!

Schicksalszahl 11

Wenn Sie Ihr Potential ausleben, sind Sie mit der Meisterzahl 11 als Schicksalszahl eine Frau, die der Öffentlichkeit viel zu sagen und zu geben hat. Sie sind sehr intuitiv, ausgesprochen originell und eine Quelle der Inspiration für sich und andere, z. B. als Schriftstellerin oder als Lehrende an einer Universität. Je weiter Sie auf diesem Weg kommen, desto mehr nähern Sie sich Ihrem Lebensziel.

Schicksalszahl 22

Wenn die 22 Ihre Schicksalszahl ist, sollten Sie als eine Art »Baumeisterin« an der Gestaltung der Welt teilhaben. Verwirklichen Sie Ihre Visionen auf dem Gebiet Ihrer Wahl, dann wird Ihre Lebensaufgabe Sie zu Ihrem Lebensziel führen.

Schicksalszahl 33

Sollte die 33 Ihre Schicksalszahl sein, so sind Sie ausersehen, eine Art von spiritueller Führerin zu sein. Und genau darin liegt auch Ihr Lebensziel.

Die Tageszahl Ihres Geburtsdatums

Anhand Ihrer Geburtstagszahl, also der Zahl des Tages, an dem Sie geboren sind, können Sie mit Hilfe der Zahlenmystik weitere interessante Einblicke in Ihren individuellen Charakter und Ihre Persönlichkeit gewinnen.

1

Wenn Sie am 1. Tag eines Monats geboren sind, verfügen Sie über sehr ausgeprägte Führungsqualitäten, Organisationstalent, Selbstbewusstsein und viel Willenskraft. Als 1er sind Sie eine Pionierin, die es versteht, die Initiative zu ergreifen und andere zu motivieren. Genauigkeit allerdings dürfte nicht gerade zu Ihren Stärken gehören. Obwohl Sie durchaus empfindsam sind, verbergen sie dies meist vor Ihren Mitmenschen. In der Liebe sind Sie manchmal etwas naiv, aber unbedingt loyal und treu. Und Freunde können sich stets auf Sie verlassen.

2

Als Frau, die am 2. Tag eines Monats geboren ist, werden Sie häufig von Ihren Gefühlen bestimmt. Sie sind warmherzig, sensibel, intuitiv und brauchen viel Zuneigung und Liebe. Sie haben vermutlich des öfteren Probleme, anderen etwas abzuschlagen, neigen manchmal zu Launenhaftigkeit und wohl auch zu einer gewissen Melancholie. In Zweierbeziehungen und im vertrauten Freundeskreis fühlen Sie sich wohl, in großen Menschenmengen werden sie dagegen eher nervös und unsicher.

3

Wenn Sie am 3. eines Monats geboren sind, zeichnen Sie sich durch Vitalität, jede Menge Energie und erstaunliche Regenerationskräfte aus. Sie sind fantasievoll, vielseitig begabt und können sich gut ausdrücken, mündlich wie schriftlich. Auf andere wirken Sie meist unbekümmert und »easy-going«, obwohl sich dahinter häufig Rastlosigkeit und Zerstreutheit verbirgt. Und in der Liebe sind Sie oft sprichwörtlich »himmelhoch jauchzend und dann wieder zu Tode betrübt«.

4

Wenn Ihr Geburtstag auf den 4. eines Monats fällt, deutet dies auf einen verantwortungsbewussten, praktischen, ernsthaften, disziplinierten und eher vorsichtigen Charakter hin. Allerdings könnten Sie auch eher stur und unnachgiebig sein. Sicherheit und Stabilität sind für Ihr Wohlbefinden unerlässlich. In einer Beziehung wirken Sie – besonders anfangs – oft kühl und übermäßig vernünftig, aber Ihr Partner kann sich hundertprozentig auf Sie verlassen.

5

Wenn Sie am 5. eines Monats Geburtstag haben, brauchen Sie viel Spielraum, Freiheit und Unabhängigkeit. Sie lieben die Abwechslung, das Abenteuer und große und kleine Reisen. Sie sind aufgeschlossen, charmant, kommunikativ und offen für alles Neue. Allerdings langweilen Sie sich schnell und können auch recht ungeduldig sein. Vor Verantwortung scheuen Sie möglicherweise eher zurück, und auch in der Liebe binden Sie sich daher meist nur zögerlich.

6

Wenn Sie am 6. eines Monats geboren sind, streben Sie nach Harmonie und zeichnen sich durch Mitgefühl, Hilfsbereitschaft und Offenheit aus. Höchstwahrscheinlich kämpfen Sie für Gerechtigkeit und engagieren sich gerne für

Schwächere. Freunde und Familie sind für Sie sehr wichtig, und daher neigen Sie dazu, deren Fehlern gegenüber zumindest etwas blind zu sein. In der Liebe wünschen Sie sich einen zärtlichen und einfühlsamen Partner, mit dem Sie über alles reden können.

7

Als Frau, die am 7. eines Monats geboren ist, sind Sie eine Individualistin, die über einen scharfen, analytischen Verstand verfügt und manchmal zu einem gewissen Perfektionismus neigt. Außerdem sind Sie eine tiefsinnige Denkerin und interessieren sich vermutlich für philosophische, spirituelle und mystische Themen. Sie haben eine sehr gut entwickelte Intuition, reagieren auf Kritik aber oft überempfindlich. In der Liebe brauchen Sie viel Zärtlichkeit und Körperkontakt, aber immer wieder auch etwas Zeit für sich alleine.

8

Wenn Sie am 8. eines Monats Geburtstag haben, besitzen Sie die Gabe, Menschen und Werte richtig einzuschätzen. Außerdem sind Sie kompetent und ein Organisationstalent mit Führungsqualitäten. Und genau diese Kombination von Eigenschaften sichert Ihnen Ihren Erfolg. Sie haben ein starkes Kontrollbedürfnis, sind aber auch eine Idealistin, die sich im Freundeskreis durch Zuverlässigkeit auszeichnet. Von Ihrem Partner möchten Sie ohne Einschränkungen geliebt und akzeptiert werden.

9

Wenn Ihr Geburtstag auf den 9. eines Monats fällt, zeichnen Sie sich durch Herzlichkeit, Toleranz und Großzügigkeit aus. Viele an einem 9. Geborene sind echte Menschenfreunde, die sich voller Anteilnahme und Mitgefühl für andere engagieren. Gut möglich, dass dies auch für Sie zutrifft, auch wenn Sie manchmal ein wenig zur Rechthaberei neigen. Doch Sie haben auch ein tiefes Gefühlsleben und verspüren bestimmt viel Liebe in sich, wovon natürlich ganz besonders Partner, Freunde und Familie profitieren.

10

Da Sie am 10. eines Monats Geburtstag haben, dürften Sie über sehr viel Energie und gut entwickelte Führungsqualitäten verfügen. Sie sind aller Wahrscheinlichkeit nach eine charismatische, aber auch dominante Persönlichkeit und legen sehr viel Wert auf Ihre Unabhängigkeit und Ihr Recht zur Selbstbestimmung. Aber – Hand aufs Herz – wahrscheinlich sind Sie, trotz Ihrer Ausstrahlungskraft und Ihres demonstrativen Selbstbewusstseins, im tiefsten Innern manchmal ziemlich unsicher. In Bezug auf Herzensangelegenheiten sind Sie eine Romantikerin, die sich nach der großen Liebe sehnt.

11

Wenn Sie am 11. eines Monats geboren wurden, sind Sie zugleich idealistisch, kreativ, ein wenig verträumt, temperamentvoll und analytisch. Sie arbeiten gut mit anderen Menschen zusammen und erreichen Ihre Ziele mit Charme und Überzeugungskraft. Intuition und Spiritualität sind bei Ihnen vermutlich sehr ausgeprägt. Als Freundin sind Sie absolut loyal, und in Liebe und Partnerschaft sind Sie leidenschaftlich und engagiert.

12

Als am 12. eines Monats Geborene, dürften Sie ausgesprochen kreative Fähigkeiten haben und sehr wiss- und lernbegierig sowie feinfühlig und relativ optimistisch sein. Sie interessieren sich für vieles, neigen aber dazu, sich etwas zu verzetteln. Sie verlieben sich rasch, binden sich aber meist dennoch erst nach reiflicher Überlegung.

13

Wenn Sie am 13. eines Monats geboren wurden, sind Sie eine Perfektionistin, haben großes Organisationstalent und neigen gegenüber Ihren Mitmenschen häufig zur Dominanz. Sie gehen meist unbeirrt Ihren Weg und erreichen so Ihre Ziele. In Liebesbeziehungen sind Sie eine verlässliche Partnerin und tiefer, ernster Gefühle fähig. Vor allem anfangs verhalten Sie sich aber eher zurückhaltend.

14

Wurden Sie am 14. eines Monats geboren, haben Sie bestimmt immer viele Ideen, Pläne und Wünsche. Sie sind zukunftsorientiert und wahrscheinlich in gewisser Weise auch eine Trendsetterin. Alles, was ungewöhnlich, neu, skurril oder anders ist, zieht Sie magisch an. Ihr Drang nach Freiheit und Erkenntnis ist sehr groß. Sie lieben das Abenteuer und sind immer auf der Suche nach neuen Horizonten. Für einen unverbindlichen Flirt sind Sie stets offen, aber Ihre Rastlosigkeit ist für eine Partnerschaft nicht immer ideal.

15

Wenn Sie am 15. eines Monats geboren sind, hängen Sie vermutlich sehr an Ihrer Familie und Ihren Freunden. 15er sind meist sehr beliebt, haben viele Talente und geben ihre Fähigkeiten und ihr Wissen leidenschaftlich gerne an andere weiter. Sie zeichnen sich durch eine scharfe Beobachtungsgabe aus, neigen allerdings ein wenig dazu, auf Ihrer Meinung zu beharren. Der Wunsch nach einer harmonischen Partnerschaft und einer eigenen Familie dürfte bei Ihnen sehr ausgeprägt sein.

16

Als am 16. eines Monats Geborene legen Sie großen Wert auf Ihre Unabhängigkeit, denken viel nach und brauchen stets ausreichend Zeit für sich alleine. Wahrscheinlich interessieren Sie sich für Technik, Wissenschaft und/oder Religion. Auch sind Sie eine ausgeprägte Individualistin, zu deren Stärken die Flexibilität wohl eher nicht gehört. Der Wunsch nach einer Partnerschaft ist da, aber es fällt Ihnen oft schwer, Ihre Gefühle zu zeigen.

17

Wenn Sie am 17. eines Monats geboren sind, müssten Sie bei Geldangelegenheiten meist Glück haben. Sie verfügen über ein ausgeprägtes Führungs- und Organisationstalent, sind wissbegierig, erfolgreich, aufrichtig und eine liebenswerte Zeitgenossin, die mit eigenem Kopf clever und zielstrebig ihren Weg geht. Ein Projekt zu starten, liegt Ihnen mehr, als es zu beenden. Sie verfolgen die große Linie, Details interessieren Sie eher nicht. Ihre innere Empfindsamkeit zeigen Sie nicht gerne. Wenn Sie sich dennoch partnerschaftlich wirklich öffnen, muss es die große Liebe sein.

18

Als am 18. eines Monats Geborene sind Sie Teamspielerin und Individualistin zugleich. Sie sind tolerant, großzügig, freundlich, selbstlos und mitfühlend, haben viele mitreißende Ideen und wirken auf Ihre Mitmenschen häufig sehr inspirierend. Ihr Auftreten ist oft dramatisch und irgendwie ungewöhnlich, manchmal vielleicht sogar ein wenig merkwürdig. Und wenn Sie sich verlieben, schenken Sie Ihrem Auserwählten Ihr ganzes Herz.

19

Wenn Sie am 19. eines Monats Geburtstag haben, stecken Sie voller Energie und haben einen unbändigen Freiheitsdrang, müssen jedoch wohl erst einige Hindernisse überwinden, bevor Sie wirkliche Unabhängigkeit finden. Sie sind willensstark, originell und selbstbewusst, aber oft auch ein wenig egozentrisch. Ratschläge nehmen Sie nur schwer an, und Sie tendieren zu einer gewissen Nervosität. Es ist möglich, dass Sie oft das Gefühl haben, alleine zu sein, und das selbst in einer gut funktionierenden Beziehung.

20

Als am 20. eines Monats Geborene sind Sie eine gesellige, aufgeschlossene, warmherzige Frau, die üblicherweise rasch Freundschaften schließt. Allerdings neigen Sie zeitweise auch zu Nervosität, Launenhaftigkeit und recht extremen Stimmungsschwankungen. Das kann Ihnen selbst und anderen das Leben recht schwer machen. In der Liebe sind Sie auf der Suche nach einem Menschen, der Ihnen neben viel Zärtlichkeit auch Stabilität schenkt.

21

Als Frau, die am 21. eines Monats geboren ist, verfügen Sie über eine gehörige Portion Charme, sind eine gute Gesprächspartnerin und sehr unterhaltsam. Kreativ und empfindsam veranlagt, neigen Sie aber auch zu einer gewissen Reizbarkeit und Unruhe. Häufig fällt es Ihnen nicht leicht, Ihre zahlreichen Talente zielgerichtet einzusetzen. In der Liebe sind Sie eine empfindsame, zärtliche, aber manchmal auch ein wenig unstete Partnerin.

22

Als am 22. eines Monats Geborene, sind Sie wohl meist etwas widersprüchlich in Ihrem Verhalten. Manchmal redselig und einfallsreich, können Sie zu anderen Zeiten extrem unnahbar und verschlossen erscheinen. Sie entwickeln bei der Arbeit originelle und ungewöhnliche Lösungsansätze, die Sie dann aber aus Angst vor Zurückweisung oft niemandem mitteilen. An Ihren Überzeugungen halten Sie meist hartnäckig fest. Sie sehnen sich nach Liebe, haben aber möglicherweise auch Angst, in einer allzu engen Bindung verletzt zu werden.

23

Wenn Sie am 23. eines Monats geboren sind, wünschen Sie sich vor allem ein aufregendes und abwechslungsreiches Leben. Sie sind eine schnelle und kluge Denkerin, die es versteht, ihre Ideen überzeugend vorzutragen. Sie verfügen über eine ausgeprägte Flexibilität und passen sich neuen Situationen rasch an. Aber Geduld ist keine Ihrer Stärken, und Routine mögen Sie überhaupt nicht. Freundschaften sind für Sie sehr wichtig, aber in Herzensangelegenheiten neigen Sie zu einer gewissen Unverbindlichkeit.

24

Wenn Ihr Geburtstag auf den 24. eines Monats fällt, haben Sie einen ausgeprägten Beschützerinstinkt in sich, und Ihr Verantwortungsbewusstsein dürfte sehr ausgeprägt sein. Auch haben Sie das Talent, Frieden zu stiften, weshalb sich kaum jemand besser zur Vermittlerin zwischen Konfliktparteien eignet als Sie. Möglicherweise sehnten Sie sich schon früh nach einer festen Bindung mit einem geliebten Menschen. Und wenn Sie den richtigen Partner gefunden haben, sind Sie auch absolut treu.

25

Wenn es der 25. eines Monats ist, an dem Sie Geburtstag haben, sind Sie ein Verstandsmensch und möglicherweise eher introvertiert. Sie sind analytisch, rational und an komplexen Themen und Vorgängen interessiert. Durch Ihre Genauigkeit, Detailtreue und Ihre ziemlich perfektionistische Veranlagung eignen Sie sich hervorragend für wissenschaftliche und technische Tätigkeiten. Aber obwohl Sie tiefer Gefühle durchaus fähig sind, verbergen Sie diese in Freundschaften und in der Liebe oft hinter einer gewissen Reserviertheit.

26

Als am 26. eines Monats Geborene sind Sie eine ausgesprochen großzügige Zeitgenossin, vermutlich künstlerisch und/oder handwerklich begabt und besitzen vielleicht auch eine große Sammlerleidenschaft. Sie sind praktisch veranlagt und verfügen meist auch über diplomatisches Geschick. Ob Sie das allerdings ausleben, steht auf einem anderen Blatt. Sie wünschen sich ein gemütliches Zuhause und einen liebevollen, treuen Partner.

27

Wenn Sie am 27. eines Monats geboren sind, müssten Sie eigentlich aufgrund Ihres selbstlosen und freundlichen Wesens viele Freunde haben. Sie sind weltoffen, tolerant, hilfsbereit und kooperativ, brauchen aber bei aller Geselligkeit auch Zeiten des Rückzugs und der Meditation, um sich mit Ihrem reichen Innenleben in Ruhe auseinander setzen zu können. Anerkennung ist Ihnen sehr wichtig. In der Liebe sind Sie idealistisch und tiefer Empfindungen fähig.

28

Sind Sie am 28. eines Monats geboren, haben Sie einen lebhaften Verstand und sind meist ausgesprochen dynamisch, selbstbewusst und aktiv sowie originell, zielstrebig, beharrlich und selbständig. Sie freuen sich über Lob, stehen häufig und gerne im Mittelpunkt und schätzen Ihre Unabhängigkeit über alles. In der Liebe sind Sie intensiv und leidenschaftlich, und Sie erwarten von Ihrem Partner und Ihren Freunden viel Aufmerksamkeit.

29

Als am 29. eines Monats Geborene, sind Sie allem Schönen leidenschaftlich zugetan. Sie dürften über ein beachtliches Wissen verfügen und teilen dieses auch gerne mit anderen. Auf Ihre Mitmenschen wirken Sie erfrischend und inspirierend. Hin und wieder könnten Sie allerdings dazu neigen, die Wahrheit ein wenig zu verdrehen, und Kritik vertragen Sie auch nicht so gut. Es ist Ihnen wichtig, dass Sie sich auf Ihre Freunde verlassen können. Und in der Liebe wünschen Sie sich einen zärtlichen und fürsorglichen Partner, der immer für Sie da ist.

30
Wenn Sie am 30. eines Monats geboren sind, verfügen Sie über ein hohes Maß an Kreativität, die Sie auch unbedingt ausleben wollen. Langeweile ist Ihnen ein absolutes Greuel. Sie sind geistreich, witzig und lieben und brauchen häufig den Applaus. Überhaupt, beliebt zu sein, ist Ihnen wichtig. Obwohl Sie ein wenig zur Schüchternheit neigen, überspielen Sie dies meist sehr geschickt mit Ihrem Charme. Und in der Liebe sind Sie sehr romantisch.

31
Als am 31. eines Monats Geborene, sind Sie verantwortungsbewusst, ernsthaft, zuverlässig, selbstdiszipliniert, ehrgeizig und immer bereit, Ihr Bestes zu geben. Logik gehört zu Ihren absoluten Stärken, aber manchmal neigen Sie wohl auch zu einer gewissen Sturheit. Wer Sie von Ihrer einmal gefassten Meinung abbringen will, wird handfeste Beweise brauchen. Als Freundin und als Partnerin sind Sie treu und verlässlich und legen großen Wert auf feste Bindungen.

Der Anfangsbuchstabe Ihres Vornamens

Der Anfangsbuchstabe Ihres Vornamens ist ein weiterer wichtiger Baustein beim Entschlüsseln Ihrer persönlichen Eigenschaften. In der Zahlenmystik gilt nämlich, dass der erste Buchstabe eines Wortes alle Folgenden dominiert. Und da es natürlich gerade unser Vor- oder Rufname ist, der in persönlichen Beziehungen die größte Rolle spielt, verrät dieses Initial natürlich auch tatsächlich so einiges. Also, schauen Sie unter Ihrem Anfangsbuchstaben nach und finden Sie weitere spannende Details über sich heraus!

A
Sie sind eine tatkräftige Frau, haben einen starken Willen und sind intelligent, kreativ, energisch und risikofreudig. Sie mögen anregende Gespräche und brauchen viel Abwechslung, denn Langeweile können Sie nicht ausstehen. Aber als Partnerin sind Sie dennoch absolut treu.

B
Sie sind hilfsbereit, künstlerisch, neugierig und sehr wissbegierig. Und da Sie auch romantisch sind, macht es Ihnen viel Freude, Ihren Liebsten mit kleinen Geschenken zu verwöhnen. Allerdings neigen Sie, weil Sie ziemlich emotional sein können, gerade in Beziehungen zu Gefühlsausbrüchen.

C

Wenn Ihr Vorname mit C anfängt, sind Sie kontaktfreudig, vielseitig interessiert und immer für eine Überraschung gut. Freundschaften und anregende Gespräche sind Ihnen sehr wichtig. Manchmal können Sie etwas chaotisch sein, aber Ihre Zärtlichkeit und Einfühlsamkeit lässt Sie in Beziehungen auch immer wieder punkten.

D

Sie sind unternehmungslustig, wissen, was Sie wollen, und setzen, um es zu bekommen, gleichermaßen auf Ihren Verstand wie auch auf Ihre Energie. Sie schmusen gerne und fühlen sich von allem, was ungewöhnlich ist, fasziniert und angezogen.

E

Da Ihr Vorname mit E beginnt, ist anzunehmen, dass Sie eine kluge, sensible, humorvolle Frau sind, die sich oft hinter coolen Sprüchen und witzigen Bemerkungen »versteckt«. Sie flirten auch gerne, aber wenn Sie Ihren »Mister Right« finden, haben Sie eigentlich nur noch Augen für ihn.

F

Sie sind eine leidenschaftliche und originelle Frau mit vielen Begabungen und ausgeprägter Intuition, die alles Schöne zu schätzen weiß, aber manchmal etwas zur Schwermut neigt. Als Partnerin sind Sie liebenswert und zuverlässig, aber hin und wieder auch schwierig.

G

Wenn Ihr Vorname mit G beginnt, wollen Sie immer und überall eine Gewinnerin sein. Sie wirken auf andere meist sehr aufgeschlossen, sind aber im tiefsten Innern deutlich zurückhaltender, als Sie zeigen. In der Liebe verhalten Sie sich zugleich beschützend und bestimmend.

H

Sie sind ehrgeizig, meist recht ausgeglichen und wollen Erfolg haben. Ihre Gefühle stellen Sie nur selten offen zur Schau, bemühen sich aber, alles zu tun, um einen Mann, der Ihnen wirklich gut gefällt, für sich zu erobern und an sich zu binden.

I

Sie legen viel Wert auf Ihre Freiheit, sind ein ausgesprochen spontaner Mensch und ziemlich abenteuerlustig. Mit Ihnen zusammen zu sein, ist interessant und macht Spaß, auch wenn Sie manchmal etwas selbstbezogen und recht aufbrausend sein können.

J

Sie haben viele Pläne und dazu auch immer den festen Willen, diese zielstrebig in die Tat umzusetzen. Allerdings sind Sie nicht sehr anpassungsfähig und können manchmal auch recht dickköpfig sein. Flirts sind nicht wirklich Ihr Ding, denn Sie schätzen eine feste Beziehung weit mehr als unbedeutendes Geplänkel.

K

Sie sind eine kluge Frau und legen viel Wert auf Harmonie. Sie verfügen über eine große innere Stärke, sind sehr charmant, kreativ und im Umgang mit Menschen äußerst geschickt. Als Partnerin sind Sie leidenschaftlich und lieb, können aber auch ziemlich anstrengend sein.

L

Wenn Ihr Vorname mit L anfängt, sind Sie nett, ziemlich gutmütig und meistens gutgelaunt. Oft sind Sie nicht sehr ausdauernd und neigen dazu, sich der Meinung anderer anzuschließen. Sie verlieben sich schnell, sind aber möglicherweise nicht immer absolut treu.

M

Sie sind selbstbewusst, probieren vieles gerne aus und sind ausgesprochen reise- und abenteuerlustig. Sie verstehen es, mit viel Geschick zu flirten, und können sehr romantische Dinge sagen und tun. Aber Sie binden sich wahrscheinlich nur ungern und können auch sehr eigenwillig sein.

N

Wenn Ihr Vorname mit einem N beginnt, haben Sie viel Fantasie, sind tolerant, sehr sinnlich und können sich gut ausdrücken. Als Partnerin sind Sie zärtlich, gefühlvoll und verschmust, neigen aber auch schnell zur Eifersucht.

O

Alles an Ihnen ist intensiv. Sie wissen viel, denken viel nach und können sehr leidenschaftlich und verführerisch sein. Manchmal sind Sie ausgesprochen hilfsbereit, aber dann oft auch wieder ziemlich launisch und ichbezogen.

P

Sie sind eine auf Erfolg programmierte Frau und erreichen normalerweise das, was Sie wollen, weil Sie bereit sind, hart dafür zu arbeiten. Meist sind Sie freundlich und hilfsbereit, aber manchmal können Sie etwas überheblich sein und andere mit Ihren spitzen Bemerkungen verletzen.

Q

Als Frau mit einem sehr selten vorkommenden Vornamen mit Q lieben Sie alles, was ungewöhnlich, anders oder sogar bizarr ist. Sie teilen Ihre Gedanken anderen gerne mit und sind nicht sehr logisch veranlagt, dafür aber humorvoll, beliebt und oft auch durchaus erfolgreich.

R

Wenn Ihr Name mit R anfängt, sind Sie recht verträumt, meist fröhlich, ziemlich empfindsam, friedfertig und romantisch. Sie legen viel Wert auf Ihr Äußeres und schätzen es, wenn der Mann an Ihrer Seite attraktiv ist.

S

Etwas schüchtern und selbstkritisch, aber auch liebenswert und gewinnend sind Sie, wenn Ihr Vorname mit S beginnt. Sie wünschen sich einen Märchenprinzen, der Sie auf Händen trägt, sind aber schnell enttäuscht, wenn es mal nicht so harmonisch läuft.

T

Sie sind eine sympathische und kluge Frau mit Führungsqualitäten, deren Sie sich oft aber gar nicht so bewusst sind. Wahrscheinlich lassen Sie sich daher leicht von anderen beeinflussen. Außerdem sind Sie sehr romantisch, aber schnell enttäuscht, wenn Sie glauben, nicht genügend geschätzt zu werden.

U

Als Frau, deren Vorname mit U beginnt, dürften Sie ziemlich perfektionistisch sein und das Abenteuer und die Abwechslung lieben – und das auch in punkto Herzensangelegenheiten. Sie flirten sehr gerne, wollen immer und überall glänzen und schätzen es, im Mittelpunkt der allgemeinen Aufmerksamkeit zu stehen.

V

Wenn Ihr Vorname mit V anfängt, sind Sie eine interessante, aber zugleich auch schwer zu durchschauende Frau. Dadurch wirken Sie auf andere oft unberechenbar. Aber genau das lässt Sie, vor allem bei den Männern, ziemlich gut ankommen – und das wissen Sie auch.

W

Sie haben das Bedürfnis, sich und anderen etwas zu beweisen, denn Ihr Image ist Ihnen ziemlich wichtig. Sie können auch viel, sind jedoch innerlich oft unsicher. In der Liebe suchen Sie Bestätigung und hoffen daher, dass Sie für Ihren Partner von unschätzbarem Wert sind.

X

Vornamen mit X sind selten, und als Frau mit so einem Namen legen Sie ebenfalls großen Wert darauf, etwas Besonderes zu sein. Und tatsächlich, Sie verfügen wirklich über eine bemerkenswert ansprechende Ausstrahlung. Das Leben und die Liebe wollen Sie in vollen Zügen genießen.

Y

Viele Vornamen mit Y gibt es nicht, aber wenn Sie so einen haben, dann sind Sie sehr talentiert. Außerdem legen Sie sehr großen Wert auf Ihre Freiheit und Ihre Unabhängigkeit. Und genau deswegen tun Sie sich auch so schwer damit, sich für »nur einen« Mann zu entscheiden.

Z

Sie sind eine fortschrittliche, willensstarke und meist optimistische Frau, die etwas Geheimnisvolles an sich hat. Es ist möglich, dass Sie sich im Freundeskreis wohler fühlen als in Ihrer Familie. Doch wenn Sie sich für eine feste Beziehung entscheiden, werden Sie Ihrem Partner treu ergeben sein.

Körperbezogene Typologien

In was für eine Familie Sie hineingeboren wurden, entscheidet über Ihren genetischen Bauplan, also über Ihre Grundausrüstung und somit auch über Ihre körperliche Identität. Ihr Gesicht, Ihr Körper, Ihre Hände usw. – all das sind auch Sie. Und so, wie Sie sich körperlich verändern, erfährt auch Ihre Persönlichkeit Entwicklungsprozesse, Veränderungen und Reifungen.

Dieser Zusammenhang hat die Menschen unterschiedlicher Kulturen und Zeiten schon immer fasziniert, und so entwickelten sie Typologien, mit deren Hilfe sie versuchten, anhand bestimmter körperlicher Kriterien Rückschlüsse auf Charakter und Schicksal zu ziehen. Drei der interessantesten davon möchte ich Ihnen hier vorstellen.

Die Wahrheit steht im Gesicht

Jeder hat schon mal Sätze wie: »Sie konnte in ihrem Gesicht wie in einem offenen Buch lesen« oder »Die Wahrheit steht ihr ins Gesicht geschrieben« gehört. Und somit verwundert es nicht weiter, dass die Kunst des Gesichtslesens schon Jahrtausende alt ist und sowohl im westlichen als auch im fernöstlichen Kulturkreis von Generation zu Generation weitergegeben wurde. Aber ist da wirklich etwas dran? Finden Sie es für sich heraus, indem Sie das Abbild Ihres Gesichts aufmerksam in einem Spiegel anschauen und prüfen, inwiefern Sie sich in den überlieferten Deutungen wiederfinden!

Die Gesichtsform

Rund steht für Optimismus, Geselligkeit und eine gewisse Lässigkeit, **oval** deutet auf Führungsqualitäten und Eigenständigkeit hin, **viereckig** signalisiert Entschlusskraft, Dynamik, Ehrgeiz und Zielstrebigkeit, **herzförmige oder dreieckige Formen** werden mit Kreativität, Intelligenz, Einfühlungsvermögen und künstlerischem Interesse in Verbindung gebracht.

Stirn

Eine **hohe** weist auf einen intellektuellen Menschen hin. Ist sie dazu noch **breit**, dann können Sie davon ausgehen, dass eine philosophische Lebenseinstellung dazukommt. Ist Ihre Stirn zwar hoch, aber **schmal**, dann verfügen Sie über ausgeprägte analytische Fähigkeiten. Haben Sie hingegen eine eher **niedrige**, sollen Sie praktisch veranlagt sein. **Waagrechte Linien** auf der Stirn stehen für Ehrgeiz und Perfektionismus, **senkrechte Linien** für Zielstrebigkeit, aber auch dafür, dass Sie sich oft Sorgen machen.

Ohren

Große versprechen Klugheit, **kleine** stehen für Pflichtbewusstsein, aber auch für ein nicht allzu ausgeprägtes Selbstwertgefühl. Wenn Sie **spitze** im Stil von Elfen haben, sollen Sie angeblich geschickt, aber nicht besonders flexibel sein. Und falls Sie sich mit **abstehenden** Ohren herumplagen müssen, können Sie sich damit trösten, dass Sie ein sehr origineller Mensch sind.

Ohrläppchen: Große zeigen an, dass Sie energiegeladen und äußerst unabhängig sind, wohingegen **kleine** darauf deuten, dass Sie dazu neigen sich durchs Leben treiben zu lassen. **Enganliegende** sollen Hinweise auf einen sparsamen, vorausplanenden und dominanten Charakter sein.

Augen

Sind sie **groß**, dann bedeutet dies, dass Sie meist fröhlich sind und auf andere anziehend wirken, sich aber in punkto Finanzen als etwas sorglos erweisen könnten. Haben Sie hingegen **kleine**, soll das signalisieren, dass Sie zurückhaltend und ziemlich direkt sind. Wenn sie **rund** sind, gilt das als Hinweis darauf, dass Sie vertrauensvoll und manchmal vielleicht auch ein wenig naiv sein können. Eine **ovale** Form lässt auf einen gutmütigen und humorvollen Charakter schließen, eine **schmale** steht für Verschwiegenheit und eine gehörige Portion Selbstbeherrschung. Bei **engstehenden** Augen vermutet man eine sehr kritische Einstellung, die oftmals einen eher kühlen Eindruck hinterlässt. Liegen Ihre Augen **weit auseinander**, so gelten Sie als großzügig, tolerant und gesprächig. **Tiefliegende** sollen bedeuten, dass Sie vorsichtig und zurückhaltend, aber gleichzeitig auch romantisch sind. **Hervorstehende** stehen für einen starken Willen, Schlagfertigkeit und eine gewisse Ichbezogenheit. Und wenn Sie **Lachfältchen** haben, verfügen Sie über Charme, Weitsicht und Überblick.

Augenfarben: Dunkelblau symbolisiert Herzlichkeit und Güte, **Hellblau** kann für Sprunghaftigkeit stehen, **Braun** wird als Loyalität und Hingabe gedeutet, **Grün** spricht für Einfallsreichtum, Anpassungsvermögen und Tiefsinnigkeit, **Grau** weist auf einen verstandesbetonten, vernünftigen Charakter hin, **Schwarz** auf Leidenschaft und Zärtlichkeit.

Mit den **Augenbrauen** ist das natürlich so eine Sache, denn die meisten von uns Frauen zupfen sie in eine uns genehme Form. Hier dennoch ein paar Hinweise auf die Persönlichkeit: **buschig** = energisch, beeindruckend, emotional; **dünn** = wählerisch, reserviert, genau; **gerade** = aktiv, aufmerksam; **bogenförmig** = fantasievoll, sinnlich, ideenreich; **weit auseinander** = anpassungsfähig und beeinflussbar; **eng beieinander** = präzise, perfektionistisch, nervös sowie Neigung zur Eifersucht; **zusammengewachsen** = misstrauisch und dominant.

Nase

Ist die Ihre eher **groß**, so können Sie davon ausgehen, dass Sie eine starke Persönlichkeit sind, die stets die Initiative ergreift. Ist sie hingegen **klein**, so soll das bedeuten, dass Sie emotionalen Schwankungen unterworfen sind und sich um ein möglichst unauffälliges Verhalten bemühen. Nervosität und Reizbarkeit werden häufig mit **schmalen** Nasen in Verbindung gebracht, **breite** stehen für Unbekümmertheit und Überschwenglichkeit, **gerade** für Standhaftigkeit und Gründlichkeit, **lange** für ein vorsichtiges und zur Besorgtheit tendierendes Naturell, **kurze** für eine echte Frohnatur. Träger von **Hakennasen** gelten als tatkräftig, solche mit **spitzen** Nasen als neugierig, und sollten Sie eine **Stupsnase** Ihr eigen nennen, bedeutet dies, dass Sie freundlich, arbeitsam und verschwiegen sind. Falls Sie eine **klassische, römische** haben, sollen Sie zu Launenhaftigkeit und einer gewissen Selbstsucht tendieren, bei einer **Adlernase** wird von Pessimismus und nachtragendem Wesen gesprochen. Und übrigens: Anstatt sich über eine **glänzende Nase** zu ärgern, können Sie sich von nun an darüber freuen, denn laut einer alten chinesischen Überlieferung haben Sie damit in Geldangelegenheiten viel Glück.

Mund

Ist Ihrer **klein**, so gelten Sie gemäß der Lehren des Gesichtslesens als sparsam und eher ichbezogen, ist er **groß**, so wird von Extravaganz und Großzügigkeit gesprochen, und wenn er ein wenig **schief** ist, so könnte es sein, dass Sie eine ziemlich abenteuerlustige, sympathische Plaudertasche sind. Besitzen Sie von Natur aus **nach unten gebogene Mundwinkel**, dürften Sie eher pessimistisch veranlagt sein, während **Mundwinkel, die nach oben streben**, darauf hinweisen, dass Sie ein fröhlicher und optimistischer Mensch sind. **Volle Lippen** stehen für Sinnlichkeit, Leidenschaftlichkeit und die Fähigkeit, das Leben zu genießen, **schmale** für eine eher nüchterne und sich selbst ziemlich wichtig nehmende Persönlichkeit. **Geschwungene** Lippen sollen ein Hinweis auf Wankelmütigkeit sein, **gerade** auf viel Selbstbeherrschung. Eine **hervorstehende Oberlippe** deutet auf einen kritischen Charakter, der hin und wieder zu Übertreibungen neigt, die **hervorstehende Unterlippe** gilt als Zeichen für Liebenswürdigkeit und Rücksichtnahme. Besitzen Sie von Natur aus **große Vorderzähne**, brauchen Sie möglicherweise viel Selbstbestätigung und sollen angeblich ziemlich ungeduldig und etwas stur sein. Und falls Sie eine **Lücke zwischen den Vorderzähnen** haben, deutet das auf Unternehmungslust und Risikobereitschaft hin.

Kinn

Ein **wohlproportioniertes, ausgewogenes** steht für Ausgeglichenheit und Ausdauer, ein **spitzes** signalisiert Begeisterungsfähigkeit, Intelligenz, Empfindsamkeit und eine Neigung zu raschen Stimmungswechseln. Ist es **hervorstehend**, so spricht man von Beharrlichkeit und Zielstrebigkeit, aber auch von der Neigung, nur die eigene Meinung gelten zu lassen. Ist es eher **schwach** ausgeprägt, so sind Sie friedliebend und vermutlich konfliktscheu. Haben Sie hingegen ein **kräftiges**, dann gelten Sie als standhaft und als jemand, unter dessen ruhiger Oberfläche möglicherweise ein Vulkan brodelt. Ein **fliehendes** Kinn soll angeblich aussagen, dass Sie einem Streit niemals aus dem Weg gehen und oft selbst nicht wissen, was Sie eigentlich wollen. Und statt sich über ein **Doppelkinn** zu ärgern, können Sie von nun an davon ausgehen, dass Sie liebenswürdig und gegen sich und andere ziemlich nachgiebig sind.

Die Kunst des Handlesens

Selbst eineiige Zwillinge haben nicht die gleichen Fingerabdrücke, denn jede Hand ist einzigartig. Und genau deswegen dient die Kunst des Handlesens, die auch unter den Namen Chiromantie und Chirologie bekannt ist, den Menschen schon seit vielen Jahrtausenden zur Charakter- und Schicksalsdeutung. Aus der linken Hand soll man die persönlichen Anlagen erkennen können, aus der rechten, wie man sich über die Jahre entwickelt.

Deutung der »Berge« in der Hand

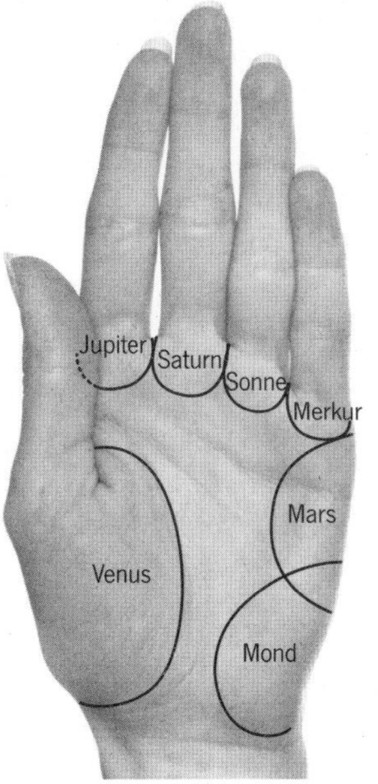

Deutung der Handlinien

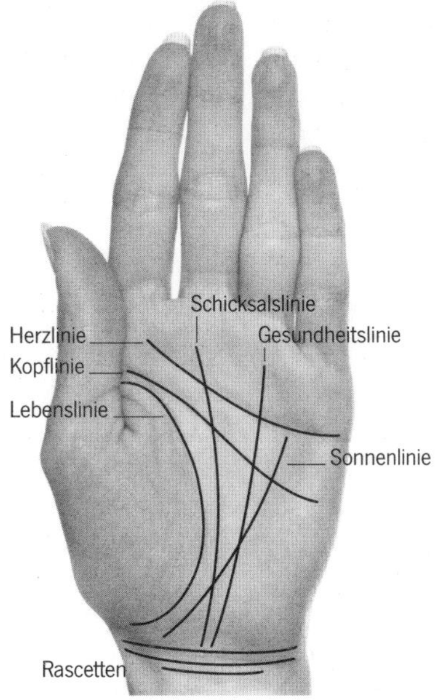

Der Jupiterberg

Ist die Erhebung, die unter dem Zeigefinger liegt und über Erfolg Auskunft gibt.

- Übermäßig stark ausgeprägt = Ehrgeizig, sehr selbstbewusst, charismatisch, ichbezogen, genussfreudig, vielleicht auch überheblich mit Tendenz zur Selbstüberschätzung.
- Normal entwickelt = Hat Selbstvertrauen, ein gesundes Maß an Ehrgeiz und Lebensfreude.
- Schwach oder gar nicht zu sehen = Wenig Selbstvertrauen, ängstlich, manchmal kleinlich.

Saturnberg

Liegt in etwa unter dem Mittelfinger und wird auch »Berg des Schicksals« genannt.

- Übermäßig stark ausgeprägt = Sparsam, melancholisch, in sich gekehrt.
- Normal entwickelt = Ernsthaft, lernfreudig, besonnen.
- Schwach oder gar nicht zu sehen = Extrem zurückhaltend.

Sonnenberg

Unter dem Ringfinger liegend, gibt er Auskunft über Geschmack, Talente und Interessen.

- Übermäßig stark ausgeprägt = Eitel, von sich eingenommen, manchmal zu leichtsinnig.
- Normal entwickelt = Künstlerisch veranlagt mit gutem Geschmack und ausgeprägtem Schönheitssinn, oft auch idealistisch.
- Schwach oder gar nicht zu sehen = Fängt vieles an und bringt wenig zu Ende.

Merkurberg

Sitzt unter dem kleinen Finger und gibt Auskunft über den Geschäftssinn.

- Übermäßig stark ausgeprägt = Will um jeden Preis Erfolg haben und nimmt es dabei möglicherweise mit der Wahrheit nicht so genau.
- Normal entwickelt = Lebhaft, schnell denkend, überzeugend, tüchtig.
- Schwach oder gar nicht zu sehen = Nicht besonders raffiniert, vielleicht auch ein wenig ungeschickt.

Marsberg

Liegt in der Mitte der Handfläche oberhalb des Mondbergs und lässt Rückschlüsse auf das Aggressionsverhalten zu.

- Übermäßig stark ausgeprägt = Nachtragend, mürrisch und jähzornig.
- Normal entwickelt = Hat Zivilcourage, Durchsetzungsvermögen und viel Energie.
- Schwach oder gar nicht zu sehen = Furchtsam und oft nicht besonders taktvoll.

Mondberg

Sitzt im unteren Teil der Hand unterhalb des Marsbergs und gibt Auskunft über das Gefühlsleben.

- Übermäßig stark ausgeprägt = Außerordentlich lebhafte Fantasie, oft unentschlossen, launisch und empfindlich.
- Normal entwickelt = Romantisch, kreativ und sensibel.
- Schwach oder gar nicht zu sehen = Kühl, nüchtern und nicht sehr fantasievoll.

Venusberg

Dieser größte Berg der Handfläche liegt zwischen Daumen und Lebenslinie und wird auch »Berg der Leidenschaften« genannt.

- Übermäßig stark ausgeprägt = Sehr sinnlich, Hang zur Bequemlichkeit und manchmal auch leichtsinnig.
- Normal entwickelt = Freundlich, warmherzig, mitfühlend, aufrichtig und treu.
- Schwach oder gar nicht zu sehen = Nicht sehr emotional, oft kritisch, aber auch selbstgenügsam.

Lebenslinie

Diese Hauptlinie beginnt zwischen Daumen und Zeigefinger und zeigt die Lebenskraft und wichtige Ereignisse an, aber ***nicht***, wie viele fälschlich glauben, die Lebensdauer.

- Lang und kräftig = Sehr gute Gesundheit.
- Lang und dünn = Sehr gleichmäßig verlaufendes Leben.
- Kurz und schwach = Mangel an Energie.
- Stellenweise unterbrochen = Plötzliche Änderungen im Lebenslauf.
- Mit Kopflinie verbunden = Beherrscht und überlegt.

Kopflinie

Die zweite Hauptlinie, die irgendwo unterhalb des Zeigefingers anfängt und Rückschlüsse auf die Intelligenz zulässt.

- Lang = Klug und vielseitig interessiert.
- Gerade = Gutes Gedächtnis, Organisationstalent und vorausschauend.
- Geschwungen = Erfinderisch und fantasievoll.
- Kettenartig = Schwierigkeiten, sich zu konzentrieren, zerstreut.
- Mit Herzlinie verbunden = Verstand und Gefühle ergänzen sich ideal.
- Mit Lebenslinie verbunden = Hat Führungstalent und ist sehr logisch veranlagt.

Herzlinie

Die oberste der drei Hauptlinien beginnt unterhalb des kleinen Fingers und verrät viel über das Verhalten und die Ansichten in Bezug auf die Liebe.

- Bogenförmig = Liebevoll, gefühlsbetont und großherzig.
- Ganz gerade = Reserviert und eher ichbezogen.
- Kettenartig = Flirtet gern und viel.
- Verästelt = Lebhaft und unternehmungslustig.
- Vergabelt = Sehr beliebt.
- Kräftig = Sehr leidenschaftlich.
- Mehrfach unterbrochen = Mangelnde Beständigkeit in der Liebe.

Schicksalslinie

Beginnt an der Handwurzel und endet in etwa unterhalb des Mittelfingers.

- Wellig = Deutet auf Unbeständigkeit und eine gewisse Planlosigkeit hin.
- Unterbrochen = Plötzliche Veränderungen der Umstände.
- Von Querlinien durchschnitten = Hindernisse.
- Geradlinig = Wenig Störendes.
- Schwach = Trotz mancher Sorgen erfolgreich.
- Nicht vorhanden = Ein eher ereignisloses, aber dafür ruhiges Leben.

Gesundheitslinie

Beginnt etwa unterhalb des kleinen Fingers und läuft schräg auf die Lebenslinie zu.

- Gut erkennbar = Stabile Gesundheit.
- Schwach oder nicht vorhanden = Ebenfalls günstig für die Gesundheit.
- Dunkel, gelblich oder rot verfärbt = Vorsichtshalber beim Arzt durchchecken lassen.

Sonnenlinie

Läuft von der Handwurzel zum Sonnenberg, ist aber sehr selten.

- Gerade und kräftig = Ein echter Glückspilz, charmant und heiter.
- Verschwommen = Neigt dazu, Begabungen zu verschwenden.

Rascetten

So werden die armbandartigen Handgelenkslinien genannt, die zusätzliche Informationen liefern.

- Lang und tief = Viel Glück und Erfolg.
- Schmal und blass = Unentschlossenheit kann das Nutzen von Begabungen verhindern.
- Alle kettenförmig = Man muss sich für alles, das man erreichen will, anstrengen.
- Nur eine kettenförmig = Der Erfolg kommt spät, aber dann nimmt er mit jedem Lebensjahr zu.

Moleosophie – das Deuten von Schönheitsflecken!

Als Moleosophie (Mole = Englisch für Muttermale und Leberflecken, Sophie = altgriechisch für Weisheit) wird das Deuten von Muttermalen, Schönheits- und Leberflecken bezeichnet. Es handelt sich hierbei um eine Jahrtausende alte Form der Charakter- und Schicksalsdeutung, die schon im antiken Griechenland und im alten Ägypten bekannt war und bis heute in Indien weit verbreitet ist.

Grundsätzlich wird bei der Moleosophie zwischen Gesichts- und Körpermalen unterschieden. Die Größe und die Farbe spielen dabei eine eher untergeordnete Rolle, die Position hingegen ist von allergrößter Wichtigkeit. Ja, selbst wenn sich die Bedeutung zweier Male eigentlich widersprechen, gilt dies nur als Zeichen für die unterschiedlichen Seiten und Facetten im Charakter jedes Menschen.

Male im Gesicht

Kinn

In der Mitte, links oder rechts: Symbolisieren die wundervollen Eigenschaften Großzügigkeit, Toleranz, Verantwortungsbewusstsein und Liebenswürdigkeit.

Lippen

Über der Oberlippe: Stehen für Ihre Aufgewecktheit und verheißen Ihnen Erfolg.

An der Oberlippe: Deuten darauf hin, dass Sie eine sanfte Frau sind und die Gabe haben, Maß zu halten.

An der Unterlippe: Sollen als Zeichen für Trägheit und für eine große Schwäche für gutes Essen gelten.

Wangen

Linke Wange: Wird als Zeichen für Eitelkeit gedeutet und als Hinweis darauf, dass Sie auch bei anderen viel Wert auf die äußere Erscheinung legen.

Rechte Wange: Ein Zeichen für Bescheidenheit und Sanftheit.

Nase

Linker Nasenflügel: Will Sie warnen, weder allzu verschwenderisch noch zu extravagant zu sein.

Rechter Nasenflügel: Sagt, dass Sie vernünftig, vorausblickend und vorsichtig sind.

Direkt auf der Nase: Deutet darauf hin, dass Sie ziemlich nachtragend und wenig verständnisvoll sein können.

Augen

Über, unter oder im Winkel des linkes Auges: Bedeutet, dass Sie verträumt und oft zu passiv sind.

Über, unter oder im Winkel des rechten Auges: Ein gutes Zeichen, dass für Klarheit, Ausgeglichenheit, Geselligkeit und angenehme zwischenmenschliche Beziehungen steht.

Stirn

Links: Gilt als Hinweis, dass Sie ein starkes Konkurrenzdenken haben.

Rechts: Verrät Ihr ausgeprägtes Selbstbewusstsein.

Mitte der Stirn: Will Ihnen sagen, dass Sie oft zu zögerlich und unentschlossen sind.

Zwischen den beiden Augenbrauen: Verkündet, dass Sie hellseherische Fähigkeiten haben.

Male am Körper

Die Füße

Rechter Fuß: Lässt vermuten, dass Sie unabhängig, durchsetzungs- und willensstark sowie sinnlich sind.

Linker Fuß: Verraten, dass Sie sehr gefühlvoll sind.

Innenseite des linken oder rechten Fußknöchels: Gelten als Hinweis darauf, dass Sie oft ziemlich angespannt sind.

Die Beine

Rechter Schenkel: Diese Male stehen für Treue, Mitgefühl und Entschlossenheit.

Linker Schenkel: Eine Warnung, dass Sie die Neigung haben könnten, sich zu verzetteln und Ihre Kraft zu vergeuden.

Rechtes Knie: Attestieren Ihnen Bescheidenheit und Hilfsbereitschaft.

Linkes Knie: Lassen Ihren Wunsch nach Anerkennung und Dankbarkeit erkennen.

Rechte Wade: Sollen einen Hang zu Impulsivität und Ungeduld enthüllen.

Linke Wade: Deuten darauf hin, dass Sie Schwierigkeiten haben könnten, Entscheidungen zu treffen.

Bauch

Oberhalb des Nabels: Ein Mal oder Leberfleck, der sich irgendwo unterhalb Ihrer Brüste, aber oberhalb Ihres Nabels befindet, gilt als sicheres Zeichen, dass Sie außerordentlich verführerisch sind.

Direkt am Nabel: Dieser Schönheitsfleck verspricht Ihnen ein glückliches Liebesleben.

Rücken

Mitte des Rückens: Symbolisiert Ihren Scharfsinn, zeigt aber auch, dass Sie möglicherweise einen Mangel an Ausdauer haben.

Po

Rechte Pobacke: Sorgt sozusagen im Verborgenen dafür, dass Sie attraktiv sind und auf andere anziehend wirken.

Linke Pobacke: Bedeutet, dass Sie ausgeglichen sind und über gesunden Menschenverstand verfügen.

Am Steißbein: Macht sehr genau, oft aber auch geradezu pingelig und penibel.

Brustbereich

Linke Brust: Steht für das starke Bedürfnis nach Liebe und Zärtlichkeit.

Rechte Brust: Deutet darauf, dass Sie sinnlich, aber zugleich auch eher gleichgültig sein können.

Zwischen den Brüsten: Dieser Fleck gilt nicht nur als gutes Omen für Beziehungen, er verrät auch, dass Sie warmherzig und freundlich sind.

Hals und Schlüsselbeine

Rechts: Zeigt, dass Sie meist offen und extravertiert sind.

Links: Verrät, dass Sie dazu neigen, eher verschlossen und introvertiert zu sein.

Nacken

Irgendwo am Nacken: Wird als Zeichen leichter Beeinflussbarkeit sowie als Symbol für Eitelkeit und Unbeständigkeit gedeutet.

Schultern

Rechte Schulter vorne: Sagt, dass Sie einen starken und verlässlichen Charakter haben.

Rechte Schulter hinten: Macht Sie fair, pflichtbewusst und zuverlässig.

Unterm rechten Schulterblatt: Verrät, dass Sie liebenswürdig und geschickt sind.

Linke Schulter vorne: Zeigt, dass Sie eine herzensgute Frau sind, die viel Zuspruch und Ermutigung braucht.

Linke Schuler hinten: Gilt als Zeichen für Unberechenbarkeit und als Hinweis auf eine möglicherweise etwas labile Persönlichkeit.

Zwischen den Schulterblättern: Lässt vermuten, dass Sie zu Reizbarkeit neigen.

Arme

Rechter Arm generell: Verrät Ihre große Reiselust

Linker Ellbogen: Gilt als Zeichen für Redseligkeit.

Linke Armbeuge: Macht charmant, aber auch etwas kindlich.

Hände

Auf der rechten Hand: Dieses Mal lässt auf Anpassungsfähigkeit schließen.

Rechtes Handgelenk: Sagt, dass Sie hartnäckig und nicht sehr kompromissbereit sein können.

Auf der linken Hand: Ein Mal oder Schönheitsfleck hier symbolisiert Intelligenz und Klugheit.

Linkes Handgelenk: Gilt als Hinweis, dass mit Ihnen nicht immer leicht auszukommen ist.

Ihr persönlicher Mystik-Faktor

Welches Verhältnis haben Sie zu allem Mystischen? Ist das für Sie etwas Verschrobenes, Irrationales oder sogar Düsteres? Oder sehen Sie die Mystik als Möglichkeit, über die fünf Sinne hinaus Erfahrungen zu machen und sich mit Ihrer Intuition in Verbindung zu setzen? Die nachfolgenden Tests ermöglichen Ihnen, sich mit Ihrem ganz persönlichen Mystik-Faktor und Ihren diesbezüglichen Fähigkeiten auseinanderzusetzen.

TEST: SCHICKSAL, ZUFALL UND FREIER WILLE

Gibt es so etwas wie Vorbestimmung, oder kommt es nur auf den eigenen freien Willen an? Ist das ganze Leben vielleicht sogar nur ein Glücksspiel, oder steckt da doch mehr dahinter? Glauben Sie ans Schicksal, nur an sich selbst oder sind Sie der Meinung, die Wahrheit liegt irgendwo dazwischen? Dieser Test hilft Ihnen herauszufinden, wo Sie im tiefsten Innern im Bezug auf eine der großen Fragen des Lebens wirklich stehen.

Frage 1: Stellen Sie sich vor, Sie stehen in einer Ihnen fremden Stadt plötzlich vor einer großen Kreuzung. Wie entscheiden Sie, welchen Weg Sie einschlagen?

a) Kein Problem, denn auf so etwas bin ich immer vorbereitet. Ich schaue einfach auf den Stadtplan, den ich natürlich mitgenommen habe.

b) Ich frage einen Passanten, wohin die jeweiligen Straßen führen. Und dann treffe ich meine Entscheidung.

c) Da vertraue ich doch einfach meinem Bauchgefühl. Mal sehen, wohin mich das führt.

Frage 2: Glauben Sie, dass Träume eine tiefere Bedeutung haben?

a) Träume sind Botschaften des Unterbewusstseins. Sie sind also in jedem Fall wichtig!

b) Manche Träume sind Visionen. Ich nehme so etwas sehr ernst.

c) Nicht wirklich. Letztlich ist das doch nur so eine Art Restmüll des Gehirns.

Frage 3: Welches dieser berühmten Zitate beschreibt Ihr Lebensgefühl am besten?

a) Jeder ist seines Glückes Schmied. *(Appius Claudius Caecus)*

b) Es gibt viel mehr Dinge zwischen Himmel und Erde, als sich eure Weisheit träumen lässt. *(William Shakespeare)*

c) Alles kommt, wie es kommen muss. *(Unbekannt)*

Frage 4: Es ist Ihr Geburtstag. Wünschen Sie sich beim Ausblasen der Kerzen etwas?

a) Klar, darauf freue ich mich immer ganz besonders!

b) Ja, denn das ist ein schöner Brauch. Und wer weiß – vielleicht klappt es ja auch mit dem Wunsch.

c) Wenn überhaupt, dann nur um meiner Familie und meinen Freunden einen Gefallen zu tun, aber ich glaube nicht daran.

Frage 5: Woher kommt Ihrer Meinung nach die »Liebe auf den ersten Blick«?

a) Das ist eine Mischung aus körperlicher und seelischer Anziehungskraft.

b) Das ist nicht Liebe, sondern Lust. Und es basiert auf einer biochemischen Reaktion. Mit anderen Worten, da spielen einfach die Hormone verrückt.

c) Wer weiß das schon so genau. Hauptsache ist doch, dass es sie gibt.

Frage 6: Déjà vu (französisch für »schon mal gesehen«) nennt man das etwas unheimliche Gefühl, etwas, das man zum ersten Mal wahrnimmt, schon einmal gesehen oder erlebt zu haben. Ist Ihnen das schon einmal passiert?

a) Ja, schon öfters.

b) Natürlich nicht. Wenn ich etwas nicht kenne, kann ich es doch auch nicht wieder erkennen.

c) Mir selbst ist das zwar noch nicht passiert, aber ich habe schon viel davon gehört. Faszinierend!

Frage 7: Welche dieser Farben mögen Sie am liebsten?

a) Blau

b) Lila

c) Türkis

Frage 8: Glauben Sie an die so genannten »schicksalhaften Begegnungen«?

a) So etwas ist nicht Schicksal, sondern Zufall.

b) Sicher, habe ich einige Male selbst erlebt.

c) So etwas gibt es schon, aber es ist selten.

Frage 9: Gemäß der Astrologie können aus Geburtsort, -datum und -zeit genaue Rückschlüsse auf die Persönlichkeit und die Veranlagung eines Menschen gezogen werden. Was halten Sie davon?

a) Ich finde das unglaublich spannend.

b) Ich kenne mein Geburtshoroskop und weiß, dass es stimmt.

c) Das interessiert mich eigentlich nicht so sehr.

Frage 10: Was fällt Ihnen zu dem Begriff »Ewigkeit« ein?

a) Ein großes Wort. Da muss ich erst mal drüber nachdenken.

b) Das Immerwährende, Unvergängliche – das ist die Ewigkeit.

c) Wie ich beim Supermarkt neulich wieder mal »ewig« anstehen musste.

Frage 11: Welches dieser Begriffspaare passt Ihrer Meinung nach am bestem zum Universum?

a) Weite – Tiefe

b) Mysterium – Unendlichkeit

c) Himmel – Sterne

Frage 12: Glauben Sie an eine höhere Macht, ein Schöpferwesen, Gott?

a) Ja, ganz fest!

b) Ich glaube schon, dass es da irgend etwas gibt.

c) Eher nicht!

Frage 13: Würden Sie einen superwichtigen Termin auf einen Freitag den 13. legen?

a) Auf gar keinen Fall!

b) Wenn es nicht anders ginge, aber dann wohl schon mit einem etwas mulmigen Gefühl.

c) Na klar, denn das mit dem Unglückstag ist doch bloß Aberglaube.

Frage 14: Wie stehen Sie zur Theorie der Reinkarnation, also zur Wiedergeburt?

a) Ich bin mir nicht sicher, ob es das gibt, aber ein aufregender Gedanke ist es allemal. Es würde auch so einiges Unverständliche erklären.

b) Nein.

c) Ja, denn das Leben ist ein Kreislauf – genau wie die Natur.

Frage 15: Wissen Sie, was der Begriff »Karma« bedeutet?

a) Das ist einer der Lieblingsbegriffe unter Esoterikern.

b) Als Karma werden die Folgen von Taten sowie die Wirkungen von Handlungen und Gedanken bezeichnet.

c) Ein indisches Wort für Schicksal, oder?

Frage 16: Haben Sie einen Seelenverwandten? Also jemand, mit dem Sie praktisch immer auf einer Wellenlänge sind und mit dem Sie sich beinahe ohne Worte verständigen können?

a) Ja und das ist sehr schön.

b) An so etwas glaube ich nicht.

c) Leider (noch) nicht.

Frage 17: Über die Macht des Schicksals wurde schon viel gesagt und geschrieben. Welcher dieser drei Aussagen stimmen Sie am ehesten zu?

a) »Gewiss ist es fast noch wichtiger, wie der Mensch sein Schicksal nimmt, als wie sein Schicksal ist.« *(Alexander von Humboldt)*

b) »Das Schicksal mischt die Karten und wir spielen.« *(Arthur Schopenhauer)*

c) »Schicksal ist eine Erfindung der Feigen und Resignierten.« *(Ignazio Silone)*

Errechnen Sie Ihre Punktzahl:

Frage	**A**	**B**	**C**
1	1	3	5
2	3	5	1
3	1	3	5
4	5	3	1
5	3	1	5
6	1	5	3
7	5	1	3
8	3	5	1
9	1	5	3
10	3	5	1
11	1	5	3
12	5	3	1
13	5	3	1
14	3	1	5
15	1	2	5
16	5	1	3
17	3	5	1
Summe:	____	____	____

DEUTUNG

17 - 39 Punkte
Nein, Sie glauben anscheinend überhaupt nicht an das Schicksal. Und eigentlich auch sonst nicht an viel. – Sie glauben nur an eines, an sich selbst. Deswegen sind Sie der Meinung, dass letztlich jeder selbst für sein Glück verantwortlich ist. Nicht mehr und auch nicht weniger. Sie betrachten die Dinge nüchtern, planen Ihre Schritte sorgfältig und sind bereit, mit viel Einsatz am Erreichen Ihrer Ziele zu arbeiten. Und das ist soweit ja auch vollkommen in Ordnung. Denn dadurch werden Sie sich in den allermeisten Fällen aktiv um das, was Sie wirklich wollen, bemühen. Nur eines sollten Sie dabei nicht aus den Augen verlieren, nicht jeder Mensch ist so selbstbewusst, stark und zielsicher wie Sie.

Fakt ist, manche haben vielleicht einen sehr viel schlechteren Start ins Leben bekommen als Sie. Und für diese Menschen kann es tatsächlich sehr tröstlich sein, an etwas zu glauben, z. B. eben auch an das Schicksal. Außerdem sollten Sie versuchen, sich vielen Dingen nicht immer gleich von vorn herein zu verschließen. Hören Sie sich ruhig auch mal ganz andere Meinungen und Gedanken an! Das erweitert Ihren Horizont und beeinträchtigt Sie schließlich nicht dabei, Ihr Glück und Ihr Leben selbst in die Hand zu nehmen.

40 - 69 Punkte:
Sie glauben schon an das Schicksal – aber nur bis zu einem gewissen Grad. Denn obwohl Sie der Meinung sind, dass manches im Leben tatsächlich schicksalhaft ist, sind Sie sich andererseits auch vollkommen darüber im klaren, dass Sie einen freien Willen haben, und Sie sind absolut bereit, diesen freien Willen einzusetzen, weswegen Sie bestimmt auch immer versuchen werden, aus jeder Situation das Beste zu machen. Diese Einstellung ist sehr gut, denn sie lässt Ihnen alle Möglichkeiten offen. Sie sind bereit, die Verantwortung für Ihre Entscheidungen zu übernehmen, können aber auch akzeptieren, dass nicht alles im Leben bis ins Letzte kalkulierbar und planbar ist. Darüber hinaus zeigt Ihre Haltung, wie respekt- und verständnisvoll Sie den vielen verschiedenen Meinungen zum Thema Schicksal, immerhin eine der großen Fragen der Menschheit, gegenüberstehen. Mit Ihrer offenen und aktiven Vorgehensweise können Sie viel erreichen und für andere sogar ein Vorbild sein. Respekt!

70 - 85 Punkte:
Sie glauben felsenfest an das Schicksal. Das ist natürlich Ihr gutes Recht und überhaupt kein Problem, solange Sie nicht so weit gehen, das meiste im Leben für vorbestimmt zu halten. Dann nämlich könnte Ihre Schicksalsgläubigkeit dazu führen, dass Sie in bestimmten Situationen allzu schnell resignieren. Achten Sie bitte darauf, nicht zu passiv und fatalistisch an das Leben heranzugehen! Nutzen Sie die Ihnen gegebenen Fähigkeiten und trauen Sie sich ruhig, Ihr Schicksal selbst in die Hand zu nehmen! Selbst wenn Sie davon überzeugt sind, dass die Karten des Lebens schon im Vorhinein verteilt werden, hindert Sie das doch schließlich nicht daran, mit dem Ihnen zugeteilten Blatt so gut wie möglich zu spielen. Und da Sie vermutlich nicht nur einen relativ festen Glauben haben, sondern sich auch in vielen mystischen, esoterischen, spirituellen und philosophischen Fragen gut auskennen, können Sie dazu beitragen, das Wissen anderer zu erweitern.

TEST: WIE AUSGEPRÄGT IST IHR »SECHSTER SINN«?

Mittlerweile ist es sozusagen »amtlich« – der sprichwörtliche, immer etwas mystisch angehauchte sechste Sinn existiert tatsächlich. Amerikanischen Forschern ist es durch Kernspintomographie-Aufnahmen gelungen, im menschlichen Gehirn eine Region ausfindig zu machen, die nachweislich als eine Art Frühwarnsystem des Unterbewusstseins fungiert. Und ganz genau wie bei allen anderen Sinnen ist die individuelle Ausprägung dieser Region, je nach Veranlagung und Förderung, bei verschiedenen Menschen auch unterschiedlich stark. Wenn Sie wissen wollen, wie gut Ihr sechster Sinn entwickelt ist, dann machen Sie den Test und finden Sie es heraus!

1) Stellen Sie sich die Flamme einer Kerze vor! Welchen Begriff verbinden Sie ganz spontan damit?

a) Feuer

b) Licht

c) Wärme

2) Glauben Sie an Zufälle?

a) Ja, das ganze Leben steckt voller Zufälle.

b) Nein, nichts ist wirklich Zufall. Unsere Entscheidungen beeinflussen, was geschieht und was nicht.

c) Diese Frage kann ich nicht beantworten, denn ich bin mir da einfach nicht sicher.

3) Kommt es vor, dass Sie an einen bestimmten Menschen denken, und wenig später klingelt das Telefon und die oder der Betreffende ist dran?

a) Das ist ein paar Mal vorgekommen.

b) Das passiert dauernd.

c) Nein. Wenn ich mit jemandem telefonieren will, muss ich schon selbst anrufen.

4) Viele Menschen behaupten, in Vollmondnächten besonders unruhig zu sein. Trifft das auch für Sie zu?

a) Ich denke schon, denn bei Vollmond schlafe ich meist nicht so gut.

b) Nein, ich spüre davon nichts.

c) Möglicherweise. Jedenfalls träume ich bei Vollmond oft sehr viel intensiver.

5) Haben Sie schon mal eine Ihnen vollkommen unbekannte Person gesehen, bei der Sie das Gefühl hatten, ihn oder sie ganz genau zu kennen?

a) Ja, und später habe ich erfahren, dass es ihm/ihr genauso ging.

b) Nein, so etwas kenne ich nicht.

c) Schon, aber ich habe die Sache nicht weiter verfolgt.

6) Wachen Sie meist kurz bevor Ihr Wecker klingelt von alleine auf?

a) Ja, ich kann mich fast immer auf meine innere Uhr verlassen.

b) Gelegentlich klappt das.

c) Im Gegenteil. Oft schlafe ich sogar noch beim Schrillen des Alarms weiter.

7) Welches dieser geometrischen Symbole ist Ihnen am »sympathischsten«?

a) Der Kreis. b) Das Dreieck. c) Das Quadrat.

8) Haben Sie schon einmal Ihre Pläne geändert, weil Sie eine ungute Vorahnung hatten?

a) Ja, das ist schon vorgekommen.

b) Solche Vorahnungen hatte ich schon, aber ich habe nicht darauf gehört. Im Nachhinein weiß ich, dass es besser gewesen wäre, wenn ich es getan hätte.

c) Nein, so etwas ist mir noch nie passiert.

9) Was für eine Beziehung haben Sie, ganz generell gesehen, zu Tieren und Pflanzen?

a) Manche mag ich, manche nicht.

b) Ich liebe Tiere und Pflanzen. Sie sind Lebewesen, mit denen wir uns die Erde teilen.

c) »Beziehungen« habe ich nur zu Menschen.

10) Haben Sie nachts schon Träume gehabt, die später wahr geworden sind?

a) Ja, schon häufiger.

b) Ich kann mich meist gar nicht an meine Träume erinnern.

c) Nein, und ich finde, das ist auch besser so.

11) In welche Stimmung bringen Sie die Nachrichten im Fernsehen meist?

a) Sie machen mich oft traurig, weil mir dadurch bewusst wird, wie viel Leid es gibt.

b) In eine ärgerliche! In was für einer Welt leben wir eigentlich?!

c) Ich schaue mir Nachrichten an, um mich zu informieren. Nicht, um mich dabei meinen Gefühlen hinzugeben.

12) Kommen die Menschen mit ihren Sorgen oft zu Ihnen?

a) Eher selten. Schließlich wissen alle, dass ich selbst viel um die Ohren habe.

b) Ja, und ich konnte ihnen auch schon des öfteren helfen oder zumindest einen guten Rat geben.

c) Das kommt vor, aber ich fühle mich dabei selten wirklich wohl.

13) Gibt es Ihrer Meinung nach Plätze oder Orte, die eine magische Ausstrahlung haben?

a) Ich weiß nicht, denn darüber habe ich eigentlich noch nie nachgedacht.

b) Ja, ich kenne einige davon.

c) An so etwas glauben nur Menschen mit einer allzu lebhaften Fantasie.

14) Was bedeuten Ihnen Musik und Kunst?

a) Ein Leben ohne sie wäre für mich undenkbar.

b) Unterhaltung.

c) Etwas Kultur sollte schon sein.

15) Was halten Sie von den sogenannten übersinnlichen Phänomenen wie Gedankenlesen, Hellsehen, Magie usw.?

a) Nichts, denn hinter den meisten dieser Phänomene stecken doch nur irgendwelche ausgefeilten Tricks.

b) Ich glaube, dass es einige Dinge gibt, die wir zur Zeit wissenschaftlich noch nicht erklären können, die aber trotzdem existieren.

c) Ich weiß nicht nur, dass es sie gibt, sondern auch, dass sie wirklich funktionieren.

Ermitteln Sie die Summe Ihrer Punkte:

Frage	**a**	**b**	**c**
1	2	5	3
2	1	5	3
3	3	5	1
4	3	1	5
5	5	1	3
6	5	2	1
7	3	5	1

8	5	4	2
9	4	3	1
10	5	2	3
11	4	2	1
12	1	5	3
13	2	5	1
14	4	3	2
15	1	4	5
Summe:	____	____	____

DEUTUNG

19 - 35 Punkte

Sie stehen allem, was Sie sich nicht gleich logisch erklären können, höchst skeptisch gegenüber. Ob die Wissenschaft die Existenz eines sechsten Sinnes nun beweisen kann oder nicht, Sie vertrauen anscheinend bisher weder Ihrem Bauchgefühl noch Ihren Emotionen. Das ist aber eigentlich sehr schade, denn so erlauben Sie es sich nicht, Ihre fraglos vorhandene Intuition zum Zuge kommen zu lassen. Versuchen Sie, trotz Ihrer Vorbehalte, wenigstens hin und wieder auf die Stimme Ihres Unterbewusstseins zu hören! Sie werden feststellen, dass Ihre Möglichkeiten dadurch größer und vielfältiger werden. Außerdem profitieren Sie in punkto Fantasie und Kreativität davon. Und – geben Sie nicht gleich auf, wenn Ihr sechster Sinn nicht auf Anhieb perfekt funktioniert! Bleiben Sie am Ball, denn Übung macht auch hier den Meister!

36 - 59 Punkte

Sie sind vielseitig interessiert und für alles offen. Nicht zuletzt deshalb haben Sie einen guten Draht zu Ihrer inneren Stimme und somit auch großes Potential in Bezug auf den sechsten Sinn. Versuchen Sie, Ihre diesbezüglichen Fähigkeiten noch weiter auszubauen, indem Sie Ihre Intuition in verschiedenen Situationen testen und trainieren. Und experimentieren Sie ruhig auch mal mit den noch weitergehenden Möglichkeiten, die man gemeinhin als übersinnliche Qualitäten bezeichnet. Überlegen Sie, was Sie besonders interessiert, und besorgen Sie sich dann die entsprechende Lektüre! Keine Angst, Sie stehen fest genug mit beiden Beinen auf dem Boden der Tatsachen, um sich ganz unbekümmert mit den sogenannten esoterischen Disziplinen zu befassen, ohne dabei Ihren Sinn für die Realität zu verlieren.

60 - 72 Punkte

Das Ergebnis dieses Tests ist für Sie wohl kaum eine Überraschung: Ja, Sie besitzen ihn, den berühmten sechsten Sinn. Und gleich noch einen siebten dazu. Sie haben nämlich ein beinahe schon unheimlich anmutendes Talent für die Wahrnehmung von Stimmungen und Gedanken – und zwar ebenso Ihrer eigenen wie der anderer. Im Mittelalter hätten die Leute Sie deswegen wahrscheinlich sogar für eine Hexe gehalten. Aber zum Glück braucht Sie das heutzutage ja nicht weiter zu stören. Im Gegenteil, erfreuen Sie sich Ihrer Begabung und nutzen Sie Ihre wirklich außergewöhnlichen Möglichkeiten! Wenn Sie sich von negativen Gedanken und jeder Form von Manipulation fernhalten und zuleich die realen Gegebenheiten nicht aus den Augen verlieren, werden Sie dank Ihres sehr ausgeprägten sechsten Sinnes anderen immer eine Nasenlänge voraus sein.

Und so geht es weiter…

So – nun haben Sie das erste Etappenziel der Wegstrecke geschafft. Das Abenteuer Selbsterkenntnis hat Sie bis genau hierhin, also zum Ende dieses Buchs geführt.

Wahrscheinlich haben Sie manchmal gestaunt, hin und wieder geschmunzelt, vielleicht auch mal den Kopf geschüttelt und dabei hoffentlich vor allem wirklich sehr viel über sich selbst erfahren.

Doch wie geht der Weg weiter? Was kommt nun? Ganz einfach: das »Was will ich«. Genauso heißt der zweite Band dieser psychologisch-mystischen Ratgeber-Reihe. Lassen Sie uns das gemeinsam angehen! Ich freue mich auf Sie.

Ihre

Caroline DeClair

Literatur

Inspiration kommt aus unterschiedlichsten Quellen wie Büchern, Gesprächen und Seiten im Internet. Nicht jede ist mir präsent. Aber eine wichtige Auswahl finden Sie hier:

Ball, Pamela: *Erotische Träume und ihre Deutung*, Mosaik 2001
Arroyo, Stephen: Astrologie, *Karma und Transformation*, Neue Erde 2005
Banzhaf, Hajo, Haebler Anna: *Schlüsselworte zur Astrologie*, Hugendubel, 2000
Buchholz, Andrea: *Astrologische Geheimnisse entschlüsselt*, Silberschnur 2006
Boot Dr., Martin: *Das Horoskop*, Knaur, München, 1997
Bolen, Jean Shinoda: *Göttinnen in jeder Frau*, Wilhelm Heyne München, 2001
Dahlke, Rüdiger und Klein Nicolaus: *Das senkrechte Weltbild*, Ullstein, 2005
Egonet Online Zeitschrift: http://egonet.de/
Falken: *Das große Astro Handbuch*, Falken Verlag, 2000
Habel: *Erkenne dich selbst*, Carl Habel Verlag 1987
Hamann, Brigitte: *Die Zwölf Archetypen*, Knaur, München, 1997
Hachette Pratique: *Die geheimnisvolle Welt der Astrologie* (Sammler-Set), Hachette 1996
Jacobi, Eleonore: *Das Praxisbuch Numerologie*, Ludwig Verlag
Mertz, Bernd A.: *Also sprachen für die Astrologie*, Edition Astrodata, 1995
Methusalem: *Das große Lexikon der Heilsteine, Düfte und Kräuter*, Methusalem Verlag, 1996
Rohr von, Wulfing: *Einführung in die Horoskopdeutung*, Urania, 2004
Sakoian, Frances, Acker, Louis S.: *Das große Lehrbuch der Astrologie*, Knaur, 2000
Treier, Heidi: *Karma im Horoskop*, Ebertin Verlag, Freiburg i. Br., 1999
Vollmar, Klausbernd: *Das Arbeitsbuch zum Enneagramm*, Neue Erde 2001
Vollmar, Klausbernd: *Handbuch der Traumsymbole*, Königsfurt Verlag 2000
Weise, Daniela/Ludwig, Klemens: *Das große Lexikon der Astrologie*, Falken Verlag, 2001

Abbildungsnachweis

Seite 11: historisch; S. 36-39: Elaine Vijaya Nash. S. 83: Dragon Design UK.
fotolia.com: S. 67 li.: Secret Side; 67 re.: TheSupe87; 69 li.: Tjefferson;
69 re.: sergii rostetskyi; 155: eaglestudio9; 165: Ancello.
shutterstock.com: 201 rebirth3d.

Nach einem System, das im keltischen Jahreskreis und der Zahlenmystik begründet ist, werden 21 Bäume den jeweiligen Geburtsdaten zugeordnet. Da gibt es vier Bäume für die vier Kardinalpunkte des Jahres (Sonnenwenden und Tagundnachtgleichen) und 17 Bäume, denen jeweils zwei gegenüberliegende Dekaden der uns vertrauten Sternzeichen zugeordnet werden – wobei es zwei Ausnahmen gibt, wo einem Baum drei Dekaden zugerechnet werden. Sicher ist, daß die Kelten eine besonders innige Beziehung zu Bäumen hatten und sie als Persönlichkeiten mit ausgeprägten Charaktereigenschaften ansahen. Von dort kann man die astrologische Zuordnung zu bestimmten Menschentypen treffen.

Bertram Wallrath
Das keltische Baum-Horoskop
Paperback, 128 Seiten, mit Abbildungen
ISBN 978-3-89060-248-6

Mit diesem umfassenden Handbuch haben Sie die Möglichkeit, über Geburtsdatum und Namen eines Menschen ein vielschichtiges Charakterbild zu bekommen: Wie ein Mensch nach außen wirkt, was ihn im Herzen bewegt, welches sein Schicksalsweg ist, was sein Lebensziel ist und wo seine Stärken und Schwächen liegen. Wohl noch in keinem Numerologiebuch wurde dieses Deutungssystem so profunde und schlüssig dargestellt. Man spürt in jeder Zeile die jahrelange praktische Erfahrung mit persönlichen Beratungen und Ausbildungen. Mit diesem Buch möchten die Autorinnen der Leserin/dem Leser helfen, seinen Lebensweg zu finden, sich selbst zu erkennen und dadurch zu heilen.

Editha Wüst, Sabine Schieferle
Das große Handbuch der Numerologie
Mit den Zahlen sich selbst erkennen
Klappenbroschur, 240 Seiten, mit vielen Übersichten und Tabellen
ISBN 978-3-89060-559-3

Bücher von NEUE ERDE im Buchhandel

Im deutschen Buchhandel gibt es mancherorts Lieferschwierigkeiten bei den Büchern von NEUE ERDE. Dann wird Ihnen gesagt, dieses oder jenes Buch sei vergriffen. Oft ist das gar nicht der Fall, sondern in der Buchhandlung wird nur im Katalog des Großhändlers nachgeschaut. Der führt aber allenfalls 50% aller lieferbaren Bücher. Deshalb: Lassen Sie immer im VLB (Verzeichnis lieferbarer Bücher) nachsehen, im Internet unter **www.buchhandel.de**

Alle lieferbaren Titel des Verlags sind für den Buchhandel verfügbar.

NEUE ERDE GmbH
Cecilienstr. 29 · 66111 Saarbrücken
Fax: 0681 390 41 02 · info@neue-erde.de

NEUE ERDE